# 甦るマルクス

「晩期マルクス」とコミュニタリアニズム、そして宮澤賢治

大内秀明

社会評論社

# 『甦るマルクス――「晩期マルクス」とコミュニタリアニズム』もくじ

## 補論　東北・土に生きるコミュニタリアン宮澤賢治　もくじ

『甦るマルクス──「晩期マルクス」とコミュニタリアニズム』

# 序　「晩期マルクス」とパリ・コンミュン

「終活三部作」として、すでに第一作『日本におけるコミュニタリアニズムと宇野理論』を上梓し、それに続く本書は第二作である。さらに、前著『日本におけるコミュニタリアニズムと宇野理論』は、コミュニタリアニズムの流れを探り、その流れを宮澤賢治の「農民芸術論」と宇野理論の三段階論に見たのであるが、いわば「三部作」の「総論」に当たるものであった。本書第二作は、いわば「理論編」として、「晩期マルクス」による『資本論』の理論的発展とともに、「近代デザイナーの父」と呼ばれるW・モリス達のコミュニタリアニズムとの接点を明らかにするよう心掛けた。

「総論」と「理論」のため、両者に重複の部分が目立つが、コミュニタリアニズム（共同体社会主義）がコミュニズム（共産主義）の発展のタームとして未定着であるため、説明を繰り返した部分が多い。しかし、前著でも説明の通り、コミュニズムが「所有論」的アプローチにとどまり、国有化など公有化の概念が強く、とくにエンゲルスの「プロレタリア独裁」とも結びついて、「マルクス・レーニン主義」のドグマを強めてきた。労働力の社会的再生産の場としての「家庭、家族」、自然環境など、共同体コミュニティの見地は希薄だった。むしろ「家族」に、私有財産や階級対立の基礎を置く考え方も強かった。そうした考え方に対して、「晩期マルクス」は超歴史的・歴史貫通的な共同体に基礎を置くコミュニタリアニズムに接近したのだ。その点で、ともにロンドンの生活者として、純粋資本主義の抽象の場を共有したW・モリス達との接点に着目せざるを得ないと思う。

『資本論』は、言うまでもなくイギリスに亡命したマルクスがロンドンで書き、当時は大英博物館の図書室、Reading room を利用して書かれた。当時のイギリスは、Pax Britanica として、資本主義世界の発展をリードし、その中心がロンドンの金融街だった。ロンドンを頂点とするイギリス資本主義の発展の中で、マルクスもモリスも生活者として暮らし、そしてマルクスは大英博物館で「純粋資本主義の抽象」により『資本論』を書いた。もしマルクスがロンドンの生活者でなかったら、また大英博物館を利用できなかったとしたら、「純粋資本主義の抽象」も『資本論』も生まれなかったと思う。『資本論』とロンドンを切り離すことは出来ない。

ところが、である。『資本論』はドイツ語で書かれた。マルクスは、イギリスに帰化を希望したらしいが、それは無理だった。後述するが、第一巻の初版一八六七年は、一〇〇〇部だったが、売れ行きは芳しくなかった。最初の外国語版はロシア語版、続いてフランス語版で一〇〇〇〇部、イギリスのW・モリス達も仏語版を購入、とくにモリスの『資本論』などは、「表紙が擦り切れるまで読み」美しい表紙に製本し直して、今も古書としてロンドンの書店に並んでいるらしい。にもかかわらず英語版の翻訳は遅れに遅れて、マルクスの死後四年も経過した一八八七年に刊行された。遅れただけに、英語版の売れ行きは好調で、増刷につぐ増刷、ロンドンに留学した夏目漱石も購入して読んだらしい。

なお､英語版が遅れに遅れた事情については立ち入らないが､『資本論』刊行以後の「晩期マルクス」にとって、最大の世界史的事件だったのは、何といっても一八七一年の「パリ・コンミュン」であろう。ちょうど上記『資本論』の仏語版の刊行とも重なり、W・モリスも読みベストセラーになったのだろうが、（注）

とくにエンゲルスは、上記の通り「プロレタリア独裁」を定式化したのはパリ・コンミュンだった。すでにマルクスは『資本論』を書き、資本主義の自律的運動法則の解明に進み、労働力の社会的再生産にとっての共同体「コミュニティ」の重要性を認識し、コミュニタリアニズムへの接近を始めたのだ。ここに「晩期マルクス」にとっての「マルクス・エンゲルス問題」が生ずることになるが、問題の重要性もあるので、とくに補章を設けて別途検討する。

（注）上記の『資本論』ロシア語版、仏語版は、「パリ・コンミュン」と共に準備され、いずれも一八七二年に刊行　されている。

なお、パリ・コンミュンによる混乱は、マルクス・エンゲルスにとって「共産党宣言」の政治組織とも言える「国際労働者協会」（第一インター）の組織的混乱による「解散」をもたらした。マルクス、エンゲルス二人にとり、政治的には大きな失敗だったが、「共産主義者同盟」など亡命者グループや国際組織「第一インター」を別にして、イギリスにおけるネーティブのマルクス主義の組織化も遅れていた。一八八一年にH・M・ハインドマンによって設立された「民主連盟」（Democratic Federation）が最初とされているが、これも「ロンドンの様々な急進的クラブを連合させようとした試み」に過ぎず、ハインドマンの著作に対してマルクスも不満を持っていた。しかし、「連盟」は社会主義的性格を強く打ち出すために、一八八四年に「社会民主連盟」(Social Democratic Federation) に改称、この時点ではモリスやマルクスの三女エリノア・マルクスも組織のメンバーに加わったらしい。しかし、モリス達はハインドマンの権威主義的な組織運営を批判して、新たに「社会主義者同盟」（Socialist League) を設立した。（注）

（注）社会主義者同盟などの組織については、さしあたり大内・川端監訳　W・モリス、E・B・バックス『社会主義・その成長と帰結』に書き加えた「付論1，2」を参照のこと。

マルクスは生前、英語版を見ることなく他界したが、ロンドンの生活者として『資本論』を書いただけに、その内容から言っても、イギリスでの評価を最も気にしていたことは想像に難くない。また、マルクス主義の組織化についても、上記愛娘エリノア・マルクスの参加もあり、重大な関心を寄せていたことは言うまでもない。そうした状況の中で、「イギリスで最初の『資本論』評論」として、モリスの同志・盟友であるE・B・バックス『現代思潮の指導者たち、第23回　カール・マルクス』が一八八一年末に発表された。先ずそれを見ることにしよう。

## 補章1 「プロレタリア独裁」とマルクス・エンゲルス問題

初期マルクス・エンゲルス以来、二人の友情に変わりは無かったし、社会主義運動の同志でもあり盟友でもあり続けた。しかし、二人が共同作業をしたのは、まさに初期マルクス・エンゲルスによる唯物史観の形成、そして政治的文書『共産党宣言』までであった。マルクスがロンドンにとどまり、『経済学批判』を書き、純粋資本主義を抽象して『資本論』第一巻を刊行した。それに反してエンゲルスは、父親の工場経営のためマンチェスターに移り、地元財界人としても活躍した。マンチェスターからロンドンのマルクスへ財政的援助の仕送りを続け、助言も続けた。一八七〇年、二〇年ぶりにエンゲルスはロンドンに戻り、マルクスの近所に居を定めた。『資本論』二巻、三巻の原稿整理、出版など二人の共同作業が再開された。まさにマルクス・エンゲルスの関係がとり戻されたのである。

しかし、エンゲルスがマンチェスターにいた「中期マルクス」、そして『資本論』第一巻刊行の「後期マルクス」の二〇年間は、マルクス・エンゲルスにとって、長い空白の時間だった。とくに世界の資本主義の中枢ロンドンで、生活者としても純粋資本主義の自律的運動法則の『資本論』を書いたマルクスは、初期マルクス・エンゲルスの唯物史観を『資本論』のための単なるイデオロギー的作業仮説に止めることにした。『資本論』の論理と唯物史観のイデオロギー的仮説は、ここで整理されたのだ。さらにエンゲルスのロンドン帰着を待ち受けるような一八七一年「パリ・コンミュン」である。エンゲルスは、唯物史観にもとづいてパリ・コンミュンを「プロレタリア独裁」として定式化し、強く提起した。しかし、すでに『資本論』第一巻を刊行したマルクスは、プロレタリアの役割を重視したが、改めてコミュニティ共同体の役割、協同組合の評価など、「プロレタリア独裁」のテーゼには一定の距離を置くことになった。

そこでマルクスと「プロレタリア独裁」との関係だが、上記の通りプロレタリアの果たす役割を重視する。しかし、社会主義の国家権力をプロ独として定式化し、集権的な国家権力による上からの計画化を定式化しているわけでは決してない。マルクスによるプロ独の定義として、よく解説されるのが『ゴータ綱領批判』の次の文言である。すなわち、「資本主義社会と共産主義社会との間には、革命的転化の時期が横たわる。それにはまた一つの政治的過渡期が照応し、この過渡期の国家はプロレタリアートの革命的独裁以外の何物でもありえない。」それなのに「ゴータ綱領」そのものは、それに触れていない、と批判している。ここでテキスト・クリティークを試みる余裕はないが、マルクスの指摘はこれだけである。一言触れていた、それだけなのである。過渡期国家論として本格的な検討や定式化がなされているわけでは決してない。

さらに注意しなければならないのは、『ゴータ綱領批判』とされる文書の性格である。一八七五年、ドイツ社会主義労働者党に合同することになったラッサール派とマルクス・エンゲルスの指導のアイゼナッハ派、この両派の「綱領」草案に対するマルクスの「ブラッケ宛の添手紙」の一節に過ぎない。つまり、内部的な個人的な書簡であり、党内事情を考慮したのであろう、あくまで私的なもので公的には扱えないものだ。しかも、その私的書簡が一五年も経て、プラッケではなくエンゲルスが一八九一年ドイツ社会民主党の『ノイエ・ツァイト』に発表させた、と言われている。マルクスはとっくに死んでいて、責任を負える文書ではない。あくまでもエンゲルスによるマルクスの利用であり、それが独り歩きしてマルクスの

「プロレタリア独裁」の定式として広がってしまっているのではないか？多くの疑問を感ずるところである。

一八七〇年代の「晩期マルクス」にとって、パリ・コンミュンはじめ共同体研究など、コミュニティを重視してコミュニタリアニズム・共同体社会主義に接近した経緯は繰り返さない。純粋資本主義を抽象し、自律的運動法則を解明した『資本論』の立場を一層明確にした。唯物史観は単なる作業仮説に退いた。それに反しロンドンに戻ったエンゲルスは、初期マルクス・エンゲルスの唯物史観の初心を守り、パリ・コンミュンにより「プロレタリア独裁」を定式化した。しかしマルクスは、「プロ独」に一定の距離を置いたのである。ここにマルクスとエンゲルスの立ち位置の違いが生じたのではないか？上記『ゴータ綱領批判』にしても、そもそもマルクスの文書について疑念が残るし、文言も定式とするようなものではないと思う。「晩期マルクス」は、純粋資本主義を抽象した『資本論』から、コミュニティの役割を重視し、W・モリス達の「コミュニタリアニズム」に接近したのである。

## 補章2　パリ・コンミュン一五〇年：「晩期マルクス」とエンゲルス

二〇二一年は、一八七一年のパリ・コンミュンから一五〇年の節目の年である。パリ・コンミュンについては、言うまでもなく色々評価されてきた。しかし、ウィキペディアなどの説明では、エンゲルスの「プロレタリア独裁」の評価に沿いながら、三月二六日に「史上初の〈プロレタリア独裁〉による自治政府を宣言した一八七一年のパリのコンミューン」とされている。ただ、マルクスの場合、プロレタリアの役割を評価しながらも、『フランスの内乱』など、エンゲルスの「プロ独」とは一定の距離を置き、パリの都市ギルドの職人労働者の役割、また協同労働、協同組合の活動など、「社会的労働協同体」を評価していた。

その昔、パリの有名なペール・ラシェーズ墓地に、ポーランドの作曲家ショパンを尋ねたことがあった。ショパンの墓のすぐ近くに、五月二八日に処刑された犠牲者の慰霊碑もあった。パリ・コンミュンでは、最終局面までに三万人に上る市民の犠牲があったが、まさにパリ市民の総力を挙げての壮絶な闘いであったと思う。それはロシア革命の「労兵ソヴィエト」ではない。また、「政権を奪取して国有化」をはかるためのものでもなかった。市民が家族と共に協同労働、協同組合、そして「社会的労働協同体」としてのパリ・コンミュンを守る市民の戦いだったと思う。

レーニンの「プロ独」のテーゼと共に、エンゲルスによるパリ・コンミュンもまた評価されてきた。しかし、すでにソ連は崩壊し、ロシア革命も歴史の過去の事件に位置付けられてしまっている。多くの市民の血が流されたパリ・コンミュンもまた、ロシア革命と同じ運命に流されてしまうのか?「晩期マルクス」が、エンゲルスの「プロ独」から一定の距離を置き、パリ・コンミュンの協同組合、クラフツマン・ギルドなど、「社会的労働協同体」を高く評価した点を忘れてはならない。むしろ今年一五〇年を機に、パリ・コンミュンの歴史的意義を、もう一度考え直してみる必要があるのではないか?

エンゲルスからレーニンへの「プロ独」論は、「初期マルクス・エンゲルス」の所有論的な「唯物史観」に基づいて、『共産党宣言』など政治的に主張されてきた。しかし、マンチェスターに離れてしまったエンゲルスと違って、ロンドンのマルクスは大英図書館にこもり、古典派『経済学批判』を続け、唯物史観をイデオロギー的作業仮説に棚上げした。その上で「後期マルクス」は、ロンドンを中心に純粋資本主義を抽象し、一八六七年『資本論』第一巻を刊行した。その後も第二巻など原稿を書き続け、労働力商品の社会的再生産を「社会的労働協同体」のコミュンとして解明した。パリ・コンミュンから「共同体研究」、そしてロシアのナロードニキ・ザスーリチへの返書による「所有法則の転変」の修正の流れである。「晩期マルクス」は、パリ・コンミュンの歴史的体験から、「社会的労働協同体」のコミュン論を『資本論』体系に位置付けたのではないか?その点でパリ・コンミュンの歴史的意義は真に大きいものがあると思う。

（注）「社会的労働協同体」については、後述の第五章「社会的労働協同体」についてを参照されたい。

# 第一章

# 晩期マルクスとコミュニタリアニズム（共同体社会主義）

# E・B・バックス『現代思潮の指導者たち　第23回カール・マルクス』との接点

## はじめに

二〇一八年はマルクス生誕二〇〇年だが、彼の生と死は、生れが一八一八年で、五月五日の端午の節句、それも寅年だそうである。死は一八八三年三月一四日、六四歳で亡くなった。『資本論』以後、最晩年のマルクス主義は、何処へ行こうとしていたのか?それを確かめるために、マルクスの生から死へ、マルクス主義の変遷を辿ってみよう。マルクスが求めたものを、求めて。

### (1) 初期マルクス・エンゲルスの唯物史観

マルクスの誕生については、謎めいた話がある。両親ともユダヤ人で、しかもユダヤ教のラビの家系だった。しかし、マルクスの誕生の前に、父親がキリスト教に改宗した。母親は頑なにユダヤ教徒として残った。父と母との間に生まれたカールは、果たして洗礼を受けたのか?それとも母親のユダヤ教で割礼だったのか?それとも洗礼も、割礼も受けていなかったのか?はっきりしないらしい。(注)

(注) マルクスの誕生など、『資本論』執筆の頃までのマルクスについては、不十分ながら拙著『もう一人のマルクス』(日本評論社、一九九一年刊)を参照されたい。

そんな家庭環境で生まれ育ったマルクスが、キリスト教とユダヤ教の間で、複雑な宗教的葛藤の中で幼児体験を過ごしたことだけは疑いない。「宗教は阿片である」との彼の言説も、たんなる宗教批判ではない。両親の生き方の違いから生じた複雑な家庭環境の幼児体験から生まれたものだろう。結婚式は教会でキリスト教、死ぬときはお寺で仏教という、宗教的緊張が皆無な日本人には理解の及ばない世界の話だろう。

キリスト教に改宗し、著名な弁護士として活躍していた父親の影響もあり、マルクスは生地のライン州トリーアからボン大学の法学部に入学した。恐らく父親と同じ法律家として弁護士か、官吏になることを目指していたに違いない。しかし、父親の勧めもあり、また当時流行のヘーゲル哲学に憧れたこともあり、ベルリン大学に移り、若きヘーゲリアンとして活躍することになった。すでにヘーゲル学徒の中は右派と左派に分かれていたが、マルクスはヘーゲル哲学を唯物論的に転倒するヘーゲル左派の立場であった。そして、ベルリン大学やボン大学で学者になろうと努力したが、反動の時代が厳しくなり、哲学博士の称号は取得したものの（注）、学者の道は断念せざるをえなかった。進歩的な『ライン新聞』でジャーナリストとして活躍することになった。

（注）博士号もベルリン大学ではなく、イエナ大学哲学部からであった。

ここで「マルクス伝」を書くわけではないので、幼年期からの厳しい宗教的葛藤の中で、父親の影響により大学では法学の道を選んだこと、さらにヘーゲリアンとしても、「法哲学」などを中心に勉強したこと、だけを確認して置く。その点、『ライン新聞』の編集長として書いた森林盗伐問題でも、当時ライン県議会が制定した木材窃盗取締法を批判し、所有権の見地から農民の森林への「入会権」を主張した。また、『ライン新聞』の後、ルーゲ達との『独仏年誌』でも「ユダヤ人問題によせて」とともに、ヘーゲル左派のフォイエルバッハの人間主義からの強い影響のもと、『ヘーゲル国法論批判』に関連した「ヘーゲル法哲学批判序説」を書いている。さらに『独仏年誌』には、エンゲルスが「国民経済学批判大綱」を寄稿してきた。ここでマルクス・エンゲルスの接点を迎え、初期マルクス・エンゲルスの唯物史観のイデオロギー的作業仮説が形成されることになった。

唯物史観の形成については立ち入らないが、エンゲルスの論文に触発され、後に『経済学・哲学草稿』として公刊されたA・スミス、D・リカードなど古典派経済学からの抜粋、ノート、草稿などがあり、その中で「国民経済学者は私有財産制の運動法則を説明するのに、労働を生産の中枢と捉えても、労働者を人間としては認めず、労働する機能としてしか見ていない」と述べている。ここで「私有財産と労働」を起点として、階級関係も資本・賃労働ではなく、所有論的に「ブルジョア（有産者）とプロレタリア（無産者）」の対立と見ている。例えば、すでに触れたA・スミスの流通主義「本源的購買貨幣」であるが、さらにJ・ロック以来の「労働価値説」を基礎にして、①自然法に基づく「自己の労働」の果実としての私有財産、②労働疎外に基づく社会的労働による私有財産制の矛盾、③社会主義への公的所有論と社会的労働によるアプローチ、こうした唯物史観のイデオロギー的仮設の骨格が、ここで形成されたと見ることができる。（注）

（注）唯物史観はマルクスにとり、その後の経済学研究などのための「導きの糸」であり。資本主義社会を歴史的にとらえる単なるイデオロギー的な作業仮説だった。『経済学批判』の「序文」で定式化されたが、出発点としては「経哲草稿」の「私有財産と自己の労働」であろう。ただ、作業仮説そのものは必要であり、マルクスが理論的、実証的な作業を進めるうえで非常に有効だったし、とくに古典派経済学批判には有効だった。しかし、あくまでも作業仮説は単なる仮説であり、理論的研究や具体的実証により検証されなければならない。論証や検証を抜きに主張されれば、イデオロギーであるだけにドグマとなってしまう。

ただ、念のため注意しておくが、ここで私有財産制の基礎に人間労働を置くについて、すでに疎外論により「労働疎外」が前提されていることがわかる。「労働者を人間としては認めず、労働する機能としてしか見ていないのである。」しかし、ここでの労働者は、たんなる労働者であり、労働力商品の所有者としての「賃労働」者ではないことが重要である。労働疎外は、たんに物的に疎外されているだけであり、労働力が商品として、言い換えれば人間として物化され、人間疎外として問題視されているわけではない。労働力の商品化が前提されないために、単純商品生産者の労働も、A・スミスの本源的購買貨幣としての労働により、自然から購買して自己の労働による私有財産の基礎に据えられるのであって、ここから『資本論』第一巻第二四章第七節「資本主義的蓄積の歴史的傾向」の「所有法則の転変」につながる点を予め注意して置きたい。

## (2)『経済学批判』から『資本論』へ

「初期マルクス」とエンゲルスにとって、一八四七年恐慌に続く一八四八年革命は、二人の政治活動や政治的文書にとっては、極めて重要な事件だった。とくに『共産党宣言』などは、今日の日本でもベストセラーに属するほど多くの読者を持ち続けている。しかし、二人の行動は、歴史の流れからみれば、とても積極的に評価するわけにはいかないと思う。むしろ逆であり、①後進国ドイツ・プロイセンなどを中心とするブルジョア革命であり、それが社会主義革命に転化するような情勢ではなかった。②その点で唯物史観の仮説から導かれた「恐慌・革命テーゼ」も、客観的根拠をもったものではなかったと言える。③フランスはともかく、イギリスでは革命情勢は起こらず、むしろ一八四七年恐慌は、その後の成長と発展のバネになった。要するに、ヨーロッパ大陸に革命的情勢が一時的に盛り上がったに過ぎず、二人の政治行動は失敗であり、徒労でもあったと思う。唯物史観の作業仮説も、そうした敗北の行動と結びついたイデオロギー的仮説だった点の確認が必要だろう。

上記『経・哲草稿』の後、マルクスが経済学研究に本格的に取り組むのは、革命闘争の敗北から逃れ、ロンドンに亡命してからであった。亡命の受け入れは当時イギリスだけであり、エンゲルスはじめ革命の敗北者たちが、続々とロンドンに逃げ込んだ。エンゲルスもロンドンに来たが、ドイツの父親が共同所有する英マンチェスターの工場を経営することになった。従って、マルクスとの共同研究は不可能であり、経済学研究を再開したマルクスを、経済的に援助する役目を引き受けることになった。（注）ロンドンの大英博物館の「reading room」の利用とエンゲルスからの多大な経済援助が無ければ、『経済学批判』（以下『批判』と略称）も『資本論』も生まれようがなかった。その限りでは「マル・エン全集」は出版されているものの、ただロンドン亡命後の経済学研究は、「初期マルクス・エンゲルス」のような共同作業ではなく「中期マルクス」、そして「後期マルクス」の『資本論』へと続くことになった点が、ここでは重要である。

（注）エンゲルスもマルクスの研究に協力しなかったわけでは決してない。二人の友情は、類稀とも言えるし、初期マルクス・エンゲルスのイデオロギー的仮説の唯物史観も維持されていた。しかし、マンチェスターでのエンゲルスは、経営など多忙であり、ロンドンとの距離もあって、二人の「マル・エン全集」的協業が再開されたのは、エンゲルスがロンドンに戻った

一八七〇年秋以降である。この二〇年間に、マルクスは唯物史観をイデオロギー的に前提しながら、「純粋資本主義」を抽象して自律的運動法則の『資本論』を書いた。ここで、二人の間に距離が生じた点を看過するわけにはいかないと思う。

なお、ここで「中期マルクス」と『資本論』を書いた「後期マルクス」とに分けた理由を述べておこう。解説書の多くは、例えば「経済学批判の主要テーゼはすべて資本論の第一巻に内包されている。よって二つはまとめて解説する」といった解説や紹介が実に多い。確かに同じマルクスが書いた経済学の著作であり、テーマも「商品、貨幣」を扱っている。また、初期マルクス・エンゲルス以来の唯物史観がイデオロギー的な作業仮設として前提されている点でも共通だろう。また、『批判』と『資本論』の書名は違っていても、『資本論』の副題は「経済学批判」であり、「前者は後者に貫かれている」と言った解釈も可能である。また内容的にも、マルクスが唯物史観との関連で、上記のロックやW・ペティ以来のスミスなど古典派経済学の労働価値説を継承している点で、私的所有の根拠に労働を置いたこともまた、共通したテーゼだろう。しかし、両者の共通性はそんなところまでだと思う。

ここで両者の差異を列挙すれば、①『批判』が一八五九年、『資本論』が一八六七年と約一〇年の歳月が流れた。しかも、唯物史観の「恐慌・革命テーゼ」は、一八五七年、一八六六年と激しい世界金融恐慌にもかかわらず、革命情勢の兆候はなく、逆に金融恐慌をバネにして資本主義経済は高成長して拡大している。対象とする資本主義経済は、恐慌・革命どころか「純粋資本主義」を抽象するような自律的発展を遂げているのだ。②マルクスは『経・哲草稿』がそうだったが、膨大なメモや抜粋ノート、多くの草稿を準備し、その上で『批判』を書き、『資本論』も書いた。前者が「経済学批判要綱」であり、後者が『剰余価値学説史』である。念のため注意するが、その点の区別を無視して、「経済学批判要綱」を「資本論草稿」に含めてしまうのは重大な誤りではないか？あくまでも『批判』とその続編のための草稿が「経済学批判要綱」であり、『資本論』のための草稿では決してない。「要綱」を準備して『批判』を書いたが、始めの「商品」「貨幣」で終わり、「貨幣の資本への転化」が書けなかったのだ。その誤りや限界の反省のもとに、誠実なマルクス自身は『資本論』を別途準備した。さらに、③副題に「経済学批判」を残したものの、唯物史観のテーゼなどを載せていた『批判』の有名な「序文」や「序説」などは一切カットした。言い換えれば、『批判』は唯物史観のイデオロギー的仮説の枠組みの内部で経済学の理論化を図ろうとした。しかし、『資本論』は逆であり、純粋資本主義の抽象による経済法則により、唯物史観の基礎づけを図ろうとした。新たに「序文」や「後書き」を書き、書名まで『資本論』に変えることにしたのだ。両者の連続性は否定できないが、マルクスは新たな著作として『資本論』を刊行した点が重要である。

しかも新著『資本論』は、タイトルだけの変更ではなかった。『剰余価値学説史』の新たな経済学説の批判と継承の試みは、古典派経済学に対する決定的な批判的見地を提起するのに成功した。別の機会に詳述したが、「すでに『要綱』ですすめていた範疇展開の内容に加えて、たとえば価値論にかんしては価値形態論、さらに労働力商品の明確化、資本蓄積論や再生産論、資本の競争論と生産価格論、そして地代論など、新たに検討をすすめた」（拙著『恐慌論の形成』一七〇頁）。方法的には、「純粋資本主義」の抽象が明確になり、経済学批判の対象が「プランの変更」（事実上の「廃棄」である）として、「資本」を中心に賃労働、土地所有の三大階級の経済的基礎の解明、そのうえで資本主義の歴史的展開や社会主義を展望する方法的見地が、ここでようやく提示されたのだ。そのような意味で、『批判』の単なる延長上に『資本論』を位置づけるわけにはいかない。それ以前の「初期マルクス」に対して言えば、一八五〇年代の「中期マルクス」の『批判』「要綱」、それに対してさらに六〇年代の『資本論』『学説史』の「後期マルクス」を区別しなければならないと思うからである。（注）

（注）「初期マルクス・エンゲルス」に対して「中期マルクス」「後期マルクス」としたのは、この間ロンドンでマルクスが一人で『批判』『資本論』の研究を進めた点もあるが、その点についても拙著『恐慌論の形成』（日本評論社、二〇〇五年刊）を参照のこと。

なお、『批判』の時点で、マルクスは「経済学の方法」として、古典派経済学以前は「下向法」、古典派以後は自分も含めて「上向法」と述べていた。両者の方法の差異は、前者がいわゆる帰納法であり、後者が演繹法ともいえるように思われるが、ヘーゲルの弁証法はどうなるのか？『資本論』の純粋資本主義の抽象を、周期的恐慌を含む景気循環の自律的運動法則とすれば、自律的運動の論理として『資本論』の方法としては弁証法になるともいえるだろう。また、当時の世界史的な歴史過程の展開を反映して、ヘーゲル哲学が主張されたともいえるが、ただ論理学としては立ち入った検討がさらに必要であり、ここではたんなる問題提起、試論としておきたい。

（3）「晩期マルクス」と『資本論』

さて、今から約一五〇年前、一八六七年に刊行された『資本論』だが、それは第一巻のみで、第二巻、第三巻は、草稿だけがエンゲルスの手に託されてマルクスの死後に刊行された。しかも、第一巻は初版に「価値形態」の付録が付いていた。エンゲルスの勧めもあり、再版には本文に書き込まれて改善されている。ドイツ語版の初版は、一〇〇〇部売り切れるのに数年かかったが、前述のように一八七二年のロシア語版、続くフランス語版も好調な売れ行きで、『資本論』の影響は先ず大陸で拡大した。マルクスも、フランス語版には部分的に改訂の筆を入れ、とくに第六篇「資本蓄積論」には、後述のとおり篇別構成にまで手を加えることになった。他方、英語訳は遅れに遅れてマルクスの死後、ようやく一八八七年になって刊行、そのためW・モリスなど多くのイギリスの読者は仏語訳を読んだ。しかも、『資本論』の影響が大陸からマルクスの住むイギリスに拡大する中で、重大な事件が勃発した。一八七一年の「パリ・コミューン」である。すでに拙著『ウィリアム・モリスのマルクス主義』（平凡社新書）にも書いたが、ここで一八七〇年代「晩期マルクス」と『資本論』の位置づけについて、若干繰り返しになるが補足しておきたい。

ここではパリ・コンミュンの立ち入った検討はできないが、普仏戦争にフランスが敗れ、それに抵抗するパリ市民による抵抗闘争だった。しかし、エンゲルスがここで「プロレタリア独裁」を提起したこともあり、「世界最初のプロレタリア独裁政権」などと解説されるケースも多い。しかし、べつにプロレタリア革命だったわけではなく、ドイツ・プロイセンによるフランス侵略に対する市民の抵抗闘争だったし、市民も未だ「プロレタリア」と呼べる様な労働者の組織闘争でもなかった。多くの都市職人層や協同組合活動のメンバーによる地域を守る抵抗闘争だったからこそ、それは都市共同体として「コミューン」と呼ばれ、パリ以外でもマルセイユやリヨンなどもコミュンとして市民が立ち上がったのだ。パリでは七〇日余りで流血の惨事は終わったが、とくにエンゲルスの「プロレタリア独裁」のテーゼについては、ソ連崩壊とともにパリ・コンミュンとの関連でも、根本的な再検討が必要だろう。

①マルクス『フランスの内乱』とエンゲルス「プロレタリア独裁」

ここで「プロレタリア独裁」のテーゼについても、本格的検討は出来ない。ただ、コンミュンが一八七一年五月二八日に崩壊して二日後、出遅れて公刊されたマルクスの『フランスの内乱』について、エンゲルスが後に長文の序文を書いた。一八九一年の序文だが、その最後にこう述べた。「ドイツの俗物は、近頃プロレタリアート独裁という言葉を聞いて、またもや彼らにとってためになる恐怖に陥っている。よろしい、諸君、この独裁がどんなものかを諸君は知りたいのか?パリ・コミューンを見たまえ。あれがプロレタリアート独裁だったのだ。ロンドン、パリ・コミューン二〇周年記念日に」と訴えた。このいささか扇動的な文章の影響もあって、すでに紹介したがエンゲルスの「コミューン」評価、軍事的戦略や金融統制の提起などと共に、「パリ・コミューン」はプロレタリ独裁として位置づけられた。

マルクスはどうか?彼もコミューンでのプロレタリアの役割を重視しているが、『フランスの内乱』では、プロレタリア独裁を定式化しているわけではなく、かなり慎重である。例えば「コンミューンの本当の秘密はこうであった。それは、本質的に労働者階級の政府であり、横領者階級に対する生産階級の闘争の所産であり、労働の経済的解放をなしとげるための、ついに発見された政治形態であった」と述べている。さらに「コンミュン」の性格を重視しながら「それは、現在おもに労働を奴隷化し搾取する手段となっている生産手段、すなわち土地と資本を、自由な協同労働の純然たる道具に変えることによって、個人的所有を事実にしようと望んだ。――だが、それは共産主義だ、〈不可能な〉共産主義だ、という。ところで、支配階級のなかでも現在の制度が維持できないことを悟るだけの聡明さの持主――そういう人は沢山いる――は、協同組合的生産の、おしつけがましい、騒がしい使徒になっている。もし協同組合的生産が詐欺や罠にはまるべきでないとすれば、もしそれが資本主義制度にとって代わるべきものとすれば、もし協同組合の連合体が一つの共同計画に基づいて全国の生産を調整し、こうしてそれを自分の統制の下におき、資本主義的生産の宿命である不断の無政府状態と周期的痙攣とを終わらせるものとすれば――諸君、それこそは共産主義、〈可能な〉共産主義でなくて何であろうか！」（マル・エン全集一七巻三一九～三二〇頁）とも主張しているのである。

②「共同体研究」ブームの盛行

「コミュン」は、歴史的にも地域的にも、多様な発展を遂げてきた。ここでその検討に立ち入ることは不可能だが、都市共同体としての「コミュン」を重視し、市民の共同体的連帯の抵抗闘争、それによる地方権力の奪取からすれば、マルクスが上記のように協同組合の生産や組織を重視するのは当然であり、改めて共同体組織に注目したように思われる。事実、その後マルクスは、エンゲルスのプロレタリア独裁論には距離を置いたように思われるが、モルガン『古代社会』など、「コミューン」に関わる「共同体」について改めて勉強し直し、ここでもまた膨大なノートづくりを始めている（『マルクス古代社会ノート』クレーダー編）。このように一八七〇年代の時点では、パリ・コミューンの影響もあって、欧米では共同体への関心が高まり、ある種の共同体論ブームを呈したように見える。さらに『資本論』もドイツ語版に続いて、一八七二年四月上旬にはロシア語版が刊行された。ドイツ語版初版が一〇〇〇部だったのに比べ、ロシア語版は三〇〇〇部、さらに同年八月には、マルクス自身が大幅な改定の筆を加えていた上記のフランス語版は、第一分冊が一万部発行された。『資本論』は、英語版の遅れとは対照的に、独、露、仏へと、大陸各国で翻訳が続き、その影響が拡大していたのである。

なお、プロレタリア独裁を堅持しつづけたエンゲルスだが、マルクスの死後になって『家族・私有財産・国家の起源』を書いている。初版の序文では「ある程度まで遺言の執行をなすものである。ほかでもないカール・マルクスその人こそ、彼の—ある限度内ではわれわれの、といってもよい—唯物論的な歴史研究の成果と関連させて、モルガンの研究の結果を叙述し、それによってはじめてその全意義を明らかにしよう、と予定していたのである。マルクスが四〇年まえに発見した唯物史観を、モルガンはアメリカで彼なりに新たに発見したのであり、それによって、未開と文明とを比較するさいに主要な点でマルクスと同一の結論に到達した。」モルガンの研究により、初期マルクス・エンゲルスの「唯物史観」のイデオロギー的仮説が実証された、と主張したいのであろうが、それは疑問である。さらに第四版の序文では、「一九世紀の六〇年代初頭まで、家族の歴史などは問題にもなりえなかった。歴史学は、この領域ではなお完全にモーゼの五書の影響下にあった」とも述べて、マルクス・エンゲルスの唯物史観そのものが、なんの実証的裏付けもない、たんなるイデオロギー的仮説であったことをエンゲルスは自認しているのだ。

③ロシア・ザスーリッチへの返書

さらに、大陸で『資本論』の影響が拡大する中にあって、ロシアのナロードニキ、ロシア社会民主労働党のメンシェビキの理論家、ザスーリッチからの手紙への返書で、マルクスは『資本論』の「所有法則の転変」の事実上の修正を認めることになった。この点についても、すでに紹介したので補足だけにとどめるが、エンゲルスの「プロレタリア独裁」のテーゼを重視したレーニンとは異なり、ナロードニキの立場からも、ザスーリッチは「コミューン」、とくに共同体の役割を重視した。共同体も、都市のコミューンに対して、後進ロシアでは農村の村落共同体も関心を高めたのであろう、こんな質問がザスーリッチからマルクスに届いた。一八八一年二月一六日付で、『資本論』に基づくと、ロシアの村落共同体の運命について、「村落共同体は古代的な形態であって、歴史により没落すべき運命にある」と主張されているが、その是非を問う、というものだった。

当時マルクスも、ロシアにおいて『資本論』の影響が拡大し、その中で共同体の位置づけの重要性に注目していたし、また上記モルガンの『古代社会』などの研究を進めていた。とくに村落共同体の位置づけの重要性に注目していたが、それだけにザスーリッチへの返書については慎重に慎重な準備を重ね、マル・エン全集第一九巻によれば、回答のために三つの「下書き」を準備した。内容は、返書としては詳細な資料分析を含み、慎重に対処するマルクスの姿勢が読み取れる。それだけ慎重な準備を重ねたにもかかわらず、返書そのものは簡単なものだったが、それもまたマルクスの慎重な配慮だったように推測される。

「一〇年この方、周期的に私を襲ってくる神経病に妨げられて、私は、二月一六日付のあなたの手紙に対して、もっと早くご返事を差し上げることができませんでした。（中略）しかしながら、私の学説と言われるものに関する誤解について、一切の疑念をあなたから一掃するには、数行で足りるだろうと、思われます。

資本主義的生産の創生を分析するにあたって、私は次のように言いました。〈資本主義制度の根本には、それゆえ生産者と生産手段との根底的な分離が存在する。（中略）この発展全体の基礎は、耕作者の収奪である。これが根底的に遂行されたのは、まだイギリスにおいてだけである。（中略）だが、西ヨーロッパの他のすべての国も、これと同一の運動を経過する。〉『資本論』仏語版三一五頁

だから、この運動の〈歴史的宿命性〉は、西ヨーロッパ諸国に明示的に限定されているのです。このように限定した理由は、第三二章の次の一節になかに示されています。〈自己の労働にもとづく私的所有（中略）は、やがて、他人の労働の搾取にもとづく、賃金制度にもとづく資本主義的私的所有によってとって代わられるであろう。〉同三四一頁

こういう次第で、この西ヨーロッパの運動においては、私的所有の一つの形態から私的所有の他の一つの形態への転化が問題になっているのです。それに反して、ロシアの農民にあっては、彼らの共同所有を私的所有に転化させるということが問題なのでしょう。

こういうわけで、『資本論』に示されている分析は、農村共同体の生命力についての賛否いずれの議論にたいしても、論拠を提供してはいません。しかしながら、「私はこの問題について特殊研究をおこない、しかもその素材を原資料のなかに求めたのですが、その結果として、次のことを確信するようになりました。すなわち、この共同体はロシアにおける社会的再生の拠点であるが、それがそのようなものとして機

能しうるためには、まず初めに、あらゆる側面からこの共同体に襲いかかっている有害な諸影響を除去すること、次いで自然発生的発展の正常な諸条件をこの共同体に確保することが必要であろう」と。

マルクスが「数行で足りる」と強気な割には、かなり長い弁明になっている。しかし。ここでマルクスは「初期マルクス・エンゲルス」のイデオロギー的仮説だった唯物史観の「所有法則の転変」について、上述のエンゲルスとは異なり、重大な修正をザスーリッチに述べていることがわかる。つまり、所有法則の転変の第一の否定の対象となる「自己労働にもとづく私的所有」については、それを一般化するわけでなく、「イギリスにおいてだけ」、そして「西ヨーロッパの他のすべての国」に明示的に限定される、と言い切っているのである。だから、「自己労働にもとづく私的所有」の小商品生産社会は、一般的な社会ではなく、イギリスなど一部の特殊なケースに過ぎないことになるだろう。さらにマルクスは、ロシアにおいては農村共同体の存在について、わざわざ「特殊研究をおこない、しかもその素材を原資料のなかに求めた」とも述べている。

こうしてマルクスは、ザスーリッチへの返書という形式をとりながら、『資本論』の解釈として、初期マルクス・エンゲルスの唯物史観である「所有法則の転変」について、「自己労働にもとづく私的所有」を一般的テーゼとしてではなく、イギリスなど西欧の一部に見られる特殊研究に属するものとした。そしてロシアの農村共同体の役割についても、同じく特殊研究として積極的に位置づけ、単なるイデオロギー的な作業仮説としての唯物史観に対して、歴史的検証による重大な変更を事実上提起したのである。すでに『資本論』全体についても、唯物史観の公式を前提として、その枠組みで商品、貨幣を論じて挫折した中期マルクスの『経済学批判』から、「純粋資本主義」の自律的運動法則として理論化した。そこに残された唯物史観の所有論的枠組みもまた、マルクスはここで歴史的検証により特殊ケースにしたのだ。パリ・コンミューンで幕を開いた一八七〇年代、「晩期マルクス」は「純粋資本主義」の『資本論』を基礎にして、たんなる所有論的なCommunism（共産主義）から、後進ロシアの農村共同体をも大きく歴史の視野に入れたCommunitarianism（共同体社会主義）を射程に収めようとしていたのではないか？

（4）E・B・バックス「現代思想」からW・モリス、バックスの共著『社会主義』刊行へ

①英国初の『資本論』評論、E・B・バックスの「現代思想」

マルクスも、パリ・コンミューンの後、エンゲルスのプロレタリア独裁論には距離を置いたように思われるが、モルガン『古代社会』など、コンミューンに関わる「共同体」について改めて勉強し直し、上述の通りロシアのナロードニキ、ザスーリッチからの手紙への返書で、『資本論』の「所有法則の転変」の事実上の修正を認めることになった。返書は一八八一年三月八日付だが、それにすぐ続いて後にW・モリスと共同で『社会主義』を書いたE・B・バックスによる『現代思潮の指導者たち　第23回　カール・マルクス』（一八八一年一二月）が発表された。それを読んだマルクスは大変喜び、イギリス初の「真正な社会主義」と最大級の賛辞を述べて、事実上「所有法則の転変」からの転換を自認するようになったと思われる。また、本「評論」を読んだ後、そのとき妻を失ったマルクスもまた、ほとんど病気のため研究を進めることは出来なくなった。そして、亡妻を追うようにマルクスも一八八三年三月に他界したから、本「評

論」に対するマルクスの賛辞は、同時にまたマルクス最晩年の自著『資本論』に対する自己評価だったことにもなるだろう。

本「評論」については、すでに拙訳ながら全文（後掲）を訳出したので是非参照されたい（初出は、拙稿「英国初の『資本論』評論」『変革のアソシエ』No.31、二〇一八年一月）。『資本論』については、第一巻のみの要約に過ぎないけれども、バックスの『資本論』解読のどこに、マルクスは高い肯定的評価を与えたのであろうか？『資本論』以後における、そして最晩年のマルクスの考え方を探るうえで、とくに重要と思われる論点、例えば古典派経済学批判としての価値形態論の意義、また資本については商品・貨幣に続く流通形態としての資本の理解、さらに労働力商品化に基づく剰余価値論など、バックスによる『資本論』解読については、マルクス自身が最大限の賛辞を送っているのだ。そうしたマルクスによる高い評価が決定的な契機となって、バックスとW・モリス二人は、共著『社会主義』を準備したのであろう。

なお、上記の通りマルクスは、エンゲルスの「プロレタリア独裁」論については、一定の距離を置いていた。むしろザスーリッチへの返書により、初期マルクス・エンゲルス以来の唯物史観、とくに「所有法則の転変」については、事実上の改変を図ったとみるべきであろう。その点で「パリ・コンミューン」などによる共同体の役割の重視とともに、共同体社会主義（コミュニタリアニズム）の見地への傾斜を一層強めていたように見える。このマルクスに対してエンゲルスは、初期マルクス・エンゲルス以来の唯物史観の立場を堅持、さらにプロレタリア独裁を主張した。上述のとおりモルガンの共同体研究に対しても、むしろ唯物史観の仮説の実証と見たようであり、その点でもマルクスとの距離が生じていたように感じられる。そうしたエンゲルスも、若い理論家バックスに対しては寛容な態度だったようだが、R・オーエンなどへの高い評価もあったのであろう、W・モリスに対しては、彼の指導能力を疑い「根深くもセンチメンタルな社会主義者」として、すこぶる冷淡な扱いに終始した。さらに「科学的社会主義者ではなく、ユートピア社会主義者」として厳しく批判していた。（注）こうしたエンゲルスによるモリス批判があっただけに、バックスがモリスとともに文字通りの「共同作業」として、『社会主義』をまとめ上げたことの意義は真に大きかったと言わざるを得ないと思う。

（注）一八七〇年代の「晩期マルクス」の時点で、プロレタリア独裁論のエンゲルスと、ザスーリッチへの返書など、共同体の評価に進むマルクスとの距離についても、拙著『ウィリアム・モリスのマルクス主義』（平凡社新書）を参照されたい。

②モリス、バックスの共同作業による『社会主義』へ

すでに触れたように、本「評論」が一八八一年一二月に刊行された後、バックスの勧めもあり「社会主義者同盟」の同志であるモリスも、マルクス『資本論』仏語版を「頭が痛くなるほど」、そして表紙が擦り切れて製本し直すほど読んだ。そして、二人が共に「真の意味での共同作業によって」執筆したと強調しているが、まず「社会主義者同盟」の機関紙『コモンウィール』に連載された「社会主義―その根源から」が、一八八六年五月一五日号から八八年五月一九日まで掲載された。その間、一八八六年一一月一三日号から八七年一月二二日号までは、中世の歴史ファンタジー「ジョン・ポールの夢」が連載された。この中断の後、第一五章から第二一章まで、マルクスの「科学的社会主義」として、一八八一年の本「評論」が文字通りの「下書き」だったと思わざるを得ないような構成で共同執筆されている。ここで多少の推測を交

えて言えば、本「評論」を執筆したバックスは、マルクスから高く評価され、肯定的に受け入れてもらったことに自信を得て、「同盟」の同志モリスとの共同作業により前近代から近代、そしてポスト近代を展望した「社会主義—その根源から」の連載を「ジョン・ポールの夢」とともに企画したのではないであろうか？

したがって、まず一八八一年の本「評論」、それに続いて「社会主義」の連載、さらにその後にモリスの最高傑作と言われるファンタジック・ロマンの「ユートピアだより」、これもまた、『コモンウィール』に連載された。この「ユートピアだより」は、一八八八年にアメリカの作家F・ベラミーがベストセラー『顧みれば』を書き、それに刺激されたモリスが一八八九年六月二二日号に、それを批判した評論に続いた作品である。ポスト近代の「ロマンス」をテムズ川の水系の船旅で描いた作品であり、テムズ川水系が、いわゆる「ソーシャルデザイン」になったような作品である。このように『コモンウィール』は、バックスによる本「評論」を出発点として、前近代から近代社会の資本主義経済、『資本論』を踏まえたポスト近代の「社会主義」、そこではファンタジック・ロマンや装飾芸術のソーシャルデザイン、そしてアーツ&クラフツ運動をも包み込みながら、イギリスのマルクス主義の運動を組織的に展開しようとした。こうした成果こそ、一八九三年にモリス、バックスの共著『社会主義—その成長と帰結』として出版されたのである。

③共同体社会主義（コミュニタリアニズム）への道

そこで、モリス、バックスが提起している社会主義のビジョンだが、すでにバックスは『評論』でも

「いわゆる本源的蓄積」に関連して、「社会は新しい基礎、土地や生産手段が自由な労働者で構成されるコミュニティによって所有されるだろう」と述べて、コミュニタリアニズム（共同体社会主義）の方向性を提起していた。また、「個々ばらばらの階級としてのプロレタリアは存在しなくなる。社会に必要な労働は、その構成員に平等に配分される」と主張しているのであり、所有論的なコミュニズムよりは、むしろ生産関係と労働組織に踏み込んだコミュニタリアニズムの立場だろう。こうした立場が、古典派経済学の批判による『資本論』の価値形態論の重視、労働力商品化論を前提にして、マルクスによる「所有法則の転変」に対置されたのが重要である。

すでに明らかなように、『資本論』が一八六七年に刊行された後、イギリスを中心とする資本主義経済の本格的発展が続いた。初期マルクス・エンゲルスの唯物史観の作業仮説に基づいた、いわゆる「恐慌・革命テーゼ」などは、約一〇年の周期的恐慌の景気循環が繰り返される高度成長の歴史的現実により、単なるドグマと化してしまった。マルクスは純粋資本主義を抽象し、自律的経済法則の『資本論』を書いた。それだけではない。その過程で一八七〇年代初頭には、上述のとおりパリ・コンミューンがヨーロッパ世界を揺るがせ、マルクス・エンゲルスのかかわる国際労働者協会、第一インターも重大な試練に直面した。ここでエンゲルスは「プロレタリア独裁」を主張し、ロンドン在住のマルクスも、当初から第一インターの基本文書の執筆には協力してはいた。（注）

（注）マルクスも一八七一年に『フランスにおける内乱』を書いているが、ここではエンゲルスの影響がかなり強い。こうしたことがインターの分裂、解散につながったのではないかと思われる。

その点で一八五四年生まれのバックスだが、まだティーン・エイジャーだったが、リアルタイムでパリ・コンミューンの動向に強い関心を持ったと言われる。彼はコンミューンの大義に共感し、その弾圧に抗してコント学派（実証主義協会）の集会にも参加していた。その後、彼はドイツに留学してドイツ語を学び、ヘーゲル哲学、弁証法を学ぶことになった。この留学とパリ・コンミューンへの関心などから、ロンドン亡命中のコンミューン関係者、例えばマルクスの長女と結婚したＣ・ロンゲなどとも知り合い、またマルクスの三女エレノアとも懇意になって、マルクス主義と『資本論』についても深く学ぶことになったようである。（注）

（注）パリ・コンミューンに係わったバックスの体験が強く反映したのであろうが、『コモンウィール』に連載の「社会主義」の最後では、パリ・コンミューンについて以下のように訴えている。「私たちは結論的にいえるが、この新しい道徳は、もはや単なる理論的推論ではない。何千人の人々が、その啓示の下にいる。その広く知られている真実の普遍的な自由の宣言は、一八七一年のパリ・コンミューンの労働者による英雄的で献身的な行動に示された。」そうした倫理的感情が、国際的にも拡大し、その波紋は階級闘争の発展の結果となっている。そして、「ひとたび社会の経済システムの全体的な変動があれば、新しい倫理観がそれに随伴するに違いないのだ」と述べて、共同体社会主義のエトスとして提起しているのである。

一方マルクスも、パリ・コンミューンへの対応から第一インターが分裂、組織的運動としては大変な失敗に直面した。インターの内部対立も深刻で、それに対する対応を迫られるとともに、上述のとおりコンミューン＝共同体の位置づけをめぐり、『資本論』がいち早く翻訳されたロシアのナロードニキ派からも、厳しい質問がマルクスに寄せられてきた。上記のヴェラ・ザスーリチの手紙であり、『資本論』によればロシアの村落共同体の運命について、「村落共同体は古代的な形態であって、歴史により没落すべき運命にあるではないか」との主張の是非を問うものだった。

モルガンの『古代社会』を学び直していたマルクスは、もう一度念のため引用するが、次のように返答した。「自己の労働を基礎にした私的所有は、——他人の労働の搾取、賃金制度を基礎にした資本主義的私的所有にとって代わられる」「この西方の運動では、私的所有の一つの形態から、他のもう一つの形態への転化が問題なのです。これに反してロシアの農民にあっては、彼らの共同所有が、私的所有に転化されなければならないでしょう。ですから、『資本論』で与えられた分析は、農村共同体の生命力を肯定する理由も、否定する理由も提供してはいません。しかし、私が行った特殊研究により、私はこの共同体がロシアの社会的再生の支点だと確信するようになりました」、つまりマルクスは、ザスーリチへの返書を借りて、『資本論』の「所有法則の転変」について、事実上の「修正」を行ったのである。その点では、エンゲルスとは真逆な対応ではないか?

ここでの「自己の労働を基礎にした私的所有」は、すでに指摘したように自然法の理念としてJ・ロック以来の古典派労働価値説の基礎づけになったし、スミスは上記の通り自己の労働を「本源的購買貨幣」として、生産過程を流通過程化した。その結果、商品は労働生産物に限定されたし、商品経済的富として労働市場の労働力も土地・自然・エネルギーなども視野には入らなくなった。マルクスは労働疎外論の立場で唯物史観を提起したが、『資本論』の「中期マルクス」の段階を迎えて、ようやく価値形態論の展開、労働力商品化による「貨幣の資本への転化」を解明した。しかし、古典派労働価値説の継承により、『資本論』

冒頭の価値論では等労働量交換など単純商品生産社会を想定し、さらに「所有法則の転変」を説くことにもなり、ザスーリチからの疑問や批判を招くことになった。そうした点で、古典派労働価値説の継承と受容についても、さらに現時点で改めて根本的な再検討が必要だが、それには別稿を準備しなければならない。

いずれにせよ一八七〇年代、パリ・コンミューン後の動向からすれば、上記の本「評論」におけるバックスのコミュニタリアニズムへの展望について、マルクスもまた前向きに評価したとしても不思議ではないと思う。同時にバックスの展望についても、文字通り「真正の社会主義」として評価したのではないか。そして、さらに重要なことは、上述の通り『コモンウィール』において、モリス・バックスが共同で歴史的に社会主義の「根源から」の検討を加え、そのうえで『資本論』の解説の「注記」として、「自己の労働を基礎にした私的所有」について、前近代的な村落共同体のギルドにおける労働の組織の意義を提起した。（注）そして「否定の否定」として、コミュニタリアニズムの社会主義が展望されたのではないか。だとすれば、バックスが最晩年のマルクスに送った「評論」、さらに共著『社会主義』の刊行の意義は、真に大きいと言わざるを得ないと思う。

（注）この点についての立ち入った検討は、拙著『ウィリアム・モリスのマルクス主義』（平凡社新書）および大内・川端康雄監修、モリス、バックス『社会主義―その成長と帰結』を参照のこと。なお、バックスについては、同書付論２「奇妙な二人組」（川端稿）また、「社会主義―その根源から」についても、付論１の拙稿を参照のこと。

初期マルクス・エンゲルス以来、二人の友情に変わりは無かったし、社会主義運動の同志であり盟友でもあり続けた。しかし、二人が共同作業をしたのは、まさに初期マルクス・エンゲルスによる唯物史観の形成、そして政治的文書『共産党宣言』まででであった。マルクスがロンドンにとどまり、『経済学批判』を書き、純粋資本主義を抽象して『資本論』第一巻を刊行した。それに反してエンゲルスは、父親の工場経営のためマンチェスターに移り、地元財界人としても活躍した。マンチェスターからロンドンのマルクスへ財政的援助の仕送りを続け、助言も続けた。一八七〇年、二〇年ぶりにエンゲルスはロンドンに戻り、マルクスの近所に居を定めた。『資本論』二巻、三巻の原稿整理、出版など二人の共同作業が再開された。まさにマルクス・エンゲルスの関係がとり戻されたのである。

しかし、エンゲルスがマンチェスターにいた「中期マルクス」、そして『資本論』第一巻刊行の「後期マルクス」の二〇年間は、マルクス・エンゲルスにとって、長い空白の時間だった。とくに世界の資本主義の中枢ロンドンで、生活者としても純粋資本主義の自律的運動法則の『資本論』を書いたマルクスは、初期マルクス・エンゲルスの唯物史観を『資本論』のための単なるイデオロギー的作業仮説に止めることにした。『資本論』の論理と唯物史観のイデオロギー的仮説は、ここで整理されたのだ。さらにエンゲルスのロンドン帰着を待ち受けるような一八七〇年「パリ・コンミュン」である。エンゲルスは、唯物史観にもとづいてパリ・コンミュンを「プロレタリア独裁」として定式化し、強く提起した。しかし、すでに『資本論』第一巻を刊行したマルクスは、プロレタリアの役割を重視したが、改めてコミュニティ共同体の役割、協同組合の評価など、「プロレタリア独裁」のテーゼには一定の距離を置くことになった。

そこでマルクスと「プロレタリア独裁」との関係だが、上記の通りプロレタリアの果たす役割を重視する。しかし、社会主義の国家権力をプロ独として定式化し、集権的な国家権力による上からの計画化を定式化しているわけでは決してない。マルクスによるプロ独の定義として、よく解説されるのが『ゴータ綱領批判』の次の文言である。すなわち、「資本主義社会と共産主義社会との間には、革命的転化の時期が横たわる。それにはまた一つの政治的過渡期が照応し、この過渡期の国家はプロレタリアートの革命的独裁以外の何物でもありえない。」それなのに「ゴータ綱領」そのものは、それに触れていない、と批判している。マルクスの指摘はこれだけである。一言触れていた、それだけなのである。過渡期国家論として本格的な検討や定式化がなされているわけでは決してない。

さらに注意しなければならないのは、『ゴータ綱領批判』とされる文書の性格である。一八七五年、ドイツ社会主義労働者党に合同することになったラッサール派とマルクス・エンゲルスの指導のアイゼナッハ派、この両派の「綱領」草案に対するマルクスの「ブラッケ宛の添手紙」の一節に過ぎない。つまり、内部的な個人的な書簡であり、党内事情を考慮したのであろう、あくまで私的なもので公的には扱えないものだ。しかも、その私的書簡が一五年も経て、プラッケではなくエンゲルスが一八九一年ドイツ社会民主党の『ノイエ・ツァイト』に発表させた、と言われている。マルクスはとっくに死んでいて、責任を負える文書ではない。あくまでもエンゲルスによるマルクスの利用であり、それが独り歩きしてマルクスの

「プロレタリア独裁」の定式として広がってしまっているのではないか?多くの疑問を感ずるところである。

一八七〇年代の「晩期マルクス」にとって、パリ・コンミュンはじめ共同体研究など、コミュニティを重視してコミュニタリアニズム・共同体社会主義に接近した経緯は繰り返さない。純粋資本主義を抽象し、自律的運動法則を解明した『資本論』の立場を一層明確にした。唯物史観は単なる作業仮説に退いた。それに反しロンドンに戻ったエンゲルスは、初期マルクス・エンゲルスの唯物史観の初心を守り、パリ・コンミュンにより「プロレタリア独裁」を定式化した。しかしマルクスは、「プロ独」に一定の距離を置いたのである。ここにマルクスとエンゲルスの立ち位置の違いが生じたのではないか?上記『ゴータ綱領批判』にしても、そもそもマルクスの文書について疑念が残るし、文言も定式とするようなものではないと思う。「晩期マルクス」は、純粋資本主義を抽象した『資本論』から、コミュニティの役割を重視し、W・モリス達の「コミュニタリアニズム」に接近したのである。

# 第二章

E・B・バックス『現代思潮の指導者たち、第23回　カール・マルクス』

## （1）『資本論』一五〇年とE・B・バックス

マルクス『資本論』一五〇年を迎えている。マルクスについて、また『資本論』については、すでに数多く論じられてきた。今更、改めて論ずる必要もないように思う読者が多いだろう。確かにそう思うのだが、一八八一年一二月、マルクスの最晩年だが、当時まだ『資本論』の英語訳が刊行されていない時点で、イギリスで本格的に『資本論』が論壇に登場し、高い評価が与えられた最初の論稿が本稿である。わが国では、マルクスや『資本論』について、多くの紹介や書評が翻訳されているにもかかわらず、何故か本稿が今日まで殆ど紹介されてこなかった。『資本論』一五〇年を機に本稿を紹介し、『資本論』研究の前進に寄与できればと考える。

マルクスは、彼の妻イェニーが一八八一年一二月二日亡くなった直後、一二月一五日にF・A・ゾルゲに宛てた書簡の中で、「最近、イギリス人は、『資本論』などをさらに勉強し始めている」として、J・レイやH・M・ハインドマンの論稿や著作に触れながら、次のように述べていた。

「最後に、去る一二月一日に（その写しを君に送ろう）月刊評論誌『Modern Thought』に〈現代思潮の指導者たち、第23回　カール・マルクス。E・B・バックス〉という論説が載った。

ところで、これは新しい理念そのものに対する、真に熱狂に満ちたイギリスの俗物根性に大胆に反抗した、この種のイギリスの刊行物では最初のものだ。だからと言って、筆者が僕について述べている履歴的記事が、大部分誤りであるなどのことが見られないわけではない。僕の経済学の原理の説明や翻訳には、間違いや混乱が多々あるが、しかしそうしたすべてのことにもかかわらず、ロンドンのウェストエンドの壁に、（注）ビラにより大文字で告知された論説の発表は、一大センセーションを生んだ。僕にとって最も重大なのは、僕が『モダーン・ソート』の上記の号を、すでに一一月三〇日に受け取っていたので、愛する妻が生涯の最後の日々に、それにより元気づけられたことである。君も知っての通り、彼女はこうしたすべてについて強烈な関心を寄せていたのだ。」

（注）ロンドンのウェストエンドは、エンターテインメントやショッピングの中心街、また高級住宅地である。そこに告知されたビラをマルクスも喜んだのである。

マルクスらしい手紙の表現だが、バックスの論説を好意的に、前向きに受け止め、『資本論』執筆に命を削って協力してくれた愛妻への最上の贈り物として、感謝の気持ちが溢れた手紙ではないか？何とも心温まる文面だと思う。余程マルクスは嬉しかったのであろう、ゾルゲにはコピーを送っているが、さらに娘ジェニー・ロンゲにも、一二月一七日「君に、月刊評論誌『モダーン・ソート』に載った僕に関する一論説を送る（当地から郵便で同時に発送）。イギリスの批評が、こんなに熱中してこの問題を論じるのは初めてだ。メーンヒェンは、これによりまた元気づけられた。ドイツ語の〈テキスト〉からの引用がひど過ぎるところは、友人たちにとっておいてある数部の中に、トゥッシに訂正を書き込ませた。〈生涯〉と題されたものの中の誤りは、どうでもいい。」さらに一八八二年一月二三日、パリ在住のP・R・ラヴローフにもコピーを送り、バックスが「現代の社会主義にたいして真正な関心を示している最初のイギリスの批評家なのです」と最大限の賛辞を述べている。

マルクスは、自分の履歴に関しての誤りは棚上げにして、自ら沢山のコピーを作り周囲に配っていた。バックスの論稿に対する高い評価と自らの喜びの表現であろう。『資本論』の影響が、ドイツ、ロシア、そしてフランスから、いよいよイングランドに上陸し、大きな思想的衝撃を与え始めた事情が伝わってくるのが判るようなマルクスの手紙ではないか?

さて、一八六七年に『資本論』第一巻初版が、ドイツで発行された。九月一日ごろハンブルグのオットー・マイスナー書店から出版、部数は一〇〇〇部、一八七一年末でも全部は売切れなかった。しかし、影響は先ずロシアの知識層に現れ、一八七二年にはダニエルソン版が刊行された。部数は三〇〇〇部で、すぐさま九〇〇部売れたといわれる。このロシア語版から数か月遅れて、フランス語版の第一分冊が発行された。ラ・シャトル版であり、仏語訳は一挙に一万部が発行された。フランス国内だけでなく、後述のW・モリスなど英国の読者も多数含まれていたと思われる。このようにドイツ語版よりもロシア語版、さらにフランス語版と部数が拡大し、『資本論』の影響力がヨーロッパ大陸に拡大していた様子が判る。

しかし、肝心の英語版であるが、ドイツ語版初版から一五年、フランス語版からも一〇年は経過しても、当時は未刊だった。マルクス一家は、亡命移民とはいえ三〇年もイギリス、そしてロンドンで生活してきた。大英図書館で資料を読み、イギリスの事例に基づいて『資本論』を書いた。マルクスがロンドンの生活者だったからこそ、そして大英博物館の読書室を利用できたからこそ、『資本論』が生まれたのだ。マルクス自身、イギリスに帰化することを強く望んでいたようだし、娘たちはイギリスの国籍を持っていた。

マルクスも英語版の早期の出版を強く望んでいたことは疑いない。にもかかわらず英語版の出版は遅れに遅れてしまった。

バックスが、一八八一年末『現代思潮』に、マルクスと『資本論』を評論の対象に選んだのも、遅れている英語版の刊行を促進させる意図があったように思う。バックスは、マルクスの代表的著作を紹介した後、わざわざ「なお、カール・マルクスは彼の母国語と同じくらいフランス語や英語で自由に書いていることを指摘して置きたい」と書き、さらに『資本論』についても、「この本の英訳が未だに取り掛かってもいないことへの驚きを述べることを抜きに、世紀の最重要な著書の一冊の簡単な要約を終わることは出来ない」とまで書いた。刊行の遅れた英語版は、「ゾンネンシャイン版」としてマルクスの死後四年経って、そしてドイツ語初版の二〇年後、一八八七年にようやくロンドンで発行された。遅れただけに、出版社が意外とするぐらい売れ行きは良く、三か月後に二刷り、その後も毎年のように増し刷りを重ねて、一九二〇年には第一七刷りに及んでいる。一九〇〇年、当時ロンドン留学の夏目漱石も、ベストセラーの英語版を購入している。

英国では、英語版の出版が遅れていたが、すでに独、露、仏と『資本論』の国際化が進み、そうした普及と結びついて、『資本論』をめぐる議論も盛り上がっていた。イギリスにおいても、エンゲルスなど亡命活動家の仲間内の論争だけでなく、一八八〇年代を迎えてイギリス人の中にもマルクス主義の組織が生まれ始めた。上記マルクスの書簡にも出てくるH・M・ハインドマンによって、一八八一年に設立された民主連盟（the Democratic Federation）には、バックスもモリスも、そしてマルクスの三女エレノア・マルクスも参加した。しかし、この組織は「ロンドンの様々な〈急進主義〉クラブを「民主連盟」の名のもとに聯合させせようという試み」だったそうで、ハインドマンの独善的な組織運営、さらに彼の小著『万人のためのイギリス』には、『資本論』のハインドマン流の要約が多く、マルクスも民主連盟の「綱領で明らかにされた新党の諸目的とは全く関係なく、そうした綱領の注釈としても全く処を得ないもの」と批判せざるをえなかった。

そんな事情からモリスやバックスは、民主連盟（一八八四年にthe Social Democratic Federation社会民主連盟に改称）を早々に脱退して、新たに「社会主義者同盟」（the Socialist League）を結成した。しかし、そうした組織的混乱の中で、モリスやバックスは『資本論』を精読し、マルクス主義の理解を深めることになった。一八八一年の末に、バックスが『社会思潮』誌上に本稿を掲載するについても、単なる『資本論』の紹介と評論だけではなく、ロンドンにマルクス主義の社会主義組織が誕生する歴史的胎動のあったことを書いて置かねばならない。だからこそバックスの評論も熱のこもったものになったし、それがまたマルクスにも強く訴えて「彼は現代の社会主義に対して真正な関心を示している最初のイギリスの批評家なのです」という最大限の賛辞を送ったのであろう。

では、生前のマルクスが『資本論』の理解をめぐって、「真正のマルクス主義」と讃えたバックスの「評論」の内容は、どんなものか？長い「評論」ではないので、以下拙訳ながら全文を翻訳して、紹介したい。

## （2）「E・B・バックス『現代思潮の指導者たち　第23回カール・マルクス』一八八一年一二月」

### Ⅰ　生涯

近代的社会主義の経済理論の現存する最高の代表者カール・マルクスは、一八一八年五月二日トリアで生まれた。（注1）彼の父親は、バプチスト系のユダヤ人で、町では高い公的地位にあった。彼はボン大学で法律を学び、一八四〇年ごろ優秀な成績で試験に合格し、そのあと故郷の町に戻った後、三年間ほど在野のジェントルマンとして過ごしたとみられる。一八四三年にジェニイ・フォン・ウエストファーレンと結婚したが、彼女はのちに内務大臣のメンバーになった有名なウエストファーレン氏の妹である。哲学と政治経済学は、その時代の大きな社会問題に関連していて、大学卒業後の彼の主要な研究となったし、ブルジョア的な政治家や経済人にとっては幽霊だった「過激な社会主義」にも接近した。これにより彼は、政府の仕事（それは彼の才能や経歴からすれば間違いなく高い地位に就くことが考えられていたが）に就くのを断念した。そして、彼は近づきつつあると考えた革命のために身を投ずる決断をした。そこで結婚後すぐ、彼はパリに赴き、故アーノルド・ルーゲと共に『独仏年誌』の編集者になった。彼はまた社会主義者の『前進』紙も編集した。しかし、一、二か月も経たないうちに、パリを離れ、住居をブリュッセルに定めざるを得なくなった。彼は文筆活動をして四年程、一八四八年三月にベルギーを追われるまで、そこにとどまった。そしてパリを短期間訪れた後、ケルンに一時的に落ち着く場所を見つけた。そこでは革命的動乱が最高に高まっていた。彼はそこで再び「ライン新聞」（注2）の編集に従事したが、彼の批評の厳しさ、革命政党の失敗などが原因となり、翌一八四九年には弾圧されてしまった。彼はパリに戻り、短期間そこで滞在し、そのあとロンドンにやってきた。ここで彼はずっと住むことになった。カール・マルクスは一八四八年以降、大陸の革命運動のほとんどすべてについて、指導的な時代精神をなしてきた。けれども、英国の新聞の読者にとっては、彼の名前は『国際労働者協会』の組織や指導部の一人として馴染み深いだろう。彼の偉大な『資本論』を別にして、多くの匿名の著作の他にも、マルクスは膨大な著作、パンフレット、政治的社会的問題についての論稿の著者でもあった。最も重要なものだけを示すと、ブルノー・バウアーとその一派への批判『聖家族』：これはF・エンゲルスとの共著だが一八四五年にフランクフルトで出版された。『哲学の貧困』：プルードンによる貧困の哲学への回答、パリ＝一八四七年。『共産党宣言』：ロンドン一八四七年。ナポレオンⅢ世を直接対決した匿名での政治的歴史的スケッチである『ブルュメール一八日』と題されたもの。（『資本論』の基礎をなすが）一八五七年にバーデンで出版の業績『経済学批判』は、最も重要である。なお、カール・マルクスは彼の母国語と同じくらいフランス語や英語で自由に書いていることを指摘して置きたい。

（訳注1）マルクスの誕生日は、年譜によれば一八一八年五月五日とされている。また、一八三六年にボン大学からベルリン大学に入学したが、そうした経歴にも触れていない。マルクスは、上述のとおり手紙に自分の生涯の紹介の誤りについて指摘していた。

（訳注2）ここで発行された新聞の正確な名称は「新ライン新聞」である。

カール・マルクスの理論の全ては、彼の最高傑作『資本論』に結晶されているのが解る。近代的社会主義による経済法則の要約は、それゆえこの作品に限定すればいいだろう。『資本論』の初版は一八六七年に、再版は加筆されて一八七二年出版された。それは今までのところ不完全で、第一巻だけしか出ていない点に注意すべきだ。『資本論』には、その革命性や広範囲な接近の重要性の点で、天文学のコペルニクスの法則、力学における万有引力の法則に匹敵する経済法則の解明が含まれている。高利貸や利子をとって貸すことは、古代から現代も同様に、しばしば悪口を叩かれ非難されてきた。それは単に流通を通過しただけで、貨幣が元の所有者にプラスの増加をもたらすことは「全く正しくはない」、という本能的感情によるものである。恐らく古代ではアリストテレスが、この見解の顕著な代表者である。しかし、それを非難するもので、誰もそうすることへの納得できる理由を提起してはいないし、多くの場合、「利子」や「高利」のより難解な形態では弾劾しながら、日常生活の中では習慣化された形で躊躇もせずにその原理を受け入れているのである。それほどに絶対的に孤立してしまった大発見はないのだ。ショウペンハウエルが別の主題に関連して述べているが、その出現まで時が熟する前に、その最終的で決定的な解明の前に、どんな偉大な真理を把握することでも、常に失敗の試みが存在してきた。しかし、彼はそれに加えて、公平に「その原因から真理を把握した者のみが、またそれをその結果まで考えた者のみが、その全体の内容を発展させ、その領域の全内容を視野に収め、この後でその価値と重要性を十分認識して、明快かつ関連させて説明する、その者こそがその創造者である。」このことはカール・マルクスについては、明白な事実であり、彼の偉大な業績を目にしたものであれば、少しも疑う者はいないだろう。そこに古くさい経済学者は、工業生産の実際の素材や生産が暴露されるのを見るし、さらに彼自身オポチュニストとしての説明が無常にも死刑に処せられているのを見るし、論争では時に文章上の儀礼の厳格な域を越えたにしても、『土曜評論』の中で、その筆者が「無味乾燥な経済的問題に特別な魅力を添えている」と洞察したように、少なくとも成功しているのだ。『資本論』、もしくはその第一巻は、「資本の生産過程」と題され、そこに八三〇ページが含まれて、今や公刊されているが、七編二五章に分かれている。第一篇は三つの章で「商品と貨幣」、第2編は一つの章で「貨幣の資本への転化」、第三篇は五章で「絶対的剰余価値の生産」、第四篇は四章で「相対的剰余価値の生産」、第五編は三章で「絶対的および相対的剰余価値の生産」、第六篇は四章で「賃金」、第七編は五章で「蓄積過程」。そのほかは序文と付録である。（訳注）

（訳注）以下『資本論』からの引用は、便宜的に、すべて向坂逸郎訳、岩波書店版によった。

「資本家的生産の支配的な社会の富は、巨大な商品の集積で現れ、その基礎的形態が個々の商品である。」第一章はこうした文章で始まる。マルクス博士は、現実的もしくは使用上の価値と交換価値の説明に続いて、商品は単に労働の有形的形態に過ぎず、経済的意味における価値は様々な形で体化されている労働の種々の量に過ぎないというテーゼに敷衍する。この理論は「新しい原理」ではない。労働が価値の基礎だということとは、有名なリカードなど先輩の多くの経済学者に受け入れられてきたものであるが、誰もそれを首尾一貫して説明し切っていない。分析の過程で、例えば禁欲とか土地の所有権とか、他の要素を仮定している。マルクス博士によれば、一定の時点で、あたえられた商品の価値は、与えられた平均的労働の量、時間によって決定される。ここから価値は商品の質的同一性で、量的にのみ異なるから、ある商品の価値は他の商品の物体によって表現される。

「商品リンネルの価値は、それゆえ商品上着の体、つまりある商品の（経済的）価値は他の商品の使用価値で表現される。使用価値として、リンネルは感覚的に上着とは別物であるとしても、（経済的）価値としては上衣と同じ質である。このような形で、それは自然的形態とは区別される価値形態を受け取るのである。丁度キリスト教徒の羊的性格が、神の子羊と同一物として現れるように、リンネルの価値は上着との同一物として現れる。」

様々な付随した形態で価値が練り上げられた分析が三〇ページ以上に及び、最後的に商品の複合体から抜け出て貨幣形態に結果するが、それによりどんな商品の価値も価値の量的な程度は無論さまざまに含まれているが、この複合体から他のどんな商品にではなく、それ自身としては使用価値を持たない第三者の一商品である貨幣形態に到達する。この第三者は貨幣に鋳造される貴金属である。こうしてポンド・スターリングは一定の労働量のサイン、象徴であり、それは上衣であろうと、一〇エレのリンネルであろうと、一五ポンドの茶であろうと、一〇ポンドのコーヒーであろうと、一クォーターの小麦であろうと、四分の一トンの鉄であろうと、それぞれに体化された商品には関係ない。それゆえ貨幣の独占的な機能は、商品の交換、あるいは消費財との交換の手段として動くことであり、物々交換あるいは実際的でなく不便な直接的な交換を放棄する発展をもたらす社会において機能する。それゆえ単純な物々交換のC―C（商品と商品）形式から、われわれはC―M―C（商品―貨幣―商品）形式を持つ。洋服屋は彼の上衣と五ポンドの茶を交換する代りに、その交換として貨幣を受け取る。そして彼が消費者であれば、貨幣で茶を購入する。しかし、交換価値以外何も持たない一商品が「価値の標準」として現場に登場することは、それを不可思議な、そして一見説明できない結果をもたらす。「商品の交換価値として、あるいは交換価値を商品として手に入れる能力と共に、金への貪欲が目覚めてくる。商品の流通の拡大に伴って、いつでもすばやく絶対的な富の社会的形態である貨幣の力が伸張する。」コロンブスは（彼のジャマイカからの手紙の中で）「金は驚くべきものだ。それを持つものは、彼が欲する全ての支配者である。金を通じて、人は霊魂さえ天の楽園の状態にさえしてしまう。」「流通はそこに流れ込む巨大な社会的レトルトであり、再び貨幣に結晶させて出てくるものである。」この全ての結果こそ、最初のC―M―C形式がM―C―M形式、つまり貨幣が貨幣に交換される帰結となる。人は、再び買うために売るのに加えて、再び売るために買うのである。しかし、この形式の変化により注目するものがある。貨幣は使用価値を持たずに、交換価値だけを持つ。そして無論、質的には同一であり、ある時点で量的変化がなければ、取引によって得るものは何もありえない。そして、実際このように流通する貨幣は、量において獲得しているのであり、言い換えれば問題の貨幣の資本への転化を構成する過程である。この点をカール・マルクスに聞こう。

「貨幣としての貨幣と資本としての貨幣は、第一には、ただその違った流通形態によって区別されるだけである。商品流通の直接的形態はC―M―Cである。すなわち、商品の貨幣への転化および貨幣の商品への再転化であり、買うために売ることとである。しかしながら、この形態と共に、われわれには、第二の特殊なちがった形態がある。すなわちM―C―Mという形態であり、貨幣の商品への転化および商品の貨幣への再転化であって、売るために買うこととである。この後の方の流通を描いて運動する貨幣は、資本に転化され、資本となる。そして、すでにその性質から言えば資本である。――もし流通過程M―C―Mという回り道をとおして、同一の貨幣価値を同一の貨幣価値と、したがって、例えば一〇〇ポンド・スターリングを一〇〇ポンド・スターリングと交換しようとするのであれば、この過程が、無意味であり、無内容なものになるだろう、ということは無論明瞭である。これよりは、彼の一〇〇ポンド・スターリングを流通の危険にさらす代わりに、じっと持っている貨幣退蔵者の方法が、ずっと単純であり、確実であろう。他方において、商人が一〇〇ポンド・スターリングで買った綿花を、再び一一〇ポンド・スターリングで売るかどうか、あるいは、これを一〇〇ポンド・スターリングで、場合によっては五〇ポンド・スターリングですら、売り払わなければならぬかどうか、いずれにしても全ての事情のもとにおいて、彼の貨幣は、特別の、そして独自の運動を描いたのである。」

この運動は資本としての貨幣の流通であり、資本としては、その目標として貨幣の増加の回収である。この増殖は、マルクスにより「剰余価値」と名づけられた。しかし、いまや新たな問題が持ち上がり、どんな経済的手品の過程により、その結果が確保されるのか?どこから増殖、あるいは利潤がもたらされるのか？明らかに個人的にせよ、集団的にせよ、資本家達の上品な軍隊からはもたらされない。「Aが四〇ポンドの価値でBにワインを売り、交換に五〇ポンドの穀物を得るとする。Aは彼の四〇ポンドを五〇ポンドに転化したのであり、より僅かな貨幣でより多くの貨幣を作り出して、彼の商品を資本に転化した。」「もしAが交換という隠蔽された形態ではなくして、Bから一〇ポンド・スターリングを直接盗んだとしても、同じ変更が生じたであろう。」そしてなお「流通する価値の総和は、明白にその分配における変更によっては、増加されえない。丁度あるユダヤ人が、一国における貴金属の量を、アン女王の時代の一ファージング貨を一ギニーに売ることによって、増加させることができなかったのと同じである。一国の資本家階級の総体は、自分自身を騙し取るというわけにはいかないのである。」どんな資本家も、他のどんな資本家よりも有利であるというわけにはいかない。そこで剰余価値の源泉は、資本それ自身の外部に求めざるを得ない。しかし今日の産業界の中で、何が補足的条件なのか？何が資本を補完するのか？それは労働である。そして剰余価値の源泉としての設問へのマルクスの解答は、それが労働者から引き出されるというものである。けれども、この実現に対しては、労働に対する能力、いいかえれば労働者が市場における商品として先ず現れねばならない。

「なぜ、この自由な労働者が、彼に流通部面で相対するにいたるかという問題は、貨幣所有者の関心事ではない。彼は、商品市場の特別の部門として、労働市場を見ているだけである。そして目下のところ、それはわれわれの関心事でもない。われわれは、貨幣所有者が実際的になしているように、理論的に、この事実をしっかりとつかまえておく。だが、一つのことは明らかである。自然が、一方において貨幣所有者と商品所有者とを生産するわけでなく、また他方において、自分の労働力の単純なる所有者を生産するわけでもない。この関係は決して自然史的のものでなく、またすべての歴史時代に共通である社会的関係でもない。それは明らかに、先行の歴史的発展の結果であり、多くの経済的変革、すなわち永い系列をなす社会的生産の古い諸形式消滅の産物であるとも、いうべきものである。」

商品の生産や商品の流通は、社会が交換価値、すなわち貨幣に支配されるようになるしばらく以前から起っていた。

われわれは今や、資本が労働から剰余価値を搾り出す手口 modus operandi を見ることにしよう。

「労働のための能力の価値は、すべての他の商品の価値と同様に、この特殊な商品の生産、したがってまた再生産に必要な労働時間によって規定される。それが価値である限り、労働力自身は、ただその中に対象化された社会的な平均労働の一定量を代表するにすぎない。労働力は、ただ生ける個人の能力として存在するのみである。したがって、その生産は、彼の生存を前提する。個人の生存を与えられたものとすれば、労働力の生産は、彼自身の再生産または維持である。彼の維持のために、生ける個人は、一定量の生活手段を必要とする。——労働力の価値は、一定額の生活手段の価値に分解する。したがって、この価値はまた、この生活手段の価値と共に、すなわち、その生産に必要な労働時間の大きさと共に変化する。」

この事実の基礎の上に、資本家による労働者、もしくは働くものの搾取が構築される。賃金の傾向は、絶えず労働日の長さに比較して、生存手段の水準に抑えられることになる。

「労働者を二四時間生かしておくために、半労働日が必要であることは、決して、彼がまる一日労働することを妨げない。したがって労働力の価値と、労働過程におけるその価値増殖とは、二つの異なる大きさである。第一は、その交換価値を決定し、第二はその使用価値である。資本家が労働力を買った時、彼はこの価値差額に注目していたのである。撚糸またはブーツを作るという労働力の有用な属性は、価値を形成するためには、労働が有用な形態において支出されなければならない理由によってのみ、不可欠な条件（conditio sine qua non）だったにすぎない。そして、決定的要因は、価値の源泉であり、しかもそれ自身が持つよりも、より多くの価値の源泉であるという、この商品の特殊な使用価値であった。これが、資本家がこの商品に期待する特殊なサービスである。そして彼は、その際、商品交換の永久の法則にしたがって行動する。………われわれの資本家には、彼を喜ばせるこの事情が、前からわかっていたのである。それゆえ、労働者は、六時間に止まらず、一二時間の労働過程に必要な生産手段を、作業場で見出すのである。」

労働日の一定部分は、働く者が二四時間の生存手段の更新を表わしている。

「労働者が必要労働の限界を越えて労働する過程の第二の期間は、彼の労働を、すなわち労働力にとっては労働のコストであり支出には違いないが、彼のためには、何の価値も実現しない。それは、資本家に無から有を創造する全魅力をもって微笑みかける剰余価値を形成する。私はこの労働日の部分を剰余労働時間と名づけ、そしてこの時間内に支出された労働を、剰余労働と名づける。価値一般の認識にとって、価値を単なる労働時間の流動（flux）として、単位対象化された労働として理解することが、決定的であるように、剰余価値の認識にとっては、それを単なる剰余労働時間の流動として、単に対象化された剰余労働として、理解することが決定的である。この剰余労働が、直接的な生産者から、労働者から搾り上げられる形態こそ、種々の経済的社会形態を、例えば奴隷制の社会を、賃金労働の社会から区別するのである。」

それゆえ資本家の目的は、彼のカモとなった労働を、彼の生存手段のために、できるだけ長時間にすること、資本家自身に対して生ずる、彼の生存コストを超えて、すべて残すことにある。機械の導入や今世紀の産業の広範な発展も資本家的様式の悪魔を広め、かつ強めるのに貢献しただけだ。それは働く者を奴隷から機械装置の一部に転化したのである。

「J・S・ミルは、その『経済学原理』の中で言っている、とマルクスは述べ、〈すべて従来なされた機械の発明が、何らかの人間の日々の労苦を、軽減したかどうかは疑問である〉と。しかし、そのようなことは、決して、資本主義的に使用される機械装置の目的ではないのである。労働生産力のすべての他の発展と同じく、機械装置は、商品を低廉にするためのものであり、また労働者が、自分自身のために必要とする労働日の部分を短縮して、彼が資本家に無償で与える他の労働日の部分を、延長するためのものなのである。機械装置は、剰余価値の生産のための手段である。」

『資本論』の大部分は、一九世紀の社会生活の最も恐ろしい吸血鬼、工場制度を暴露するのに捧げられている。誰も、いわゆる産業的発展の寺院で、年々犠牲になる悲惨な犠牲者の惨状について、マルクス博士により明確な概略が描かれた状況以上には、悲惨には描けない。その絵は、どんな細かい描写も、社会主義者の想像ではなく、過去半世紀の議会報告やブルーブックから直接描かれていることを想起されたい。人間の最高の哲学は、その発明が搾取の手段として、それを使ってきた人類の僅かな部分しか軽減されない苦痛が証明されないエンジニアや機械技師を大いに誉めそやした記憶に反対する呪いを押し殺すことは殆んどできないのだ。

マルクスは言う。「資本家は、すべての商品をできるだけ安く売ることを追求している。そして、価値以下で売り価値以上で買う、単なる詐取から常に利潤を得ている、とも説明する。それゆえ、実際に労働の価値なるものが存在するとしても、そしてこの価値を支払うにせよ、彼の貨幣がそれ自身資本に転化しない限り、資本が存在しない、ということを決して見ることができないのだ。機械は労働を安くすること、例えば労働者の生存維持手段を構成し、同じ時期により多くの商品が生産されるように、商品生産に必要な時間を短縮することで、彼の助けにする。それにより労働者は何も得られないが、より安くなり、それゆえ一二時間労働日として、彼を維持するのに必要なすべてが六時間と仮定すると、資本家に剰余価値として六時間分の実現された生産物が生ずるのは明らかである。」

「資本家は労働力を、その日価値で買った。一労働日中の労働力の使用価値は、彼のものになる。かくして彼は、労働者を一日中自分のために労働させる権利を得た。しかし一労働日とは何か？とにかく、自然の一生活日よりは短い。どれだけ短いか？資本家はこの極限 ultima Thule についての、労働日の必然的限界についての、彼特有の見解を持っている。資本家としては、彼は単に人格化された資本に過ぎない。彼の魂は資本の魂である。然るに、資本はただ一つの生活衝動を、自己を増殖し、剰余価値を創りだす衝動を、その不変部分、生産手段をもって、能う限り多量の剰余労働を、吸収しようとする衝動をもっている。資本は、ただ生きた労働の吸収によってのみ、吸血鬼のように活気づき、またそれを多く吸収すればするほど、ますます活気づく、死んだ労働である。労働者が労働する時間は、資本家が自分の買った労働力を消費する時間である。労働者が彼の意のままになる時間を、自分自身のために消費するならば、彼は資本家のものを盗むことになるのである。かくて、資本家は商品交換の法則を拠りどころとする。彼は、すべての他の買い手と同様に、彼の商品の使用価値から、能う限り大きい効用を引き出そうとする。しかし、突如として、生産過程の疾風怒涛の時代には、抑えられていた労働者の声が上がる。：—僕が君に売った商品は、その使用価値が価値を、しかも、それ自身が値するよりも大きい価値を創りだすということによって、他のありふれた商品とはちがう。これが、君がそれを買った理由だった。君の方で、資本の価値増殖として現れるものは、僕の方では、労働力の過剰支出である。君と僕とは市場でただ一つの法則、商品交換の法則しか知らない。そして、商品の消費は、それを譲渡する売り手のやることではなく、それを獲得する買い手のやることである。だから、僕の日々の労働力の使用は、君のやることである。しかし、僕の労働力の日々の販売価格によって、僕はそれを日々再生産し、したがって、また新たに売ることができねばならない。年令などによる自然的摩損を別にして、明日も、今日と同じ標準状態の力、健康、および気分をもって、僕は労働することができねばならない。君は絶えず僕に「倹約」と「節欲」との福音を説教する。よろしい！僕は分別のある倹約を亭主のように、僕の唯一の財産である労働力を、倹約し、その馬鹿馬鹿しい浪費を、すべて止めることにしよう。毎日僕の労働力の中から、その標準的な持続と健全な発達とに差し支えないだけを、流動させ、運動に、労働に転化することにしよう。労働日の法外な延長によって、僕が三日で回復するよりも、なお大きな分量の僕の労働力を、君は一日のうちに流動させることができる。かくて、君が労働において得るだけを、僕は労働実体で失う。僕の労働力の利用とその略奪とは、全くちがったことである。平均的労働者が、合理的な標準労働で生きられる平均期間が三〇年であるとすれば、君が日々僕に支払う僕の労働力の価値は、その総価値の三六五×三〇分の一すなわち一〇九五〇分の一である。しかし、もし君がそれを一〇年で消費するならば、君は毎日僕に、その総価値の三六五〇分の一のかわりに、一〇九五〇分の一、したがって、その日価値の三分の一を支払うにすぎず、かくして、毎日僕から、僕の商品の三分の二を盗むのである。君は三日分の労働力を消費するのに、一日分を僕に支払う。それは、われわれの契約と商品交換の法則とに反している。そこで、僕は標準的な長さの労働日を要求する、しかも、君の心情に訴えることなしに要求する。金銭のことでは、人情も無くなるからだ。君は模範市民で、恐らく動物虐待防止協会の会員で、なおその上、君子人の噂も高いかもしれない。しかし、僕に対して君が代表するものには、鼓動する心臓が無い。そこで打つとみられるのは、僕自身の心臓の鼓動である。僕は標準労働日を要求する、すべての他の売り手と同じく、僕の商品の価値を要求するからである。」

それゆえ今日の経済体制は、不断の闘争であり、そうでなければならない。資本家は買い手として労働日をできる限り長くする権利を維持し、労働者は売り手として標準的な長さに制限する権利を維持する。資本家の全体が、労働者の全体に対して整列しているのだ。逆もまた同様である。

カール・マルクスは、まさに軽蔑の念をもって、利潤や利子が禁欲の代償である、という職業的エコノミスト、資本の弁護者達の浅薄な詭弁を論じている。われわれは皆、有名なケーキを持ち続けながら、それを食べることはできないと知っている。同じように、商品のシンボルである貨幣所有者が、それを保持し、かつそれが示す消費財と交換することはできない。ケーキを持っているかぎりでは、持つことによって増加はしない。ケーキを食べた過去の喜びに対し、将来の消費の喜びを表すだけだし、貨幣を持つだけでは、過去のかわりに将来の消費の喜びを表すだけである。なぜ、貨幣の所有者が、それが表す商品のいくらかの所有者よりも、禁欲に対して追加的報酬の増加が期待できても、それは今日の経済秩序を弁護するだけなのだ。彼らは恐らく持っているだけではなく、投資したからだと答えるだろう。しかし、先の説明をフォローした者ならはすぐわかるように、これは事態を大きく変えるものではない。「投資」により意味するのは、われわれがまさに考察したような状態で、労働を貨幣で購買する流通の過程の話を意味するるだけだからである。ここから「禁欲」は、労働を盗むことにより、その報酬を得ている。

『資本論』の終わりから二番目の章だが、マルクスはいわゆる資本の原始的蓄積の謎を暴露している。差し当たりと仮定して、彼は述べている。諸君の禁欲説は、いかにして最初の資本家が禁欲するのに何をもってしたか？いかにして資本家階級が生まれたか、である？推敲され、徹底された論稿のどんな文章も、ドキュメント的な証拠、その多くはマルクスが直接手に入れたものに支えられ、そこでは資本の発生に関連する限り、禁欲説が論破されている。有徳な節約ではなく、農奴からであり、禁欲ではなく、略奪が最初であることが示されている。中世以来の歴史は、土地から人々をしだいに分離したことを示している。教会の土地が私的所有に変わり、借地農がヨーマンに変った。また、不当な賃金で労働を強制する法律が通過した。植民地制度は、新たな国にも本国の悪魔のシステムをより拡大した規模で永続化しはじめたし、国家貸付も導入され、その上での保護制度であり、北部イングランドの大きなマニュファクチュアによって、今世紀の早い時期に実施された救貧院からの不評な児童の強奪も到来した。献身的な禁欲ではなく、近代的資本家制度は、こうしたことに歴史的に起因しているのだ。

そして、これらのことの結末は何か?·事態の不可避的な道筋は数語で語られる。悲惨が深まり、労働者の輪が人口の中で拡大し、救貧民(産業予備軍)の外郭がそれ自体で相対的に広がるだろう。(原注)資本主義の死重が不可避となるだろう。最後に、資本からの労働者の解放が達成されるだろう。社会は新しい基礎、土地や生産手段が自由な労働者で構成されるコミュニティによって所有されるだろう。個々ばらばらの階級としてのプロレタリアは存在しなくなる。社会に必要な労働は、その構成員に平等に配分される。

(原注)カール・マルクスは、家族の限界がそれ自身、近代社会に内在的な弊害を避けることも、減少させることさえ全体的には耐えられないことを、マルサス主義者に明らかにすることを示している。

このように、近代の科学的社会主義は、経済的な点から、そのもっとも高名な代表者から、その著作の中で詳述されている。それを世紀の前半に流行した社会モデルの空想的な計画(オーエン、フーリエ、またはカベーのような)と同様に分類するのは、どんな試みも大失敗に終わるかに見える。近代の社会主義は、社会の形態として、承認済みのパターンで既製のものとして発生したわけでなく、進化するものと認識されている。そこから、未来社会の性格も、最大限でも荒削りな概略しか示しえないこと、そしてあれやこれや細部が求められて予言を試みても、それは不合理に違いない。社会主義が、イングランドで非常な好評を博した急進主義の形式、つまり進歩について弁じたて「法的な手段による改良」の推進から構成される形式や、一般的な表現で親しみのある傾向とは、少しも共通性を持たないと看做されるだろう。社会主義者は、われわれが革命的時代を通過していると信じているし、もっとも過酷な危機が到来するとみているし、その不可避的な危機に備えることが、今日の進歩の真の友人の実践的作業であると信じている。近代の社会主義はそれ自身、経済的には協同的なコミュニズムにより、宗教的には反教条的な人道主義、政治的にはコスモポリタン的な共和主義に示される、世界の新たな考え方として、その擁護者の一人により定義されてきたのだ。

我々は、オーギュスト・コントの継承者である優れた人材たちから、未来の社会における資本の道徳化について、非常にしばしば聞いている。だから私は、社会主義者に対して、強奪の道徳について、これが誰かが語っているかのように述べる必要はない。資本主義の悪魔を、一時的に山賊を改心させるかのように改善することは可能だろう。例えば、（ニコＮ·ｉｋｏが他日、ギリシャの商人の娘を切り裂いたといわれているように）罪人を生きたまま切り裂くことも、見識ある『組織された公論』によって、信用されない行為になるかもしれない。しかし、トルコの州での更正の信者は、恐らく山賊の道徳が最終的に成功しないとみなすだろう。そして、この一点でも社会主義者は「資本の道徳」の実証主義者である。（原注）

（原注）ここで比較されているのは、勿論システムであって人のことではない、資本主義と略奪行為のことであって、資本家や山賊のことではない。

私は、この本の英訳が未だに取り掛かってもいないことへの驚きを述べることを抜きに、世紀の最重要な本の一冊の簡単な要約を終わることは出来ない。この本は、例証も実証も英国の産業の歴史から引用されている。同時に、簡単にドイツ語や仏語を読めない全ての人に対して封印されたままであるのも残念である。風格からして、私は魅力と迫力でカール・マルクスに比肩できるのは、他には唯一ドイツの著者（ショウペンハウエル）と見ている。彼の本には、そのユーモアと、もっとも抽象的な原理の理解が容易な説明の点と同様に、取り扱っている主題の重要性からも、注目して釘付けになる。

（3）バックス『評論』の主要な論点

以上、バックスの「評論」の拙訳による紹介である。一八八一年末に本「評論」を読んだ後、妻を失ったマルクスもまた、ほとんど病気のため研究を進めることは出来なくなってしまった。そして、亡妻を追うようにマルクスも一八八三年三月に他界したから、本「評論」に対するマルクスの賛辞は、同時にまた他ならぬ自著『資本論』に対する最晩年の自己評価だったことにもなるだろう。上記の通り、「評論」は『資本論』第一巻のみの要約に過ぎないが、バックスの『資本論』解読のどこに、マルクスは高い肯定的評価を与えたのであろうか？『資本論』以後における、そして最晩年のマルクスの考え方を探るうえで、ここで重要な論点だけに絞って以下、若干検討しておきたい。

① 『資本論』冒頭の商品規定は、マルクスに忠実に労働価値説を紹介している。また等価交換を前提に価値実体としての労働を抽象しているが、バックスは交換価値を単なる交換比率としてではなく、マルクスの古典派経済学批判の見地を鮮明に紹介し、交換価値を「価値形態」としている点が明確である。「マルクス博士によれば、一定の時点で、与えられた商品の価値は、与えられた平均的労働の量、時間によっ

て決定される。ここから価値は商品の質的同一性で、量的にのみ異なるから、ある商品の価値は他の商品の物体によって表現される。」として、『資本論』の価値形態の説明を引用したのである。労働価値説は、ここでは単に価値の同質性の説明に使われているだけであり、古典派労働価値説批判の見地も明確である。いうまでもなくスミス、リカードなど、古典派経済学の労働価値説は、交換価値を単なる交換比率として、量的関係としてとらえ、等労働の相互交換とした。しかしバックスは、マルクスの「三〇ページ以上に及ぶ」価値形態論の展開を積極的に評価し、「相対的価値形態」と「等価形態」の立場の違い、そして一般的等価物から「貨幣の必然性」が解明された点に注目したのである。ヘーゲル弁証法を学んだといわれるバックスにより、イギリス古典派経済学批判としての価値形態論の意義を、イギリスで初めて鮮明に紹介した、それをマルクスは心から喜んだのであろう。

価値形態論から一般的等価物としての貨幣の有効需要が明らかになり、需要と供給の対立による市場価格の変動原理、さらに無限界効用ともいえる貨幣の流動性選好も基礎づけられる。古典派経済学の労働価値説からは、交換の便宜的手段としての交換手段の機能、そして貨幣数量説的見地が提起されるだけにとどまる。バックスは、貨幣の必然性を『資本論』から提起して、さらに貨幣商品「金への貪欲」の秘密の解明の点での意義を的確に要約していることが判ろう。こうした見地から貨幣、とくに貨幣の貯蓄性向から「資本の流通」、そして資本の価値増殖、つまり「貨幣の資本への転化」の理論的意味が強調されているのである。

② 『資本論』の貨幣論、特に貯蓄手段など「貨幣としての貨幣」の機能から、上記のとおり「資本としての貨幣」の運動が展開される。ここでもバックスは、じつに的確に価値増殖の運動体としての資本の説明を引用する。C—M—CがM—C—M、そしてM—C—M'に転化するロジックについて、「いまや新たな問題が持ち上がり、どんな経済的手品の過程により、その結果が確保されるのか？どこから増殖、あるいは利潤がもたらされるのか？明らかに個人的にせよ、集団的にせよ、資本家たちの上品な軍隊からはもたらされない。」M—C—M'という流通形態としての資本の運動から、なぜ剰余価値が生まれ、資本の価値増殖が実現するのか？バックスは、ここでも『資本論』とともに、その秘密を労働力商品に求めている。

バックスは、ここで特に立ち入っていないが、古典派経済学の労働価値説では、上記のように貨幣は単なる交換手段に過ぎない以上、そもそも「貨幣の資本への転化」という問題意識が生じてこない。商品はモノであり、モノとモノの交換＝物々交換を媒介するのが貨幣＝交換手段だったし、資本は機械など生産手段としてのモノに解消される。モノとしての生産手段の利用から資本の利潤を説明するだけだった。マルクスの『資本論』も労働価値説を前提したものの、むしろ価値形態論から貨幣、そして価値増殖の運動体としての資本概念が提起されたのである。「貨幣の資本への転化」、それは価値形態論を提起した『資本論』のキーポイント、だからこそマルクス自身も『経済学批判』ではなく、当初のプランを根本的に変更して、新たに『資本論』を書くことになったのだ。ここでも、その問題意識をバックスは的確に提起している。

③ そこで労働力の商品化、つまり商品としての労働力だが、古典派経済学の労働価値説からは、労働力

の商品化は提起できない。そもそも人間の労働力は労働生産物ではないし、モノではない。人間の能力が、土地・自然・エネルギーとともに商品になっている。だから労働力も土地・自然も、価値形態によって商品として処理されることになる。そもそも近代社会の資本主義経済は、あらゆる富、富の原基形態ともいえる人間の労働力や土地・自然までが商品化されている。だから商品の価値は、価値関係として価値形態として表現される。

しかし、価値形態を明らかにできない古典派経済学は、商品化された人間の労働力を把握できず、人間の労働もモノとして、生産も労働により自然から人間が購入するものとした。有名なA・スミスの労働＝本源的購買貨幣（original purchasing money）説であり、流通主義の極点であり、人間の物化に他ならない。古典派経済学を批判したマルクス、そしてバックスもまた、人間の価値関係としての価値形態論の提起によって、労働力の商品化の意義を明確にするとともに、商品・貨幣・資本の流通形態を前提して、人間の労働・生産過程の意義を明らかにしたのだ。

④　バックスは労働力の商品化により、資本の価値増殖の根拠に人間の労働・生産過程を置き、『資本論』とともに剰余労働を剰余価値として説明する。剰余価値論であり、いわゆる搾取説である。バックスの『資本論』解説は、ごく短い要約にもかかわらず、「商品交換の法則」＝価値法則にもとづいて、労働者の剰余労働が資本の剰余価値を形成し、労働者と資本家の階級対立が必然化する論拠を要領よく説明している。「標準労働日」をめぐっての労使の対立など、機械制大工業の「工場制度」による搾取について、「『資本論』

の大部分は、一九世紀の社会生活の最も恐ろしい吸血鬼、工場制度を暴露するのに捧げられている。誰も、いわゆる産業的発展の寺院で、年々犠牲になる悲惨な犠牲者の惨状について、マルクス博士により明確に概略が描かれた状況以上には、悲惨さは描けない」と述べているのだ。

マルクスの搾取説に対して、バックスは『資本論』により、資本の価値増殖の根拠を資本家の節約や禁欲に求める、いわゆる「節欲説」の批判に充てている。古典派経済学は、スミスにせよD・リカードにせよ、労働価値説の前提があった。したがって、労働力の商品化や剰余労働の搾取のメカニズム解明は不十分だったが、事実上は剰余労働や剰余生産物の説明が行われていた。しかし、N・W・シーニァなどになると、労働価値説との関連が切れ、俗流的な弁護論として資本の価値増殖の根拠が説明される。自己の労働に基づく原始的な生産手段の取得はともかく、その後の資本蓄積は、労働者の剰余価値ではなく、資本家の節約や禁欲による資本の形成と蓄積が強調された。それを『資本論』が批判した。バックスは、ここで『資本論』の節欲説批判を前面の押し出しながら剰余価値を説明したのだ。

⑤　なおバックスは、『資本論』の再生産論や資本蓄積論には立ち入らず、上記「節欲説」批判の延長上で、『資本論』第七篇第二四章「いわゆる本源的蓄積」を紹介していた。この部分は、仏語版では第八篇として独立させられ、マルクスが多く手を入れた箇所であり、『資本論』の構成上も、流動的な部分である。バックスは、モリスとともに仏語版を利用したとも考えられるので、要約に当たっては「節欲説」批判として処理したものと考えられる。バックスの慎重な配慮を感ずる処理であろう。

「いわゆる本源的蓄積」については、『資本論』の純粋資本主義の抽象による理論的部分からすれば、資本主義経済の歴史的「創世記」の分析である。マルクスも「この本源的蓄積が、経済学において演ずる役割は、原罪が、神学において演ずる役割とほぼ同じである」と述べて、その位置づけを説明し、篇別構成上も仏語版のような改善を施したのであろう。そして、歴史的「創世記」としては、当然に前近代社会から近代社会の資本主義経済、そしてポスト近代社会への歴史的転変についての歴史観、つまりマルクスにとっては『経済学批判』まで、イデオロギー的作業仮設に過ぎなかった「唯物史観」を論ずることになる。唯物史観のイデオロギーが前提された『経済学批判』が、『資本論』の純粋資本主義の科学により基礎づけられた歴史認識へ、どう転換するか？（注）バックスの問題提起として読み取りたい。

（注）『資本論』の第七篇だが、先行の諸篇と異なり、「いわゆる本源的蓄積」「所有法則の転変」など、歴史的展開が取り込まれている。そうした異質性が気になったからこそ、マルクス自身が仏語版で編別にまで手を加えたのであろうが、バックスもまたその処理に難渋している。『資本論』が純粋資本主義の抽象であり、その運動法則の解明だとすれば、上記の「貨幣の資本への転化」の理論化の見地を徹底させ、本源的蓄積や所有法則の転変などの歴史過程をそこから切り離すべきであったろう。ただ、そこまでバックスは踏み込めなかったし、『評論』の性格もあったための難渋だと思われる。

⑥ 周知のとおり、『資本論』では、第二四章「いわゆる本源的蓄積」について、その最後の第七節「資本主義的蓄積の歴史的傾向」（仏語版では第八篇第三二章）において、「初期マルクス・エンゲルス」の唯物史観を引き継ぎながら、いわゆる「所有法則の転変」を論じている。㋑前近代社会は「自己の労働に基

づく私的所有」、その転換として㋺社会的労働に基づく資本主義的な私的所有、そして㋩社会的労働に基づく「社会的所有」のポスト近代社会への所有法則の転変である。ただ㋩については、マルクスが「私的所有を再興するのではないが、しかし確かに資本主義時代の成果を基礎とする、すなわち協同と土地及び労働そのものによって生産された生産手段の共有とを基礎とする個別的所有をつくり出す」と説明しているため、多くの議論が対立して唯物史観をめぐる論争が続いている。

この「所有法則の転変」について、バックスは、この「評論」では、まだ特に要約や紹介をしていない。しかし、W・モリスとの共著の『社会主義』では、すでに問題提起したように、㋑の前近代社会の「自己の労働に基づく私的所有」について、「注記」の形ながら前近代的共同体やギルドの例から重大な疑問が提起されていた。（注）ここでは繰り返さないが、バックスは「所有法則の転変」については特に触れることなく、上記の「節欲説」批判の延長上で、ポスト近代社会への転換について、こう結論する。「労働者の輪が人口の中で拡大し、救貧民（産業予備軍）の外郭がそれ自体で相対的に広がるだろう。資本主義の死重が不可避となるであろう。最後に、資本からの労働者の解放が達成されるだろう。社会は新しい基礎、土地や生産手段が自由な労働者で構成されるコミュニティによって所有されるだろう。個々ばらばらの階級としてのプロレタリアは存在しなくなる。社会に必要な労働は、その構成員に平等に配分される。」さらに「近代的社会主義」については、「近代の社会主義はそれ自身、経済的には共同的なコミュニズムにより、宗教的には反教条的な人道主義、政治的にはコスモポリタン的な共和主義に示される、世界の新たな考え方として、その擁護者の一人として定義されてきたのだ」と述べている。ここでは明らかにコミュニズムを超えた共同体社会主義＝コミュニタリアニズムの見地が明確に提示されていることがわかる。

（注）この点については、拙著『ウィリアム・モリスのマルクス主義』（平凡社新書）第二章を参照のこと。

（4）バックス『評論』からモリス・バックス共同の『社会主義』へ

以上が、バックスの『評論』の主要な論点だが、すでに前章で触れたので繰り返しになるが、本「評論」が一八八一年一二月に刊行された後、バックスの勧めで「社会主義者同盟」の同志であるW・モリスも、マルクス『資本論』仏語版を「頭が痛くなるほど」、そして表紙が擦り切れて製本し直すほど読んだ。同時に、デザイナー・モリスは、この時点で彼の最高傑作「いちご泥棒」をデザインしたのだ。そして、二人が自ら「真の意味での共同作業によって」執筆したと強調しているが、まず「社会主義者同盟」の機関紙『コモンウィール』に連載された「社会主義―その根源から」が、一八八六年五月一五日号から一八八八年五月一九日まで連載された。その間、中世の歴史ファンタジー「ジョン・ポールの夢」が連載された後、「社会主義」の第一五章から第二一章まで、マルクスの「科学的社会主義」として、一八八一年の本「評論」が文字通りの「下書き」だったと思わざるを得ないような構成で執筆された。多少の推測を交えて言えば、本「評論」を執筆したバックスは、マルクスから高く評価され、肯定的に受け入れてもらったことに自信を得て、「同盟」の同志モリスと共同作業により前近代から近代、そしてポスト近代を展望した「社会主義―その根源から」の連載を企画したと思われる。

したがって、まず一八八一年の本「評論」、それに続いて「社会主義」の連載、さらにその後モリスの最高傑作と言われるファンタジック・ロマンの「ユートピアだより」、これもまた、『コモンウィール』に連載された。この『ユートピアだより』は、一八八八年にアメリカの作家F・ベラミーがベストセラー『顧みれば』を書き、それに刺激されたモリスが一八八九年六月二一日号に、それを批判したのに続く作品である。ポスト近代の「ロマンス」をテムズ川の水系の船旅で描いた作品であり、テムズ川水系が、いわゆるソーシャルデザインの舞台になっている。このように『コモンウィール』は、バックスによる本「評論」を出発点として、前近代から近代社会の資本主義経済、『資本論』を踏まえたポスト近代の「共同体社会主義」、そこにはファンタジック・ロマンや装飾芸術のソーシャルデザイン、そしてアーツ&クラフツ運動をも大きく包み込みながら、イギリスのマルクス主義の運動を組織的に展開しようとした。こうした成果こそ、一八九三年にモリス、バックスの共著『社会主義―その成長と帰結』として出版されたのである。

そこで、最後にモリス、バックスが提起する社会主義のビジョン「共同体社会主義」だが、バックスは本「評論」では「いわゆる本源的蓄積」に関連して、「社会は新しい基礎、土地や生産手段が自由な労働者で構成されるコミュニティによって所有されるだろう」と述べて、コミュニタリアニズム（共同体社会主義）の方向を提起している。「個々ばらばらの階級としてのプロレタリアは存在しなくなる。社会に必要な労働は、その構成員に平等に配分される」と主張され、所有論的なコミュニズムよりは、むしろ生産関係と労働組織に踏み込んだコミュニタリアニズムの立場だろう。こうした立場が、古典派経済学の批判による『資本論』の価値形態論の重視、労働力商品化論を前提して、マルクスによる「所有法則の転変」

に対置されたのが重要である。

『資本論』が一八六七年に刊行された後、イギリスを中心とする資本主義経済の発展が続いた。初期マルクス・エンゲルスの唯物史観の作業仮説に基づいた、いわゆる「恐慌・革命テーゼ」は、約一〇年の周期的恐慌の景気循環が繰り返される高度成長の歴史的現実により、単なるドグマと化してしまった。それだけではない。上述の通り、その過程で一八七〇年代初頭にはパリ・コンミューンがヨーロッパ世界を揺るがせ、マルクス・エンゲルスのかかわる国際労働者協会、第一インターも重大な試練に直面した。ここでエンゲルスは「プロレタリア独裁」を主張し、ロンドン在住のマルクスも、当初から基本文書の執筆などで協力していた。

一八五四年生まれのバックスは、まだティーン・エイジャーだったが、リアルタイムでパリ・コンミューンの動向に強い関心を持ったと言われる。コンミューンの「大義」に共感し、その弾圧に抗してコント学派（実証主義協会）の集会にも参加している。その後、彼はドイツに留学してドイツ語を学び、ヘーゲル哲学、弁証法を学ぶことになった。この留学とパリ・コンミューンへの関心などから、ロンドン亡命中のコンミューン関係者、例えばマルクスの長女と結婚したC・ロンゲなどと知り合い、またマルクスの三女エレノアとも知り合って、マルクス主義と『資本論』を深く学ぶことになったようである。

一方マルクスにとっても、パリ・コンミューンへの対応から第一インターが分裂、組織的運動としては大変な失敗だった。すでに述べたようにインターの内部対立も深刻で、それに対する対応を迫られるとともに、コンミューン＝共同体の位置づけをめぐり、『資本論』がいち早く翻訳されたロシアのナロードニキ派からも、厳しい鋭い質問がマルクスに寄せられてきた。ここでも繰り返し指摘するが、有名なヴェラ・ザスーリチの手紙で、『資本論』によればロシアの村落共同体の運命について、「村落共同体は古代的な形態であって、歴史により没落すべき運命にある」との主張の是非を問うものだった。

L・H・モルガンの『古代社会』を学び直していたマルクスは、「自己の労働を基礎にした私的所有は、――他人の労働の搾取、賃金制度を基礎にした資本主義的私的所有にとって代わられる」「この西方の運動では、私的所有の一つの形態から、他のもう一つの形態への転化が問題なのです。これに反してロシアの農民にあっては、彼らの共同所有が、私的所有に転化されなければならないということが問題なのでしょう。ですから、『資本論』で与えられた分析は、農村共同体の生命力を肯定する理由も、否定する理由も提供してはいません。しかし、私が行った特殊研究により、私はこの共同体がロシアの社会的再生の支点だと確信するようになりました」、つまりマルクスは、ザスーリチへの返書を借りて、『資本論』の「所有法則の転変」について、事実上の「修正」を行っていたのである。

こうした一八七〇年代、パリ・コンミューン後の動向からすれば、上記の本「評論」におけるバックスのコミユニタリアニズムへの展望について、マルクスもまた前向きに評価したとしても不思議ではない。同時にバックスの展望を、文字通り「真正の社会主義」として評価したのではないか。そして、さらに重要なことは、上述の通り『コモンウィール』において、モリス、バックスが共同で歴史的に社会主義の「根源から」検討を加え、そのうえで『資本論』の解説の「注記」として、「自己の労働を基礎にした私的所有」について、前近代的な村落共同体のギルドにおける労働の組織の意義を提起した。（注）そのうえで、「否定の否定」としてコミュニタリアニズムの社会主義が展望されたのではないか。だとすれば、バックスが最晩年のマルクスに送った本「評論」の意義は、まことに大きいものだったと思うところである。

（注）この点の立ち入った検討については、上記の拙著『ウィリアム・モリスのマルクス主義』（平凡社新書）および川端康雄監訳、モリス、バックス『社会主義―その成長と帰結』（晶文社刊）を是非参照のこと。なお、バックスについては後著、付論2「奇妙な二人組」（川端稿）を参照されたい。

# 第三章 コミュニタリアニズムの経済学

## 宇野理論と『資本論』の対話① 純粋資本主義の抽象について

宇野理論の三段階論は、言うまでもなく①原理論を前提にして、②世界史的な発展段階論、それに③世界市場を構成する現状分析論の三者から構成される。①の原理論は、初期マルクス・エンゲルスの唯物史観、中期マルクスの『経済学批判』を踏まえ、後期マルクスによる『資本論』の純粋資本主義の抽象による自律的運動法則の解明に他ならない。宇野理論の原理論は、純粋資本主義の抽象による自律的運動法則を継承するものであり、その点では『資本論』の真正な継承と言うべきであり、その上で②，③が加わり三段階論が構成されている。したがって、①の純粋資本主義の抽象を否定すれば、例えば岩田弘氏に代表される「世界資本主義」論なども、宇野理論と呼ぶことは出来ないだろう。（注）それほどまでに、原理論における純粋資本主義の抽象は、宇野理論にとり決定的な意味を持っていると思う。

（注）岩田弘『世界資本主義』（未来社一九六四年）、なお五味久寿編『岩田弘遺稿集』（批評社二〇一五年も参照のこと。

マルクス『資本論』における純粋資本主義の抽象は、物理学者を例に挙げ、自然科学における実験室での抽象との違いを、こう述べている。「私がこの著作で探求しなければならぬものは、資本主義的生産様式であり、これに照応する生産諸関係および交易諸関係である。その典型的な場所は、今日までのところイギリスである。これが、私の理論的展開の主な解明に、なぜイギリスを用いるかの理由である。」（第一版の序文）他にも「自律的運動法則」の解明など、「第二版の後書」にも同じような説明がある。要するに、物理学など自然科学の実験では、歴史的・地域的限界を考慮せず、いつでも、どこでも、実験室で法則の証明ができる。しかし、経済法則には歴史的・地域的限界があり、歴史的・現実的抽象が必要であって、一九世紀中葉のイギリスの発展を、純粋資本主義として実験室にするというのである。宇野理論の純粋資本主義の抽象も、『資本論』の実験室的、しかし歴史的・現実的抽象を踏襲している。資本主義の自律的循環的運動法則の解明には、『資本論』とともに歴史的・現実的抽象が必要不可欠だったのだ。

そこで「歴史的・現実的抽象」の方法であるが、もちろんマックス・ウェーバー流の「理念型」ではない。宇野は観念論的抽象ではなく、抽象の方法まで現実が模写する方法と述べているようだが、歴史的・現実的抽象であろう。その場合、宇野は価値形態論を念頭に置いているといえるが、商品経済の歴史的拡大・発展を重視する。とくに『資本論』第一巻第二章「交換過程」の「商品交換は、共同体の終わるところに、すなわち、共同体が他の共同体または他の共同体の成員と接触する点に始まる」を殊のほか重視し、商品経済が共同体の内部交換からではなく、共同体と共同体の間の交換から、それゆえに価値の実体の労働から離れて形態的に拡大発展してきた歴史の現実を重視する。（注）そして、この商品経済の歴史的・現実的発展の極点が、純粋資本主義の「原理論」の世界をなす、と考えているように思われる。共同体経済に対し、「流通浸透視角」として商品経済が拡大・浸透し、完全に共同体経済から独立する商品経済、それが純粋資本主義の原理論の世界と言えるだろう。

（注）市場の商品経済が、共同体の内部の交換ではなく、共同体と共同体の間から発展した歴史的事実は重要であり、その点に商品経済の特徴を見る必要がある。それは歴史的事実の評価の重要性であっても、純粋資本主義の歴史的現実的抽象とは別のレベルの問題だろう。歴史的事実の評価と歴史的・現実的抽象の両者は、区別すべきであろう。（図「商品経済の浸透・

発展」参照）

この流通浸透視角に対して、すでに述べたA・スミスや初期マルクス・エンゲルスの所有論的アプローチだが、「流通浸透視角」に対していえば、「小商品生産視角」と呼ぶものだろう。小農民など、小商品生産者として競争し、生産力の発展による小生産者の両極分解により資本主義が成立する。いずれも資本主義の歴史的成立・発展からの歴史観に他ならない。（注）

図）商品経済の浸透・発展

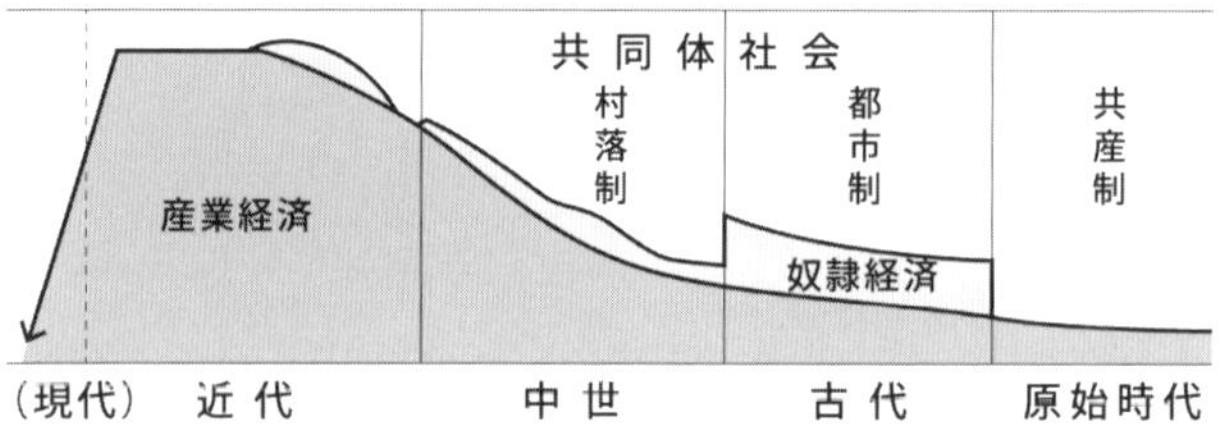


ここには、戦前からの宇野・大塚（久雄）論争があったらしい。しかし、純粋資本主義の抽象そのものは、商品経済の歴史的発展や、資本主義の歴史的生成という経済史学の論争ではない。資本主義の自律的運動法則の問題であり、その解明のために必要な歴史的・現実的抽象の問題である。とすれば、マルクスも言うように「イギリス」資本主義そのものが、一九世紀中葉にほぼ一〇年を周期とする景気循環として自律的に発展し、循環的運動を繰り返していた歴史の現実そのものが、純粋資本主義の自律的運動法則を抽象していたのではないか？『資本論』の自律的運動法則の解明そのものには、労働価値説の論証など、いろいろ難点が残されている。しかし、それらはマルクスの法則解明の理論的欠陥であり、純粋資本主義の抽象の問題ではないだろう。

（注）「流通浸透視角」とか、「小商品生産視角」とかの命名は、戦後になって大島雄一氏などが使ったが、資本主義発生の歴史観の差異であろう。

だとすれば、原理論の「冒頭商品」に労働力や土地・自然が含まれ、商品市場として労働市場、不動産市場が存在して一向に構わない。むしろ労働生産物ではない、労働力や土地・自然が含まれているからこそ、「価値形態」を純粋に積極的に提起できる。「貨幣の資本への転化」に際しても、『経済学批判』のように商品・貨幣だけで挫折したり、『資本論』のように外部から労働力商品を持ち込み、資本の原始的蓄積との間で右往左往する必要もなくなる。宇野の原理論にしても、「冒頭商品」から労働力や土地・自然を外部に除外して、それを「貨幣の資本への転化」で持ち込む手法は、多かれ少なかれ『資本論』と同じ無理に悩むことについては後述する。さらに重要な点は、「エコノミーとエコロジー」の自然と人間の物質代謝の視点にとって、労働力と土地・自然が重要なことを、ここでもまず強調して置きたい。

## 宇野理論と『資本論』の対話② 「エコノミーとエコロジー」

既に述べているように、宇野理論の『資本論』研究の中で、冒頭商品論における労働価値説の論証について、早くから批判的見解を述べた点が、最大の問題提起だったと言えるだろう。もちろん『資本論』批判の歴史としては、ベーム＝バヴェルク以来の批判が当初から提起され、日本でも小泉信三氏の批判などが続いてきた。冒頭商品を労働生産物に限定し、その交換価値を労働とするのは、まさしく同義反復（トートロギー）に過ぎず、論証にはなっていない、という批判に他ならない。しかし、宇野理論による批判は、冒頭商品論の論証は受け入れないが、価値形態論を重視し、労働価値説そのものは、資本の生産過程で労働力商品が必要労働を資本から買い戻す点で論証できる、として堅持した。いわゆる価値論論争であり、すでに拙著『価値論の形成』でも詳述したので繰り返さない。

ここで、改めて問題提起する論点は、労働価値説の論証そのものは宇野理論が正しいとして、『資本論』冒頭商品の性格についてである。マルクスが『資本論』で労働価値説の論証をおこなったのは、あらためて言うまでもなくA・スミスなど古典派労働価値説を継承したからであった。スミスは『国富論』の冒頭において、周知のとおり「序論および本論の構想」において、近代社会の経済的な「富を生活の必需品と便益品のすべて」と位置づけ、それらが「年々の労働によって生み出されたもの」と定義したのだ。この定義は、スミスが「本源的購買貨幣」(original purchasing money)としての「労働」により、自然から購入したものであり、労働生産物が商品経済的富を形成する、という古典派的流通主義の極点を象徴する見解である。(注)

(注) 古典派価値論については、上記『価値論の形成』また『恐慌論の形成』などでも論じたが、不十分だったのでここで再論する。

さらに所有論的にも、上記の本源的購買貨幣の労働により、商品の所有も基礎づけられてしまう。私的・個人的労働に基づく私的・個人的所有であり、J・ロックなどの自然法的所有論も、古典派経済学の労働価値説と結びつき、こうした所有論的アプローチが、すでに指摘したように初期マルクス・エンゲルスの「唯物史観」にも結びついた。所有論的アプローチこそ、イデオロギー的作業仮説だったが、中期マルクスの『経済学批判』、さらに後期の『資本論』の「所有法則の転変」にまで持ち越されることになった点は、すでに検討した。とすれば、スミスなどの労働価値説は、経済思想的には初期の重金主義・重商主義批判として展開されたが、理論的には商品経済的富の規定、その所有論的基礎付けとして、はかり知れない意味を持っていたのである。

そこで古典派労働価値説を継承したマルクス『資本論』だが、冒頭商品についても、スミスなどと共に「労働生産物」としていた。マルクスは商品経済的富を対象に、まず商品の使用価値の属性を説明した後、「商品体に残る属性は、ただ一つ、労働生産物という属性だけである。」つまり、商品の交換価値を説明するに当たり、ここで明確に商品経済的富を「労働生産物」に限定しているのだ。この限定の上で、交換価値の実体を抽象的人間労働とするのであり、この点で労働価値説のトートロギー批判を浴びることになったのは上記の通りである。マルクスも、スミスなどと同様に、商品経済的富を「労働生産物」に限定し、その限定の上で労働価値説を主張したのである。にもかかわらず「後期マルクス」の『資本論』においては、「価値形態論」を明らかにし、「貨幣の諸機能」を説明し、「労働力の商品化」によって「貨幣の資本への転化」の説明に成功したのだ。

そこで「価値形態論」や「労働力の商品化」を念頭に置き、『資本論』冒頭の商品経済的富の規定をみると、スミスと共に労働生産物に限定した点が引っかかる。というのは、商品市場は「労働生産物」や「資本の生産物」だけではない。言うまでもなく労働力商品の取引される「労働市場」、土地・自然の取引される「不動産市場」など、膨大な商品経済的富の取引が行われている。そうした非労働生産物の取引を除外して、労働生産物だけの商品市場や商品経済的富を論ずるのはナンセンスだろう。商品市場は、労働生産物市場だけでなく、労働市場も不動産市場も含んだものとして、商品経済的富を形成しているからだ。とくに労働力商品と土地自然の商品化は、「人間と自然との物質代謝」を商品経済が積極的に媒介し、商品経済的富の増進、つまり「経済成長」を形成している。そして、「人間と自然の物質代謝」こそ「エコノミーとエコロジー」のまさに接点をなすものと言える。(注)資本主義経済は、「人間と自然の物質代謝」の深みから商品経済的富を形成し、そこにエコロジー問題の根本が深く埋め込まれているのではないか?

(注)すでに繰り返しているとおり原発事故の放射能汚染を始め、地球温暖化問題、コロナ危機を含め、エコロジー問題が資本主義の体制的危機と結びついている、この体制的危機と労働力商品化の矛盾との結びつきこそ、『資本論』の現代的課題だろう。

宇野理論だが、冒頭商品については、労働価値説の論証を批判した点もあるだろうが、「労働生産物」に限定してはいない。そして、『資本論』の価値形態論を重視し、商品論、貨幣論を通じて純粋に形態規定として展開している。その上で労働力の商品化に基づき、「貨幣の資本への転化」の説明に成功したのだ。宇野理論の価値論の功績は真に大きいと思う。しかし、価値形態を重視し、労働力の商品化を提起しながら、冒頭商品については、労動力も土地・自然も排除し、商品市場として、労働市場も不動産市場も排除されているのだ。とくにその理由を説明しないが、岩波全書『経済原論』では「経済法則を明らかにするには、すべての生産物が資本によって生産され、純粋の資本主義社会が想定され」(一九頁)とされ、『資本論』のゼミナールなどでは、何度か「資本の生産物」ではない点を挙げている。しかし、「資本の生産物」に限定すれば、それは結局のところ「労働生産物」に限定したことになるだけではないか?

冒頭商品に労働生産物ではない労働力や土地・土地自然を含めることは、価値形態論による形態規定の展開を一層純化するだけではない。上記の「人間と自然の物質代謝」、そして「エコノミーとエコロジー」など、コロナ危機を含めて、広く環境問題などへのアプローチの視点を明確にできるだろう。（注）宇野理論において、わざわざ「資本の生産物」を持ち出すのは、「初期マルクス・エンゲルス」以来の「資本・賃労働・土地所有」のトリアーデに固執して、「賃労働」や「土地所有」を外部から理論展開に取り込むことを考えてのことであろうか?しかし、それは純粋資本主義の抽象による「原理論」の意義を曖昧にするだけではない。「エコノミーとエコロジー」という、『資本論』の現代的意義を看過することになりかねないと思う。

（注）資本主義の体制的危機について、単なる階級対立や国際関係にとどまらず、原子力の放射能汚染、地球温暖化、さらに最近のコロナ危機を含めて、広くエコロジー問題が提起されている。宇野理論では、労働力の商品化の基本矛盾が提起されたが、後述の「経済法則」と「経済原則」を含めて、「エコノミーとエコロジー」を射程に収めなければなるまい。コロナ危機については、差し当たり拙稿「〈コロナ危機〉を読み解く」（季刊「フラタニティ」No.19、二〇二〇年八月）などを参照されたい。

## 「宇野理論」と『資本論』の対話③　「貨幣の資本への転化」

『資本論』にとって、「貨幣の資本への転化」が非常に重要な意味を持っていたことは、言うまでもない。すでに述べた通り「後期マルクス」は、中期の『経済学批判』の続稿としてではなく、初期マルクス・エンゲルス以来の「唯物史観」の作業仮説の枠組みを離れ、新たに独立の著作として『資本論』を書いた。「貨幣の資本への転化」の重要性からであろうが、母親からは「こんな題名の本を書かないで、資本でカネ儲けをしたらいいのに」と皮肉たっぷりな手紙を妻に貰ったらしい。そんなエピソードを生んだ『資本論』である。それに中期マルクスの『批判』では、すでに述べた通り商品、貨幣ときて、「貨幣の資本への転化」を前にして挫折してしまった。「貨幣の資本への転化」は、マルクスにとってまさに鬼門だった。それを乗り切りながら『資本論』が誕生したのだ。その意味を確かめなければならない。

「貨幣の資本への転化」に入る前に、マルクスが挫折した『批判』の貨幣論の最後だが、タイトルだけだが「流通手段と貨幣に関する諸理論」の前、理論的展開の最後が「四　貴金属」で終わっている。その前が「C世界貨幣」であるが、『資本論』の場合は、貨幣論の最後が「C世界貨幣」で終わり、この世界貨幣から資本に転化している。「世界市場」の資本への転化に他ならない。この『批判』と『資本論』の差異は、両者ともに事実上「世界貨幣」で終わっているので、単なるタイトルだけの差異とも言えるし、『批判』の「貴金属」は、単なる付け足しと言えないこともない。しかし今日の資本主義では、すでに金本位制を離脱し、管理通貨制（もっとも管理できない管理通貨制だが）の貨幣制度の時代である。（注）にもかかわらず、リーマンショック時もそうだったし、今回のコロナショック時もそうだが、金価格の急上昇など、最終的な貨幣準備金として「貴金属」の金の存在が浮かび上がる。「金と銀は生まれながらにして貨幣ではないが、貨幣は生まれながらに金と銀である」とのマルクスの金言は生きている。その意味で『批判』の最後の締めは重要だろう。

（注）管理できない管理通貨制については、差し当たり拙稿「MMT（現代貨幣理論）の危うさ」季刊「フラタニティ」No.

16 二〇一九年一一月を参照されたい。

『批判』との対比になるが、『資本論』では上記の通り「世界貨幣」から、「世界市場」の商品取引として、資本が導かれる。世界貨幣、世界市場という方法ではあるが、商品・貨幣に続く資本の流通形態として「資本の一般的形式」G―W―G'の導き出しに成功したし、『資本論』が書き進められた。その意味では大成功だった。しかし、こうした方法は、そもそも上述の「流通浸透視角」に基づく歴史観であり、純粋資本主義の抽象とは矛盾するのではないか?事実マルクスは、世界貨幣、世界市場の「流通浸透視角」を、ここでも冒頭の労働価値説の前提から、以下の通りいとも簡単に放棄してしまう。

すなわち、マルクスは第一節において、まず「資本の一般的形式」G―W―G'を説いて、単純な商品流通W―G―Wと対比する。ここでの「単純流通」と「資本流通」の対比は、後述の第二巻「資本の流通過程」との関連でも重要だが、資本の価値増殖のためには、商品Wの価格差を利用し、G―Wで安く購入し、W―G'で高く販売しなければならない。自己増殖する価値の運動体としての資本である。ところがマルクスは、ここで単純流通との関連であろうが、冒頭からの労働価値説の等価交換の前提を持ち出し、G―W―G'を否定してしまう。そして、ただちに第二節「一般的形式の矛盾」に移るのである。これでは、何のために流通市場のG―W―G'を持ち出し、流通形態として「資本の一般的形式」を提起したか分からないのだが、労働価値説との矛盾に他ならない。

そこで第二節「一般的形式の矛盾」だが、労働価値説に基づく等価交換からは「こういうことは分かった。すなわち、剰余価値は流通からは発生しえない、したがって、その形成には、何か流通そのものの中で見えないあることが、その背後に行われているに相違ないということである」と、パズル・謎解きの形でこう述べる。「資本は流通からは発生しえない。したがって、その形成には、何か流通そのものの中で見えないあることが、その背後に行われているに相違ないということである」として、さらにこう加える。「資本は流通からは発生しえない。そして同時に流通から発生しえないというわけでもない。資本は同時に、流通の中で発生せざるをえないが、その中で発生すべきものでもない」として、有名な「Hic Rhodus, hic salta!（ここがロドスだ、さあ跳べ）」としつつ、第三節「労働力の買いと売り」に飛躍するのだ。

何のことはない。飛び込みの形で外部から労働力商品を持ち込み、「資本の一般的形式」そのものではなく、産業資本形式を持ち出して、「労働力の買いと売り」から労働価値説に基づいて資本の価値増殖を説明するのである。労働力が、労働生産物ではないという意味で、確かに『資本論』では価値形態を前提にして、労働力の商品化を持ち込み、産業資本形式と価値増殖を説明する。しかし、流通形態としての資本、そして「資本の一般的形式」の意味は否定される。それなら、はじめから産業資本の形式を、労働力の商品化と共に説明すれば、それで足りたはずではないのか？下手なパズル解きは、ロドス島への飛躍どころか、「身投げ」になってしまうだけではないか？くどいようだが、「資本の一般的形式」を持ち出しても、それを等価交換の法則で否定するだけで、「前大洪水時代の姿である商業資本や高利貸資本」に結びつけるだけになってしまう。

その点では、宇野理論の場合は、純粋資本主義の抽象で、流通形態としての商品、貨幣に続いて、価値形態を重視する立場から、「資本の一般的形式」を高く評価する。にもかかわらず、ここでは純粋資本主義の抽象を否定するかのように、前期的な商人資本を突然に持ち出し、（注）G—W—G'の形式は、具体的には資本主義に先だつ諸社会においても、商品経済の展開と共に、あるいはむしろその展開を促進するものとして現れる商人の資本にも見られるのであるが、それは商品を安く買って高く売るということにその価値増殖の根拠を有するものである。多くの場合、場所的な、あるいはまた相手の窮状乃至無知を悪用するか、いずれにしろかかる条件を前提とする商人の資本家的活動によるものであって、資本自身がその価値を増殖するものとはいえない。」（『経済原論』四〇～四一頁）

（注）『資本論』も同様であるが、「世界貨幣」に関連して、「世界市場」や「世界資本主義」のタームが、無造作に使われているように思われる。しかし、「原理論」が「純粋資本主義」として抽象されれば、国内市場も世界市場も区分なしの「市場一般」であろう。「世界貨幣」も貨幣商品「金」であり、世界貨幣が特別にあるわけではないだろう。今日、基軸通貨ドルが使われているが、ドルも米ドル・USドルであり世界貨幣ではない。「世界資本主義」に至っては、現代国家は「国民国家」Nation-Stateであり、各国資本主義ではあっても、「世界資本主義」などは架空の産物でしかない。

ここでは「具体的には」とするだけだが、前期的な商人資本による「資本の一般的形式」の説明に過ぎない。一方で「場所的な、あるいは時間的な価格の相違」を利用し「安く買って高く売る」価値増殖の根拠を認める。しかし他方、それは「相手の窮状乃至無知を悪用するか、いずれにしろかかる条件を前提とする商人の資本家的活動によるものであって、資本自身がその価値を増殖するものとはいえない」とするだけではない。さらに「資本に対する資本として」のG…G'前期的な高利貸資本を持ち出し、「かかる形式をとる限り資本は、その価値増殖の基礎をなす相手を、いいかえれば自己の前提を自ら破壊することになる」と述べ、マルクスとは異なる意味だろうが、ここで外部から「資本の生産物ではない」労働力商品を前提とする産業資本形式に「命がけの飛躍」をする。『資本論』は、労働生産物ではないために、宇野理論は資本の生産物ではないために、純粋資本主義の抽象にも拘わらず、冒頭商品から土地・自然と共に労働力を排除していた。そのため価値形態論を前提に資本を流通形態、その一般的形式を「G―W―G'」としながら、「命がけの飛躍」ならぬ外部への「身投げ」を余儀なくされたのではないか?

宇野理論は、純粋資本主義の原理論から、価値形態、労働力商品化を重視し、商品・貨幣・資本を「流通論」とした。しかし、冒頭商品を「資本の生産物」として労働力商品を土地・自然と共に外部に排除し、とくに「貨幣の資本への転化」では、「流通浸透視角」の前期的商人資本による転化となってしまい、『資本論』と運命を共にしたのではないか。しかし、純粋資本主義の抽象により、労働力商品化を堅持し、貨幣の購買手段による「一物一価」の形成も、その法則的機能は「安く買って高く売る」「資本の一般的形式」によって進められ、需給が調整される。とくに内部に抱えている労働力商品による産業資本形式によって、後述のとおり生産を基礎に「一物一価」も法則的に論証される。宇野理論による純粋資本主義の方法は、労働力商品化の内部的展開の堅持こそ必要だったのであり、「流通論」とくに「貨幣の資本への転化」における流通浸透視角への逸脱は、前述の「世界資本主義論」など宇野理論の内部崩壊に繋がるだけだったのではないか?

純粋資本主義を抽象し、「自律的運動法則」の解明が、『資本論』にせよ、宇野理論の原理論にせよ、その目的であることは言うまでもない。例えば「価値法則」について言えば、『資本論』冒頭の労働価値説の論証には疑問があるにしても、宇野理論でもまた、価値の形態に対する価値の実体を抽象的人間労働として、価値形態としての価格が需給調節され、「一物一価」の基準を形成する。そこに労働の価値実体が機能するかたちで、価値法則が貫徹される。価値の「実体と形態」の関係に他ならない。この価値法則に代表されるように、経済法則は形態と実体として、「自律的運動法則」を規制している、とみることができよう。ただ『資本論』では、価値と使用価値の二要因が、いきなり抽象的人間労働と具体的有用労働の「二重性」に還元され、形態と実体が曖昧になった点は疑問が残る。（注）また、形態と実体の区別にとどまり、「経済法則」と「経済原則」としては定立されなかった。

（注）宇野理論では、労働の二重性は二面性として、歴史貫通的な「労働・生産過程」において「経済原則」として説明される。この点にこそ、マルクスとA・スミスの流通主義との違いがあると言えよう。

宇野理論では、言うまでもなく価値形態論、貨幣の諸機能、労働力の商品化など、純粋資本主義の抽象による、いわゆる形態規定が明確化され、それと同時に「経済法則」と実体規定も明確に区分された。同時に宇野理論においても、自律的運動法則としての「経済法則」に対して、「経済生活の一般的規定」などとして「あらゆる社会に共通なる、いわば人間社会の実体をなす経済生活における行動の原則」が説明されてはいた。それが、戦後の岩波全書版『経済原論』（一九六四年刊）において、「経済法則」に対する「歴史貫通的・超歴史的」な「経済原則」として注記も加えられ、明確に定式化されたのだ。「経済学では、経済の原則は、法則と明確に区別されなければならないが、勿論、それは無関係のものとしてではなく、むしろ反対に、経済の原則が商品経済の下に、初めてその形態に特有なる法則としてあらわれるものである。」（四頁）（注）

（注）この点については、さらに拙著『日本におけるコミュニタリアニズムと宇野理論』二〇六〜七頁を参照のこと。

含蓄に富んだ宇野理論の表現だが、従来「経済生活の一般的規定」などと説明されていた内容が、一九六〇年代を迎え、改めて「経済原則」として、「経済法則」と並んで定式化されたのである。それはなぜか？はっきり明言されたことはないので、多少推測を交えるが、一方で『資本論』の純粋資本主義の自律的運動法則が明確化された。それに対し初期マルクス・エンゲルス以来の唯物史観は、とくにマルクスは「導きの糸」である作業仮説として処理していた。すでに唯物史観の「恐慌・革命テーゼ」などは、一九世紀中葉の周期的恐慌と経済成長によって、その虚構が実証されてしまった。ナンセンスな「自動崩壊論」を超えて、唯物史観がイデオロギー的仮説であることが明確になり、純粋資本主義による「自律的運動法則」が実証された。とくに周期的恐慌による規則的な景気循環は、一面では「永久に繰り返すがごとき」運動展開となった。

しかし、労働力商品の矛盾により、雇用不安や失業増大など、資本主義の体制的矛盾は拡大・深化した。「経済生活の一般的規定」と「経済法則」との矛盾は拡大激化したのだ。とくに二〇世紀を迎え、世界大戦や革命情勢が頻発したことは言うまでもない。宇野理論もまた、一九六〇年代を迎え、上記の「注記」の中で「機械採用」の例を挙げながら、「経済の原則」と「経済法則」について、「それは単に経済の原則として、人間の経済活動の基準によってその採用が決定されるというのではない。一般的には原則として行動の基準となるものが、法則として強制的に支配するものとなるのである。それが経済学を科学として可能ならしめると同時に、経済学はこれによって資本主義が、それに先だつ諸社会に対し経済的に優位に立つ所以を明らかにし、またこの原則を社会的に法則としてではなく、直接の生産者が主体となって計画的に実現しようという社会主義の主張の基礎を示すことにもなるのである。」（四頁）と述べた。

宇野理論が、『資本論』の純粋資本主義の抽象、自律的運動法則としての「原理論」を提起した、その上で「経済法則」に対して「経済原則」を定立した真の理由は、これだったのだ。「直接の生産者が主体となって計画的に実現しようという社会主義の主張の基礎」に他ならない。（注）さらに注記の中で、自然科学の法則性とその技術的利用との差異を挙げ、その上で「経済学の対象が、自然科学と異なって目的意識的行動をなす人間の社会関係としての歴史的過程であることを明らかにしないものであり、また商品経済的行動に対して経済知識を技術的に利用することを経済学の理論の実際的利用でもあるかの如くに誤解するものにほかならない」とまで言い切っている。「経済原則」は「目的意識的行動をなす人間の社会関係としての歴史的過程」として位置づけられ、そのための「経済法則」の解明なのである。

（注）従来、宇野理論は「理論と実践」を峻別する傾向が強かった。理論と実践の混同や実践優位の誤りは注意すべきだろうが、「経済原則」の定式化により、超歴史的、歴史貫通的な「類的存在」としての人間解放の目的が明確化になり、その目標に向けての組織的運動実践が提起された点は評価さるべきだろう。「理論と実践」の区別に対する、新たな提起であろう。

要するに、宇野理論による「経済原則」の定立は、『資本論』にもとづく純粋資本主義の抽象による自律的運動法則の解明から必然化したものといえるだろう。それはまた初期マルクス・エンゲルス以来の唯物史観を単なる「イデオロギー的仮説」として処理し、商品・貨幣・資本を流通形態として純化する。その点で、単純商品生産史観とともに、それに対立する「流通浸透視角」の見地の払拭が必要だったのである。ただ、宇野理論にも、すでに述べたごとく「貨幣の資本への転化」など、不徹底な点は残る。そうした問題への検討が必要であるにせよ、ここで「経済原則」の定立が提起された意義は、真に大きいものがあると思うところである。

## 宇野理論と『資本論』の対話⑤ 労働力商品化の矛盾と「共同体」

戦後、一九六〇年代を迎えて、宇野理論において「経済法則」に対する「経済原則」が定式化された。単なる「経済の一般的規定」から、「直接の生産者が主体となって計画的に実現しようという社会主義の主張の基礎を示す」ことになった。さらに宇野理論においては、資本主義の基本矛盾について、唯物史観の定式に結びついていた所有法則的なアプローチ、つまり「社会的生産と私的所有」など、生産力と生産関係の矛盾に対しても、『資本論』で明らかにされた「労働力の商品化」を基礎に、資本主義社会の基本矛盾が新たに設定されていた。この労働力の商品化の特殊性に基づく資本主義経済の基本矛盾の解決が、「経済原則」によって目的意識的、組織的に目指されることになる。「経済法則」による基本矛盾の理論的な明確化、同時に「経済原則」に基づく変革の主体形成と組織的実践の方向性が提起されたと言えよう。

「経済法則」による労働力商品化の基本矛盾の設定については、すでに「ダルマ舎叢書Ⅰ」『時代へのカウンターと陽気な夢：労働運動の昨日　今日　明日』、また「ダルマ舎叢書Ⅲ」『西暦二〇三〇年における協同組合：コロナ時代と社会的連帯経済への道』（社会評論社刊）に所収の拙稿でも論じた。ここでは繰り返しを避けるが、若干の補足と整理を試みたい。最初に確認したい点は、冒頭商品論との関連である。すでに繰り返しているが、純粋資本主義の抽象については、労働力商品も土地・自然と共に、商品経済的富に含まれなければならない。しかし宇野理論では、「流通浸透視角」による流通形態へのアプローチのためだろうが、自然と人間との物質代謝の深部から、労働力商品の矛盾設定が回避され、「エコノミーとエコロジー」の関係も曖昧だった。基本矛盾の設定についても、この物質代謝の深部からの設定を明確にしておかねばならない。その設定によって、エコロジー問題など資本主義経済の現代的危機を明確にできると思う。

宇野理論でも、自然と人間の物質代謝については、いうまでもなく資本の直接的生産過程、つまり労働・生産過程で具体的に解明されている。資本主義の基本矛盾である労働力商品の特殊性も、絶対的かつ相対的剰余価値生産の剰余価値法則として解明されている。同時に、労働力は必要労働を生活資料として資本から買い戻し、ここで宇野理論では、労働価値説が論証されることになった。必要労働による労働力の再生産と共に、この「経済原則」と「経済法則」もまた剰余価値法則として貫徹される。しかし、労働力の再生産も、『資本論』第一巻「資本の直接的生産過程」で終わるわけでは決してない。第二巻の「資本の流通過程」、さらに「資本の再生産・蓄積過程」で具体化される。しかし、言うまでもなく『資本論』第一巻刊行の「後期マルクス」の時点までは、労働力商品の特殊性にもとづく基本矛盾の解明も、資本の直接的生産過程の範囲に限定されざるを得なかった。

しかし、すでに詳説したように「晩期マルクス」では、「パリ・コンミュン」などコミュニティに対する関心の高まりもあり、「経済原則」におけるコミュニティ＝共同体の役割を重視し、マルクスもコミュニタリアニズム（共同体社会主義）に接近した。そうした中で、資本主義経済の基本矛盾についても、単に資本の直接的生産過程の剰余価値生産にとどまらず、資本の流通過程などとの関連で検討が深められる。とくに上掲の拙稿でも紹介したが、すでに述べたように「晩期マルクス」で『資本論』第二巻の原稿が書き進められ、単なる流動資本の回転としてではなく、労働力商品への「可変資本の回転」が提起され、「剰余価値年率」も説かれた。ここで「資本流通」G―W……P……W′―G′に対する労働力商品の「単純流通」A―G―Wへの視点が、事実上提起されたのである。ただマルクスの問題提起も、ここでは草稿での事実上の提起であり、具体的に踏み込んではいなかった。

この問題提起については、戦前『資本論体系』中（向坂逸郎、山田盛太郎と共著、改造社版）で『資本論』第二巻の「資本の回転」を担当した宇野弘蔵が、戦後いち早く一九四八年四月『唯物史観』の論稿「労働力なる商品の特殊性について」で受け止めていた。（注）まず、労働力商品の特殊性を中心に、上記の「資本流通」の回転・循環に対する労働力商品A―G―Wの「単純流通」の包摂、それによる「資本流通」の価値形成・増殖、また価値移転などが論じられ、ここで基本矛盾の発現も具体的に論じられている。この論稿は、「含蓄に富んだ難解」で有名な宇野理論を代表するとも言えるが、最後の追記に「この小論はいわば一試論に過ぎない」「確定的な解決を与え得たとは考えていない」と記されたにもかかわらず、その後本格的検討は続かなかった。

（注）戦前の改造社版『資本論体系』において、向坂、山田、宇野の三人が分担解説したが、その分担により、戦後の『資本論』研究の立場が三人三様に分かれた点は興味深い。とくに宇野理論については、固定資本の回転と償却の特殊性を重視し、それが資本蓄積論の資本の有機的構成不変の蓄積様式の必然性を重視することになり、宇野『恐慌論』を特徴づけている。「労働力商品の特殊性」と共に重視すべき論点であろう。

しかし、ここで「資本流通」と「単純流通」の関連、とくに「資本流通」に包摂されたP＝生産過程と、「単純流通」のWの「消費過程」の矛盾が提起された点は極めて重要であろう。価値増殖の主体である「資本流通」に対して、「単純流通」を通して労働者Aが必要労働をWとして買い戻し、消費過程において労働力の再生産を図る。ただ、消費過程については、個人が日常的に体験、実践しているので、個人的経験だけで十分であり、とくに経済学の対象にもならない常識とされてきた。しかし、「労働力なる商品の特殊性について」のそれは、消費過程も単なる消費ではない。労働力Aが必要労働をWとして買い戻し、そのWを家庭・家族と共に消費して、世代的に労働力を再生産する場であり、家庭・家族は氏族（gens, clan）として、共同体の基礎を形成して来たのが「経済原則」に他ならない。ここで「経済法則」は、超歴史的・歴史貫通的な「経済原則」と接点を持ち、「共同体」が具体的に登場せざるを得ないのだ。（付図「基本矛盾の展開」を参照）

しかし、すでに繰り返しているが、宇野理論は「晩期マルクス」と共同体などの関係についての論究は、ここでも不十分だったように思われる。労働力商品化の基本矛盾について、「資本の流通過程」まで踏み込んだ「労働力なる商品の特殊性について」でも、まだ共同体への踏み込みは無かったと言える。（注）だが、ここで共同体との関連で、消費過程における労働力商品の再生産が明らかにされ、それを前提にして資本の蓄積・再生産において、資本蓄積に伴う産業予備軍など、資本主義経済の人口法則の解明が具体化する。とすれば、「労働力なる商品の特殊性について」は、さらに資本主義経済に特有なる人口法則により人口問題の理論的解明の道を拓いたことになると思う。

（注）関連した古典的著作として、エンゲルス『家族・私有財産・国家の起源』がある。マルクスの死の直後、一八八四年に「遺言執行」とまで書き、また彼の「最高傑作のひとつ」ともされてきた。しかし、「晩期マルクス」のコミュニタリアニズムとの接点などから見ると、「初期マルクス・エンゲルス」の所有論的視点だった「唯物史観」への逆転と思われる。事実、初版の序文では「マルクスが四十年前に発見した唯物史観を、モーガンはアメリカで彼なりに新たに発見したのであり、それによって、未開と文明とを比較するさいに主要な点でマルクスと同一な結論に到達した」とまで述べている。その上でエンゲルスは「プロレタリア独裁」の見地を固め、レーニン『国家と革命』などに引き継がれた。詳細な検討は別稿を準備しなければならない。

なお、現代日本の人口問題は、戦後の「過疎・過密」の人口の地域間格差に止まらない、すでに深刻な事態を迎えてしまった。言うまでもなく少子高齢化による人口減少であり、外国人労働力の大幅な利用である。上掲の二つの拙稿もまた、今回のコロナ危機も加わり、こうした労働力問題に深刻な影響を及ぼしている現実に関わっている。家庭・家族の共同体的労働力の再生産から見れば、若年労働力が「結婚できない」「結婚しない」、さらに「子供をもてない」「子供をつくらない」といった風潮の高まりによる少子化、さらに高齢化が進んでしまった。まさに資本蓄積によるGDP成長の「経済法則」が、家庭・家族の共同体による「経済原則」との矛盾に逢着したのであろう。こうした「労働力なる商品の特殊性について」の基本矛盾の拡大こそ、地域における「農協」や「生協」活動を中心に、R・オーエンのコミュニティ体験、さらに戦前からの宮澤賢治たちの「産業組合」への強い期待にも繋がっていることを訴えたいと思う。

付図）基本矛盾の展開

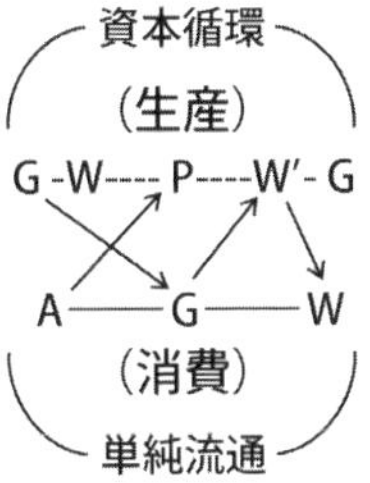


①労働力の再生産は単純流通・家族
②消費を目的の単純流通
③基本矛盾の止揚と地域の経済循環
④労働運動の転換：賃上げ機能から労働力再生産への脱皮

## 宇野理論と『資本論』の対話⑥：「三つの法則」をめぐって

宇野理論では、原理論の範囲内で、1価値法則、2人口法則、3平均利潤の法則の「三つの法則」が提示されている。すでに1と2に関連して、「経済法則」と「経済原則」については検討して来た。とくに戦後一九六〇年代に、改めて「経済原則」が定式化され、超歴史的・歴史貫通的な経済原則が明確化された。労働力商品化の基本矛盾の止揚に向けた定式化であり、国際的にも運動の行き詰まりを感じさせる最近の労働運動、新たな発展の段階を迎えた協同組合運動、両者の新たな連携を考えるうえでも、重要な意味をもつ提起だったと思われる。とくに日本では、いわゆる「労働者協同組合」への運動の高まりが進み始めているだけに、あらためて協同組合と「労働力の社会的再生産」の意義との理論的関連を明確にして置かなければなるまい。

すでに繰り返し述べているが、宇野理論は『資本論』冒頭にある労働価値説を批判し、商品・貨幣・資本を流通形態として純化し、資本の直接的生産過程で労働力商品Aが必要労働を生活資料Wとして資本から買い戻す点で労働価値説を論証している。宇野理論に特有な労働価値説の論証に他ならない。その点からも、純粋資本主義の抽象による原理論である以上、土地・自然と共に労働生産物ではない労働力商品も商品経済的富に含まれるのが適当であり、それにより価値形態と共に商品・貨幣・資本が、流通形態として純粋に展開される。（注）価値法則も、労働実体は上記の通り資本の直接的生産過程で基礎づけられるが、形態的な「市場法則」としては、マルクスも第三章第一節では、一方で労働を内的尺度としながらも、価値尺度論としては「無規律性の運動法則」として市場法則を説明し、いわゆる「一物一価の法則」（価値と価格の一致）として実現される点を説いていた。市場法則としては当然だが、貨幣の機能としては商品の購買、価格実現の機能として購買手段としての「価値尺度」に他ならない。貨幣の購買によって、価値尺度として「一物一価の法則」も実現する。

（注）冒頭商品に労働力や土地・自然を含めても、価値形態論、貨幣機能論の展開には何の支障も生じない、むしろ「貨幣の資本への転化」で労働力商品を内部から産業資本形式に導入し、価値実体の必要労働の買戻しに繋がり、価値の「形態と実体」の関連も論理的に説明できると思う。

ここでは貨幣論には立ち入らないが、ただ価値尺度の「一物一価の法則」の実現も、その仕組みそのものは貨幣の諸機能により裏付けられる。まず、上記の購買手段も、流通手段による「単純流通」の生産と消費の媒介機能と結びついて機能する。流通手段の貨幣の流通必要量も、「無限界効用」とも言える蓄蔵貨幣（資金）の裏付が不可欠である。さらに支払手段とも結びつき、最終的な支払い保証は、「貴金属」により与えられる点はすでに述べた。ここで、蓄蔵貨幣など「貨幣としての貨幣」が前提になり、「資本流通」が導かれるわけだが、一物一価の前提には「時間的・空間的」価格差が存在する。流通形態の資本は、その価格差を利用する。資本の運動は、G—Wで安く需要・購入し、W—G'で高く供給・販売する。この価格差による需給調整の機能が資本である。最終的には、労働力商品を基礎とする産業資本の運動形式G—W……P……W'—G'により、労働力商品A—G—Wによって、需給は生産過程Pを通して調節される。だから、「一物一価」の価値法則も、貨幣機能だけ見れば、価値尺度によって実現される。しかし、実体的には労働力商品の必要労働の買戻しで労働価値説も論証され、同時に「一物一価の法則」も実現される。宇野理論の「流通浸透視角」とは別に、純粋資本主義の抽象による労働力商品に基づいた価値法則の論証に他ならない。

価値法則は、「一物一価」の法則として実現するが、それを通して剰余価値論で①必要労働と剰余労働、②必要労働による労働力の再生産など、「経済原則」も明らかにされる。このように「経済法則」の「形態」も「経済原則」の「実体」によって基礎づけられるが、さらに資本の蓄積・再生産における第二の「人口法則」については、その前提に「資本の流通過程」による「可変資本の回転」、つまり労働力商品A—G—Wの「単純流通」とG—W……P……W'—G'「資本流通」の絡み合いが重要である。それについては、すでに前項⑤でも論じたので繰り返さない。とくに、『資本論』第二巻執筆の過程で、「晩期マルクス」の共同体・コミュニティ研究などによって、労働力商品の再生産が共同体の基点とも言える「家庭・家族」、さらに地域共同体との繋がりが提起された点は重要である。その点でまた、『資本論』とコミュニタリアニズム・共同体社会主義との接点も形成されつつあったと言えるだろう。

「人口法則」については、宇野理論が『資本論』の第一巻、第七篇、第二三章「資本主義的蓄積の一般的法則」において、資本の有機的構成不変、構成高度化の二つの様式のもとで、労働力の吸収と反発が循環的に繰り返す必然性の解明に成功した点を特記したい。資本蓄積・再生産に特有な人口法則であり、ここで宇野「恐慌論」も形成された。ただ、構成高度化の蓄積で、相対的過剰人口が形成され、『資本論』でも「産業予備軍」の存在が具体的に説明されている。ここで「人口法則」としては、「経済原則」との関連が具体化されるが、上記の労働力の社会的再生産としては、先ずは「家族・家庭」のメンバーとして、過剰労働力を受け入れる。さらに「氏族・部族」など、ゲマインシャフト的な地縁・血縁の共同体の役割が、『資本論』でも具体的に説明され、「共同体」の歴史貫通的、超歴史的な位置づけに他ならない。その点で現代日本の人口問題は深刻であり、とくに東北などの人口減少は、すでに「限界集落」を超えて、「空き家」住宅が急増して「無人化」集落の体制的危機を迎えている。（注）

（注）従来、マルクス経済学の体制的危機論としては、いわゆる相対的過剰人口による「窮乏化革命論」が主張されてきた。絶えざる技術革新、資本構成高度化による資本蓄積、合理化による人員整理などであり、高蓄積・高失業・高貧困であった。しかし、最近のように低成長・超低金利（ＱＥ）による「成長の持続」などは、「家庭や家族」さらに地域共同体の崩壊による労働力の不足、外国人労働力の利用など、地域崩壊による人口問題として体制的危機が深化している。日本もEUにおける「出稼ぎ労働力」問題を抱え込みつつあると言えよう。宇野理論による「人口法則」と「経済原則」にもとづく体制的危

機論だろう。なお、宇野『恐慌論』については、拙著『恐慌論の形成』を参照のこと。

なお、第三の「平均利潤の法則」については、上記「労働価値説の論証」と共に、価値と価格の関係が問題点として残る。（注）とくに、貨幣の価値尺度機能とも関連するが、『資本論』第三巻第二篇「利潤の平均利潤への転化」、第一〇章「市場価値論」については、限界原理に基づく「市場法則」として整理されねばならないだろう。さらに、純粋資本主義の抽象としては、上記の「労働力の商品化」とともに、「土地・自然の商品化」の処理も残っている。原理論としては、『批判』以来の「資本・土地所有・賃労働」のトリアーデに基づき、「土地所有」を外部から「地代論」に取り込む手法は、上記「貨幣の資本への転化」で労働力を外部から取り込んだのと同様に疑問である。地代論としては、上記の限界原理に基づく差額地代、とくに「最劣等地に生ずる差額地代」によって、全耕作地に地代が発生するので、とくに「絶対地代」のために外部の土地所有を持ち出す必要はないと思う。労働力と共に「土地・自然」も、人間と自然の物質代謝の深部において、商品経済的富の対象として原理論の構築が進められなければならない。「資本・土地所有・賃労働」の三大階級の対立にとどまらず、現代の資本主義の体制的危機は「エコノミーとエコロジー」の関係として、コロナ危機、気候危機など、ますます深まっている。

（注）第三の「平均利潤の法則」については、大内・鎌倉編『経済原論』（有斐閣新書、一九七六年）において、六「利潤と地代―剰余価値の分配」を分担執筆した。不十分な点も残るが、宇野理論と『資本論』の関係については、そこで論じたので参照されたい。

## 宇野理論と『資本論』の対話⑦：「晩期マルクス」と宇野理論の位置づけ

日本における『資本論』研究に果たした宇野理論の役割は、すでに国際的評価もあるが、極めて大きいものがある。日本列島の後進地域を代表する東北の地から、ロシア革命、一九二九年世界大恐慌、第二次世界大戦などの激動から生まれた宇野三段階論の歴史的役割は、すでに不動のものと言えるだろう。しかし、ソ連崩壊によりロシア革命の神話の時代は終った。同時にマルクス・レーニン主義のドグマも否定された。リーマンショックに続く東日本大震災、そしてコロナ危機、気候危機などである。米中関係は、すでに体制間対立としてエスカレートし、資本主義の体制的危機は深刻さを増すばかりである。改めて宇野理論の歴史的位置づけを迫られていると言えるのではないか？（注）

（注）前著『日本におけるコミュニタリアニズムと宇野理論』において、ソ連崩壊に続く体制的危機の深化について、宇野理論の問題点を総括的に整理した。ここでは、「晩期マルクス」とW・モリスなどコミュニタリアニズムとの理論的接点から、さらに問題点を深めたい。

ここで繰り返すが宇野三段階論の特徴は、何よりもまずマルクス『資本論』を純粋資本主義の抽象として純化し、原理論としたことであろう。マルクスの『資本論』形成史でいえば、初期マルクス・エンゲルスの唯物史観を単なるイデオロギー的作業仮説として、中期マルクスの『経済学批判』の商品・貨幣、そして「貨幣の資本への転化」を流通形態として純化する。その上で、『資本論』第二巻、第三巻を位置付け、後期マルクス『資本論』の世界を構築して原理論としたと思う。『資本論』形成史から見て、宇野原理論の研究は、後期マルクス『資本論』の理論的検討であり、その科学的整序であったと思う。日本における戦前、戦後の『資本論』研究は、総じて後期マルクスの時代的枠組みの中で激しく論じられ、その成果として宇野原理論の生誕があったと言える。

しかし、『資本論』刊行の後、長期に亘り「晩期マルクス」の時代が続き、世界史的な「パリ・コンミュン」の影響も大きかった。パリ・コンミュンをめぐっては、唯物史観を前提にエンゲルスの「プロレタリア独裁」論が提起され、そのためマルクスとの微妙な距離も生まれたと思う。さらに共同体研究ブームとも言える中で、コミュニティ・共同体の位置づけや評価など、『資本論』研究にも多大な問題が提起されたのだ。ロシアのナロードニキ派・ザスーリチからの質問と返書もその一つだが、単なる所有論的なレベルを超えて、コミュニティ・共同体の理論的・実践的課題が大きく提起されていたと思われる。こうした中で、すでに明らかなとおりマルクス主義と欧米の伝統的なコミュニタリアニズム・共同体社会主義との接点が形成されたのも、決して偶然ではなかったと思う。

宇野理論の場合、戦前の三段階論の形成の過程においても、ドイツを中心とした社会民主主義との所謂「修正主義論争」が、もっぱら取り上げられた。とくに東北大で講座担当の『経済政策論』に関連して、先進国イギリスに対抗する後進ドイツの資本主義の発展や金融資本と帝国主義をめぐる段階論の議論が取り上げられたと思う。『資本論』についても、K・カウツキーの教条化とベルンシュタインの修正主義の対立が中心的テーマであって、パリ・コンミュンやコミュニティ・共同体をめぐる議論、総じて「晩期マルクス」を視野に収めた論点は結果的に欠落していたと思う。こうした事情からすれば、宇野理論についても、「晩期マルクス」とコミュニタリアニズムに関連して、改めて『資本論』研究を点検すべきだろう。

とくに資本主義の基本矛盾として設定された「労働力商品の特殊性」については、コミュニティ・共同体との関連の検討が不可欠だと思う。

そうした問題意識の上で、『資本論』との関連において、宇野理論の位置づけをここで整理して置きたい。

第一に、「晩期マルクス」、そして一八七〇年代問題としては、パリ・コンミュンなど、コミュニティ・共同体が最大の問題であり、マルクスも苦闘した課題だった。『資本論』との関係を含め、イデオロギー的仮説の唯物史観との関係で、実践的にも解決を迫られたことは、ザスーリチへの返書問題でも明らかだろう。それだけに、宇野理論にとっても、回避できる問題ではない。とくに一九六〇年代に、改めて提起された「経済法則」と「経済原則」、とくに「経済原則」との関連は、戦前からの長い歴史的課題だけに、避けて通ることは出来ない課題だと思う。

第二に、「晩期マルクス」とコミュニタリアニズム・共同体社会主義との接点形成においては、すでに明らかなようにE・B・バックスとW・モリスとの関係を見逃すことは出来ない。二人の共著『社会主義：その成長と帰結』は、すでに戦前、幸徳秋水が高く評価し、今でも国際的に評価が高い。とくにイギリスで最初のマルクス主義組織の機関紙「コモンウィール」所載の論稿では、社会主義について「その根源から」、つまり「氏族・部族・民族」などの共同体をとり上げていたのだ。マルクスーモリスの思想系列では、ドイツの修正主義論争などと異なり、共同体との関連からコミュニタリアニズムが提起されていた。（注）日本でも、幸徳だけでなく堺利彦、山川均など、いわゆる労農派の土着思想にも繋がっていたのである。それだけに宇野理論の継承・発展としても、マルクスーモリスの系列の流れに、宇野理論の積極的位置づけを考えるべきだと思っている。

（注）モリス、バックスの『社会主義』については、訳書の巻末の「付論」および「解題」を参照されたい。なお、前著『日本におけるコミュニタリアニズムと宇野理論』では、むしろ戦前に遡り労農派思想の延長上で「マルクス－モリスの系列」を位置付け、宇野理論についても検討した。是非、参照されたい。

第三に、「晩期マルクス」にとっては、すでに触れたが「マルクス・エンゲルス問題」がある。エンゲルスはパリ・コンミュンを通して、初期マルクス・エンゲルスの唯物史観の立場から、「プロレタリア独裁」をテーゼとした。しかし「後期マルクス」は、すでに書いた通り唯物史観を単なるイデオロギー的仮説として、マルクスが独りロンドンで『資本論』を書いた。そして、コミュニタリアニズムとの接点を持ち、「プロレタリア独裁」とは一定の距離が生まれた。潜在的には、ここで一方のマルクス－コミュニタリアニズム、他方のエンゲルス－プロレタリア独裁の分岐が生じていたと思う。宇野理論は、純粋資本主義の『資本論』を原理論とする以上、そして唯物史観を単なるイデオロギー的作業仮説とする以上、すでにエンゲルスに対して批判的ではあったものの、その立場をさらにここでコミュニタリアニズムの立場からも明確にすべきだろう。

第四に、「晩期マルクス」から、死後のマルクス、そしてレーニンへの関連が極めて重大である。『家族・私有財産・国家の起源』からそうであったが、エンゲルスはマルクス主義の相続者として、唯物史観の立場から、上記「プロレタリア独裁」のテーゼを強く主張した。とくに、後述のレーニンの代表作『国家と革命』はそうであると思う。その点で、今日でもマルクス・エンゲルスは、上記のエンゲルス－プロレタリア独裁の路線で継承され、とくに戦後冷戦体制の下で「マルクス・レーニン主義」の官許の思想として教条化された。その意味では、マルクス・レーニン主義と言うよりも、「エンゲルス・レーニン主義」とするべきだろう。反面、上記のマルクス―コミュニタリアニズムの流れは、戦前の労農派社会主義として、堺・山川などが継承した点は、拙著『日本におけるコミュニタリアニズムと宇野理論』でも具体的に触れた通りである。労農派シンパの宮澤賢治もまた、レーニン『国家と革命』を読んできっぱり拒絶したのは、エンゲルス―レーニン主義の「プロレタリア独裁」だったからだと思う。それが今やソ連崩壊で破綻したとすれば、甦るのはマルクス―W・モリス、そして宮澤賢治の流れであり、「コミュニタリアニズム」の復権だろう。宇野理論も、そこを問われていると思うところである。

# 第四章
# 古典を読み直す
# マルクス・レーニン主義からの脱却

## 第一節　脱マルクス・エンゲルス『共産党宣言』

### （1）唯物史観は作業仮説

『資本論』をはじめ、マルクスの著作は多数の読者を得てきた。とくに初期マルクス・エンゲルスの『共産党宣言』は、「シベリアからカリフォルニアにいたるあらゆる国々の幾百万の労働者の共通の綱領であり」、キリスト教の「聖書」に並ぶぐらいの超ベストセラーである。その古典的価値を否定することはできないし、また否定すべきものでもない。マルクス主義の古典中の古典として、高く評価され続けるべきだと思っている。しかし、古典としての価値や評価と、その現代的意義とは、はっきり区別すべきであろう。

とくに初期マルクス・エンゲルスのいわゆる唯物史観は、すでに述べた通りヘーゲルの弁証法を唯物論的に転倒させた階級闘争史観であり、マルクス自身が認めるように『経済学批判』や『資本論』のための「導きの糸」であり、作業仮説であった。この作業仮説に基づいて、純粋資本主義の抽象による『資本論』、その『資本論』で近代社会の資本主義的経済法則が解明され、科学的社会主義の基礎が提示されたのだ。作業仮説の唯物史観が無ければ、むろん『資本論』は解明されなかったと思う。

しかし、作業仮説はあくまで作業仮説である。それによって解明された理論や歴史が、科学的に証明され、歴史的に検証されなければならない。科学的な証明や歴史的検証を抜きに主張され続ければ、単なるイデオロギーだし、ドグマになってしまう。単なるイデオロギー的作業仮説に過ぎない唯物史観は、マルクスが『経済学批判』の序文で「定式化」されただけに、ドグマとしてイデオロギー的に主張される危険が伴ってきた。そうしたドグマが「マルクス・レーニン主義」のプロレタリア独裁をもたらし、結果的にソ連型社会主義の崩壊にも繋がったのではないか？（注）

（注）「マルクス・レーニン主義」としての「プロレタリア独裁」については、レーニン『国家と革命』の批判的検討が必要であり、続く次節を参照されたい。

すでに歴史的に破綻したマルクス・レーニン主義の前提に、初期マルクス・エンゲルスの唯物史観のドグマがあったのではないか？その際、とくに唯物史観に基づく初期マルクス・エンゲルスの政治的・綱領的文書こそ、当時の「共産主義者同盟」の『共産党宣言』だった。とすれば、一八五〇年代「中期マルクス」の『経済学批判』、さらに一八六〇年代「後期マルクス」の『資本論』、そして一八七〇年代からマルクスの死を迎えるまでの「晩期マルクス」から、遡って初期マルクス・エンゲルスの『共産党宣言』の唯物史観を再検討する必要があるだろう。（注）『宣言』の歴史的意義を明らかにするためにも、再検討が必要である。

（注）一八五〇年代「中期マルクス」、一八六〇年代「後期マルクス」の年代区分は、拙著『恐慌論の形成』（日本評論社刊）を参照されたい。ただ旧稿では、「晩期マルクス」については触れられていない。

## （2）『共産党宣言』の一八八三年序文について

『共産党宣言』が、世界各国で版を重ねてきただけに、多くの序文があるが、とくに一八七〇年代「晩期マルクス」の序文が気になっている。一八七二年六月のドイツ語版の序文に、エンゲルスと連名だが「最近二十五年間における大工業のはかり知れない進歩や、それとともに進展した労働者階級の党組織や、二月革命をはじめとし、さらに進んでプロレタリア階級がはじめて二か月のあいだ政権をにぎったパリ・コンミューンの実践的諸経験を考えれば、この綱領は今日ではところどころ時代おくれになっている。特に「コンミューンは、『労働者階級は、既成の国家機関をそのまま奪いとって、それを自分自身の目的のために動かすことはできない』という証明を提供した」などの指摘もあるからだ。

すでに『資本論』第一巻を刊行後の「晩期マルクス」にも、「パリ・コンミューン」の衝撃が非常に大きかった。パリ・コンミューンの体験を通して、『共産党宣言』の綱領は「ところどころ時代おくれになっている」と述べ、改定の必要を認めているのだ。とくにエンゲルスにとっては、「既成の国家機関をそのまま奪いとる」のではなく「プロレタリア独裁」があり、プロレタリア独裁に特有な国家社会主義による上からの集権型への革命があったと思う。マルクスは、プロレタリア独裁に必ずしも同調していないようだし、パリ・コンミューンで提起されたコンミューンの存在と役割、伝統的なコミュニティの位置づけなどについて、ここでマルクスは慎重に考えていたのではないか？

じつは『共産党宣言』には、マルクスの死後になるが、一八八三年ドイツ語版への序文があった。この版の序文には「悲しいことには、私ひとりで署名しなければならない」とエンゲルスは書き、「彼が死んだいまでは、『宣言』の改定や補足はもとより問題となりえない」とも書いていた。ということは、マルクスが生きていれば「改定や補足」を試みたのではないのか？さらに一八九〇年ドイツ語版への序文だが、はじめにエンゲルスは、こんな言い訳を書いている。「また『宣言』についても色々なことが起こった。

ここでそれについて述べねばならない。第二のロシア語訳―ヴェラ・ザスーリチによる―は一八八二年ジェネヴァで出版され、その序文は、マルクスと私とで書いた。残念なことに、そのドイツ語原文を私は紛失してしまった。だから、まったく無駄な骨折りではあるが、私はロシア語から逆に翻訳しなおさなければならない」として翻訳文を載せているのだ。

何とも奇妙な話だが、「この失われたドイツ語原文は、のちに発見されて、旧ソ連のM・E・L研究所に保存されている」とのことで、それを参照の上、日本の岩波文庫版は邦訳されている。一八八二年一月二一日の署名があるから、生存していたマルクスが書いたのであろうが、まず気になるのはロシア語訳の訳者ザスーリチについてである。すでに別の機会に述べたが、ほぼ同じ頃に彼女は、マルクスに唯物史観について質問状を送り、マルクスは「返書」を書いて、事実上唯物史観の修正を認めたロシアのナロードニキ、メンシェビキの女性理論家である。それを念頭に置いたマルクスの序文だとすれば、その内容が問題になろう。(注)ロシアの農村共同体について、ザスーリチへの「返書」と同じように、次のように述べている。

(注)「返書」については、拙著『ウィリアム・モリスのマルクス主義』(平凡社新書)第二章、二を参照のこと。

「『共産党宣言』の課題は、近代ブルジョア的所有の不可避的に迫りつつある崩壊を布告することであった。だがロシアでは、目まぐるしいほど急速に繁栄しつつある資本主義といまようやく発達しつつあるブルジョア的土地所有と並んで、土地の過半が農民の共有となっているのをわれわれは見出す。そこで次のことが問題となる。ひどく分解してはいるが太古からの土地所有の一形態であるロシアの農民共同体は、共産主義的共有のより高い形態に直接に移行しうるであろうか？それとも反対に、その前にそれは西ヨーロッパの歴史的発展において行われたと同じ崩壊過程を通過しなければならないであろうか？この問題に対して今日可能な唯一の回答は、次の如くであろう。もしロシア革命が西ヨーロッパにおけるプロレタリア革命への合図となり、その結果両者がたがいに補いあうならば、現在のロシアの土地共有制は、共産主義的発展の出発点として役立つことができる。」

ここで西ヨーロッパの歴史的発展とロシアの農民共同体の役割を対比する点は、上記の一八八一年二月一六日付のザスーリチの質問状に対する三月八日付のマルクスの「返書」の内容とほぼ同じである。ここでは、ロシアの農民共同体について、それを「太古からの土地所有の一形態」として、いわば農民共同体とその土地所有を「歴史貫通的」に明確に位置付けた点、さらにそれを資本主義の発展によるプロレタリア革命との補完関係として積極的に位置づけている。そうした点では、「返書」における事実上の唯物史観「所有法則の転変」の修正が、ここでより明確になったとも言える。そして、このような農民共同体の太古からの位置づけは、都市共同体とはいえパリ・コンミューンが、共同体コンミューンとして立ち上がり、短期間とはいえ市民が権力を握った意義を評価したからであろう。また当時、ようやく共同体研究が本格化し、モルガン『古代社会』をはじめ、一種のコミュニティ研究ブームが到来した。マルクスも、ここで「古代社会ノート」作りを始めたのである。

そうした事情について、エンゲルスは序文ではないが、『宣言』の本文の「注」として、次のような補足説明をしている。すなわち、「一八八八年英語版への注」だが、「一八四七年には、社会の前史、すなわち記録された歴史に先行する社会組織は、全然といっていいほど知られていなかった。その後、ハクストハウゼンは、ロシアにおける土地の共有制を発見し、マウレルは、土地の共有制がすべてのチュートン部族の歴史的出発の社会的基礎であったことを立証した。そして次第に、村落共同体は、インドからアイルランドにいたるあらゆるところで、社会の原始的形態であること、あるいはあったことが発見された。そして、氏族の真の性質および部族に対するその関係に関するモルガンの称賛すべき発見によって、原始共産主義社会の内部組織が、その典型的な形において明らかにされた。」エンゲルスは、この原始共産主義の解体から、階級闘争史観を述べようとして「プロレタリア独裁」を主張した。しかしマルクスは、モルガンの『古代社会』のノート作りを進め、ザスーリチへの「返書」で唯物史観とそれにもとづく「所有法則の転変」について、事実上の修正を認めているのである。マルクスの対応は、エンゲルスとは少し違っている。と言うよりは、エンゲルスは、『家族、私有財産、国家の起源』(一八八四年)の序文などでは、依然としてモルガンなどに対して、唯物史観のテーゼを墨守しているからだ。(注)

(注) エンゲルスは、『起源』において、「マルクスが四〇年前に発見した唯物史観を、モルガンはアメリカで彼なりに新たに発見したのであり、それによって、未開と文明とを比較するさいに重要な点で、マルクスと同一の結論に到達した」と言い切っている。

しかし、すでに紹介したが、W・モリスと共著者E・B・バックスによる『社会主義:その成長と成果』(注)においては、モルガンやマルクスの共同体研究を踏まえながら、モリス、バックスの二人は、マルクスの「所有法則の転変」について「自己の労働による商品生産物の自己所有」にたいして、それを「注記」

の形で事実上批判し、農民共同体やギルド共同体の意義を提起していたのだ。ザスーリチへの「返書」など、原始的な共同体に基づく歴史貫通的な共同体の意義を認めていたマルクスは、すでに紹介したとおり一八八一年一二月に公刊されたバックスの『資本論』に関する評論『現代思潮の指導者たち　第23回カール・マルクス』についても、それを高く評価し「真正な社会主義」と呼んで最大級の賛辞を惜しまなかった。『資本論』で純粋資本主義の抽象により、資本主義経済の自立的経済法則の解明に成功していたマルクスからすれば、①パリ・コンミューンの決起、②モルガンなどの共同体研究、③ザスーリチからの質問への「返書」など、一八七〇年代を迎えて「一八四七年には、社会の前史、すなわち記録された歴史に先行する社会組織は、全然といっていいほど知られていなかった」過去の時代の綱領的文書『共産党宣言』については、それを理論的かつ実証的に再検討し、脱『宣言』ともいうべき新『宣言』の必要性を考えていたのではないか?その方向づけは、新たな資料などによる共同体の位置づけ、「太古からの土地所有」など共同体の歴史貫通的存在の意義、単なる所有論的コミュニズムから共同体的社会主義＝コミュニタリアニズムの新たな地平の開拓に他ならない。しかし、まことに残念なことだが、マルクスの死は早かった。

（注）大内・川端監訳、モリス・バックス『社会主義』（晶文社刊、二〇一四年）、とくに「ギルド社会主義」など共同体社会主義論の展開を参照のこと。

ここでモリス・バックスとマルクス・エンゲルスとの関係だが、すでに紹介の通りモリス・バックスの二人は、イギリスで初のイギリス人によるマルクス主義の組織、ハインドマンが指導した『民主連盟』（改称して『社会民主連盟』）のメンバーだった。ここにはマルクスの三女エリノア・マルクスもいて、同志的な連帯で「社会主義者同盟」をさらに組織し、機関誌Commonwealにはモリスの『ユートピア便り』の連載など、多彩な活動を展開した。ただ、モリスとマルクスとの直接の接点はなかったが、バックスの「評論」については、上述のように最晩年のマルクスは絶賛を惜しまなかった。しかし、人間関係は複雑でエンゲルスは、バックスはともかくW・モリスについては「センチメンタルなユートピア社会主義者」と冷たくあしらい、排除していたらしい。そのためもあってか、日本でもモリスは「マルクスの著作を研究したが、マルクス主義の本質は理解できなかった。エンゲルスはそれを〈心情的〉と評している。」(『現代マルクス＝レーニン主義事典』現代思想社刊石堂清倫稿)。エンゲルスは、とくにモリスに対しては冷遇し、いわゆる「空想社会主義者」として排除していたのだ。(注)こんな点にも「晩期マルクス」のマルクス、エンゲルスの違いが覗かれるかも知れない。

(注) エンゲルスのモリス評価を含めて、いわゆる「空想的社会主義」については後述の第三節を参照のこと。

## (3) 所有論的アプローチの問題点

そこで、純粋資本主義の抽象による『資本論』、さらに「晩期マルクス」の立場から、政治・綱領的文書『共産党宣言』の改定、「新宣言」に必要な主要な論点だけに限って、ここでは提起しておきたい。また、『宣言』そのものは、綱領的文書として、ごく短いものだし、唯物史観については「経・哲草稿」など、多くの哲学的研究もある。ここでは、『資本論』など、経済学的な研究との関連での問題提起にとどめる点を、あらかじめ断っておく。また、「第三章　社会主義的および共産主義的文献」については、時代的制約など、マルクス・エンゲルスも改定を認めていたので検討は省略する。

「ヨーロッパに幽霊が出る――共産主義という幽霊である」、『宣言』冒頭の有名な文章だ。一八四八年時点で、「共産主義はすでに、すべてのヨーロッパ強国から一つの力とみとめられているということ」の宣言だった。しかし、その後「第一インター」と呼ばれた「国際労働者協会」（一八六四年設立）の運動は、一八七一年パリ・コンミューンの後、多大な組織的混乱が続き、一八七六年に解散してしまった。『フランスの内乱』まで書いたマルクスとしては、運動の組織的責任を痛感したに違いない。だからこそ、改めてモルガンなどの太古以来の歴史貫通的な共同体・コミューンの研究を熟読せざるを得なかったし、上記『グレーダー編・マルクス古代社会ノート』作りを自ら試みたのであろう。そこには、強靭で誠実極まりない「晩期マルクス」の並々ならぬ努力があった。そうした共同体の位置づけの上に、新『宣言』を考えていたに違いない。

第一章「ブルジョアとプロレタリア」だが、そもそも表題について問題がある。一八八八年英語版へのエンゲルスが、異例とも言える長い〈注〉を付している。「ブルジョア階級とは、近代的資本家階級を意味する。すなわち、社会的生産手段の所有者として賃金労働者の雇用者である階級である。プロレタリア階級とは、自分自身の生産手段を持たず、生きるためには自分の労働力を売ることをよぎなくされる近代賃金労働者の階級を意味する。」真に適切で分かり易い〈注〉である。しかし、タイトルそのものに、このような長い〈注〉を付けざるを得ない、そのタイトルそのものが問題だろう。さらに『宣言』の主張である「階級闘争史観」についても、エンゲルスは長い〈注〉を付けているが、これも「今日までのあらゆる社会の歴史は、階級闘争の歴史である」に付されたもので、すでに取り上げた「一八四七年には、社会の前史、すなわち記録された歴史に先行する社会組織は、全然といっていいほど知られていなかった」というものである。こうした〈注〉を、わざわざ長々と付けざるを得ない点で、資本・賃労働の関係にせよ、階級闘争史観にせよ、『宣言』そのものが、単なるイデオロギー的仮説に過ぎないことを自認しているとみていい。だからこそ、それを「導きの糸」にして解明された純粋資本主義の『資本論』、そして一八七〇年代に本格化した「太古以来」の歴史貫通的な共同体研究により、『宣言』の理論的・実証的再検討が必要だったのである。

そこで「ブルジョアとプロレタリア」だが、エンゲルスの説明の通り、マルクスのその後の研究では「資本と賃労働」として、資本主義経済の階級関係が明らかにされねばならない。もちろん通俗的には、「ブルジョア」「プロレタリア」として階級関係がとらえられてきたし、現在もベストセラー『二一世紀の資本』のトマ・ピケティなど、同じ呼称が使われるケースも多い。しかし、字引を引くまでもなく、「ブルジョア」は「有産者」であり、「プロレタリア」は「無産者」である。つまり「ブルジョアとプロレタリア」は、「有産者と無産者」の対立関係であり、「資産」保有の有無、ないし多寡の表現に過ぎないのだ。したがって統計データなどで資産保有の多寡による、資産の格差を表現するのには適当だが、それによって階級関係や階級対立を明らかにできるわけでは決してない。ではなぜ、初期マルクス・エンゲルスは、資本・賃労働の対立ではなく、「資産」保有の格差に過ぎない「ブルジョアとプロレタリア」として、階級関係を捉えたのか？

初期マルクス・エンゲルスの唯物史観の形成について、ここで立ち入らないが、その所有論的アプローチに注目すべきだろう。つまり、私的所有の基礎に労働を求める、自己の労働にもとづく私的所有のテーゼである。このテーゼから、いわゆる「所有法則の転変」も主張され、『資本論』でも「最初われわれにたいする所有権は、自己の労働にもとづくものとして現れた。少なくとも、この仮定が妥当でなければならなかった」と述べ、さらに「資本主義的私有は、自己の労働にもとづく個別的な私的所有の第一の否定である。」その「否定の否定」として、社会主義的な「共同所有」を主張する「所有法則の転変」として残った。この「自己の労働にもとづく私的所有」も、むろんヘーゲル弁証法の否定のうえに主張されている以上、「疎外された労働」が前提だろう。ただ、「単純商品生産社会」が想定されていて、商品生産者は「分業労働」に従事するだけで、無政府的分業に過ぎない。こうした前提では、A・スミス的な「初期未開な社会」の労働価値説を批判できない。むしろスミス的労働価値説の枠組みの中で、マルクス・エンゲルス二人も「自己の労働にもとづく個別的な私的所有」を主張せざるを得なかったのだ。

第一章では、唯物史観の所有論的アプローチから、古代ローマ、中世へと素朴な階級闘争史観が述べられる。そのうえで「ブルジョア階級の時代」が到来、「ブルジョアとプロレタリア」の対立が激化する。「地理上の発見」など世界市場の形成と拡大の中で、工場制手工業から機械制大工業へと社会的生産が拡大する。大量生産が発展し、世界市場をめぐる競争とともに階級闘争も国際的規模に拡大・激化する。「ブルジョア階級は、世界市場の搾取を通して、あらゆる国々の生産と消費とを世界主義的なものに作り上げた。」こうした「世界資本主義」的な発展から、「近代国民国家」の成立については、次のように述べる。「ブルジョア階級は、生産手段、所有、および人口の分散を次第に廃止する。かれらは人口を凝集させ、生産手段を集中させ、財産を少数者の手に集積させた。この必然的結果は、………ひとつの国民となった。」この近代国民国家による大量生産の集中・集積は、世界市場の競争の激化、収奪の拡大とともに、商品過剰を激化させる。ここから「世界市場と恐慌」のテーゼが現れて提起される。すなわち、「ブルジョア的生産並びに交通諸関係、ブルジョア的所有諸関係、かくも巨大な生産手段や交通手段を魔法で呼び出した近代的ブルジョア社会は、自分が呼び出した地下の悪魔を最早制御できなくなった魔法使いに似ている。数十年来、工業および商業の歴史は、まさしく近代的生産諸関係に対する、ブルジョア階級とその支配の生存条件である所有諸関係に対する、近代的生産諸力の反逆の歴史である。ここには、かの商業恐慌をあげれば十分である。それは、周期的に繰り返し起こり、ますます急迫的に全ブルジョア社会の存立をおびやかす。」この「世界市場と恐慌」テーゼは、(注)さらに「恐慌・革命テーゼ」に発展せざるを得ない。「ブルジョア階級が封建制を打ち倒すのに用いた武器は、今やブルジョア階級自身に向けられる。だが、ブルジョア階級はみずからに死をもたらす武器を鍛えたばかりではない。かれらはまた、この武器を使う人々をも作り出した――近代的労働者、プロレタリアを。」ここでプロレタリアは、ブルジョア社会の必然的産物だが、まだ流通形態としての資本、その資本が産業資本として生産を支配し、その前提として「労働力の商品化」が理論的に前提されなければならない。しかし、この段階の「初期マルクス・エンゲルス」には、価値形態論もなければ、流通形態としての資本もない。あるのは上記の「所有諸関係」、つまり所有論的な有産者としてのブルジョアに対立する無産者としてのプロレタリアに過ぎないのだ。

（注）初期マルクス・エンゲルスの恐慌論については、実現論的な商品過剰論に過ぎないが、上記、拙著『恐慌論の形成』第Ⅱ部、第一章「初期マルクスの虚構論―過少消費説的見地の原型」を参照されたい。

ただ、単なる無産者としても「この労働者は、自分の身を切り売りしなければならないのであるから、他のすべての売品と同じく一つの商品であり、したがって、一様に競争のあらゆる変転に、市場のあらゆる動揺にさらされる。」「労働者のために費やされる費用は、ほとんど労働者が自分の生計と自分の種族の繁殖とに必要とされる生活手段にのみ限られる」といった指摘はある。しかし、資本の直接的生産過程に踏み込んだ剰余価値論や資本蓄積論の説明はない。もっぱら近代的工業の拡大発展の中で、競争が激化して「収奪」される無産者のプロレタリアへの転落の過程が描き出される。そして、「プロレタリア階級は、種々の発展段階を経過する。ブルジョア階級に対するかれらの闘争は、かれらの存在とともにはじまる。」機械打ちこわし運動はじめ、競争論的にプロレタリアの量的拡大と共に、内部対立なども含みながら、「プロレタリアの運動は、途方もない多数者の独立運動である。現代社会の最下層であるプロレタリア階級が起きあがり、立ちあがることができるためには、公的社会を形成する諸層の全上部構造が空中にけし飛ばされねばならない。」そして、闘争は「内容上ではないが、形式上は、何よりも第一に国民的闘争である。」しかし、世界市場における競争の激化に基づく商業恐慌からすれば、恐慌は国民的規模を超える「世界恐慌」であり、革命もまた「世界革命」でなければならない。「第二章　プロレタリアと共産主義者」では、最後に「労働者は祖国をもたない」世界革命論が提起されるが、われわれも第二章に進もう。

## （4）所有論的アプローチのさらなる強調

第二章では、所有論的アプローチが、さらに一層強まる。先ず共産主義者とプロレタリアの党との関係を述べ、「共産主義者は、一方ではプロレタリアの種々な国民的闘争において、国籍とは無関係な、共通の、全プロレタリア階級の利益を強調し、それを貫徹する。他方では、プロレタリア階級とブルジョア階級の間の闘争が経過する種々の発展段階において、常に運動全体の利益を代表する」として、「共産主義者同盟」の立場と共に、「世界市場と恐慌」、そして世界革命への伏線が張られる。その上で、あらゆるプロレタリアの党と同じく、当面の目標は「プロレタリアの形成、ブルジョア支配の打倒、プロレタリア階級による政治権力の獲得である。」そして、「理論的命題」は「所有一般の廃棄ではなく、ブルジョア的所有の廃棄」、つまり「私有財産の廃止」である。まさに所有論的アプローチそのものだが、この「私有財産の廃止」に「資本・賃労働」の関係も還元された形で、「賃労働に進もう」として、政策的課題の検討に進んでいる。しかし、こうした所有論的アプローチでは、いうまでもなく法的な所有関係に資本・賃労働の階級関係が還元されてしまう。その点では、その後『資本論』までのマルクスの研究過程で明らかにされる商品・貨幣を前提とした流通形態としての資本の運動体、その資本に雇用される労働力商品の特殊性、そうした運動体としての資本と労働力商品の特殊性から生ずる資本関係の諸矛盾などは、理論的位置づけを与えられないまま無視されてしまい、現象形態の提起だけに終わる。例えば、「私有財産の廃止」では、「個人的に獲得した財産、自ら働いて得た財産を、われわれ共産主義者は廃棄しようとする、という非難がわれわれに対してなされている」として、その非難に対して、資本関係、資本・賃労働関係に引き戻して、ブルジョア的所有として資本、そして資本に対する賃労働にもとづくプロレタリアの立場の説明を重ねざるを得なくなっている。その上で、「だから、資本は個人的な力ではない、社会的な力である。したがって資本が、社会の全成員に属する共有財産に変えられたところで、それによって個人的財産が社会的財産に変えられるわけではない。変化するのは財産の社会的性格のみである。すなわち財産はその階級的性格を失うのみである」など、個人的財産への弁解的な説明を繰り返すだけに終わっている。

賃労働の政策課題についても同様であって、主な論点だけ拾ってみよう。労働賃金についても、資本の直接的生産過程の剰余価値論を抜きにして、「われわれは、生命そのものを再生産するにしかすぎないような労働生産物を、個人が取得することを廃棄しようとは決して思わない。……支配階級の利益が必要としなければ生活することができないという、そんなみじめな取得の性格である」として、人格、独立、自由の廃止も、あくまでブルジョア的な市場における取引や競争のための自由や独立に過ぎない。その上で、再び「諸君は、われわれが私有財産を廃止しようと欲することに驚く。だが、諸君の現存社会では、私有財産は社会成員の十分の九にとっては廃止されているのだ。それは、十分の九の人にとって存在しないというまさにそのことによって、存在しているのだ。すなわち諸君は、社会の途方もない多数者の無所有を必然的条件として前提するような財産を、われわれが廃止しようとすることに対して、われわれを非難しているのである。」所有論的アプローチであるために、ここで再び資産保有の量的格差に資本関係、階級関係が還元されてしまう。資産格差の拡大への批判は今日でも重要だが、その重要性と資本関係、階級関係との混同は拙い。だから「共産主義はだれからも、社会的生産物を取得する権力を奪わない。ただ、この取得によって他人の労働を隷属させる権力を奪うだけである」と弁解を重ねざるを得なくなっている。その上で「精神的生産物の取得および生産にまで及ぼされる」として、「階級的教養の廃止」などを取り上げる。さらに「家族の廃止！もっとも急進的な人々さえ、共産主義者のこの恥ずべき意図に対しては、激怒する。現在のブルジョア的家族は、何に基礎をおいているか？資本に、私的営利に、である。完全に発達した家族は、ブルジョア階級にだけしか存在しない。しかも、そういう家族を補うものとして、プロレタリアに強いられるところの家族喪失と公娼制度とがある。」ここでは、当時の家族制度やそれとの抱き合わせの公娼制度が取り上げられているが、要するに家族制度をブルジョア的なものとして、その廃絶を提起しているのだ。しかし、すでに述べたが所有論的アプローチを超えて、資本関係を明らかにし、労働力の商品化とその労働力の再生産となれば、後に『資本論』、とくに第二巻の「可変資本の回転」など、労働力の再生産の場としての「家庭や家族」が問題になるし、さらにそれとの関連で地域のコミュニティ・共同体が問題になる。（注）ここで七〇年代「晩期マルクス」が取り組んだ共同体問題の接点として、『宣言』における「家族の廃止」を提起しなければならないと思う。

（注）所有論的アプローチからは、そもそも「労働力の商品化」の矛盾が提起されない以上、その矛盾の止揚として、労働力の社会的再生産の場としての家庭・家族、そして共同体の視点が欠落するのは当然だろう。エンゲルスとしては、この家庭・家族を私的所有・私有財産、さらに国家にまで結び付けたいのであろうか？

さらに『宣言』では、「家庭教育と社会教育」、「婦人の共有」、「結婚と妻の共有」なども取り上げる。その上で、すでに触れたが「世界市場と恐慌」テーゼとの関連から、「労働者は祖国をもたない」世界革命によるプロレタリアの解放が最後的に提起される。「労働者革命の第一歩は、プロレタリア階級を支配階級にまで高めること、民主主義を闘いとることである。プロレタリア階級は、その政治的支配を利用して、ブルジョア階級から次第にすべての資本を奪い、すべての生産用具を国家の手に、すなわち支配階級として組織されたプロレタリア階級の手に集中し、そして生産諸力の量をできるだけ急速に増大させることであろう。」ここでは、まだ「プロレタリア独裁」は定式化されてはいない。しかし、プロレタリア権力による国有化など、国家社会主義的な革命が具体的に展望される。そして、一〇項目の政策として、「一、土地所有を収奪し、地代を国家支出に　二、強度の累進税　三、相続権の廃止、四、国立銀行による信用の集中、五、運輸機関の国家管理、六、国有工場、生産用具の増加」など、国有化による国家管理の極めて強い政策提起であることは間違いない。こうした政策的帰結こそ、所有論的アプローチのもと、「ブルジョアとプロレタリア」、「世界市場と恐慌」、「恐慌革命テーゼ」、そして「世界革命」といった、初期マルクス・エンゲルスの唯物史観のイデオロギー的仮説の構図に基づいていると見るべきだろう。

## (5)『経済学批判』から『資本論』への転換

既に述べた通り、『宣言』の綱領的文書を前提に、初期マルクス・エンゲルスの唯物史観の枠組みが構築され、その後一八五七年の『経済学批判』に向けて、マルクスによる経済学研究も進められた。マルクスの古典経済学批判が本格化し、『宣言』では「ブルジョアとプロレタリア」の資産保有だった階級関係も、資本・賃労働・土地所有の三大階級となった。にもかかわらず『批判』の経済学研究の枠組みは、まだイデオロギー的仮説だった唯物史観のテーゼとして維持され、その枠内での批判的研究に止まっていた。

その点は、『批判』の「序文」の冒頭に、経済学批判研究の「プラン」が置かれ、さらに唯物史観がマルクスによって定式化されたことでも明らかだろう。「私はブルジョア経済の体系を次の順序で考察する。――資本、土地所有、賃労働、それから国家、外国貿易、世界市場」であり、もう少し詳細なプランでは、「世界市場と恐慌」そして「恐慌・革命テーゼ」も提起されている。『宣言』の内容は、すでに明らかなように所有論的に「ブルジョアとプロレタリア」だったが、『批判』では「資本、土地所有、賃労働」、そして資本関係として「第一部　資本について、第一篇　資本一般、第一章　商品」から始められることになった。しかし、「資本一般」の「商品」として始めたことが、まさに曲者だったのだ。すでに検討したので立ち入らないが、流通形態である資本を構成する商品としての富を、マルクスもA・スミス同様に、労働生産物に限定し、「本源的購買貨幣」である労働により自然から購入するという流通主義に陥り、流通形態としての商品、商品の価値形態を無視する重大な欠陥を抱え込んだ。すべての誤りは、ここにあった。この誤謬は、初期マルクス・エンゲルスの所有論的アプローチに起因していることは言うまでもない。

この誤りについて、誰よりもマルクス自身が気づいたことを強調したい。「価値形態論」が欠落し、流通形態としての資本の形式が解明できない。とりわけ労働生産物ではない労働力の商品化を解明し、それに基づいて産業資本の運動形式を明らかにしなければ、資本の価値増殖、剰余価値の生産も解明できない。すでに『宣言』の「ブルジョアとプロレタリア」を、「資本と賃労働」の価値関係として概念化するのに成功した「中期マルクス」だ。マルクス自身、ここで重大な決断のもとで『経済学批判』の執筆を「商品と貨幣」だけに止めた。そして、『剰余価値学説史』の研究、新たなノート作成に転進したのである。まさに見事な転進であり、それにより「価値形態論」、貨幣の機能論、そして「貨幣の資本への転化」論と「労働力商品化論」が積極的に提起され、新たに『資本論』の地平が切り拓かれたのだ。同時に、唯物史観をイデオロギー的作業仮説として、新たに資本主義経済の自律的運動法則の解明の場を「純粋資本主義」の抽象に求めた。「恐慌・革命テーゼ」もまた、一八五〇年代から一八六〇年代へと世界恐慌は周期的に繰り返されたが、肝心の革命は来ない。むしろ周期的恐慌を梃子として、資本主義経済の運動法則は、より高度な経済成長のバネに利用されている。「恐慌・革命テーゼ」はドグマと化して、資本主義経済の内部矛盾は、「世界市場と恐慌」としてではなく、純粋資本主義の自律的運動法則の内部から、歴史貫通的な「経済原則」（注）との緊張関係から解明されることになった。

（注）「経済原則」のタームは、宇野理論でも新しく用いられ、既述の通り岩波全書版『経済原論』を参照されたい。

『経済学批判』から『資本論』への転換は、単なる上記の経済学批判体系プランの変更ではない。副題に「経済学批判」が残されたとしても、全く別個の著作『資本論』として、新たな方法と内容のもとにマルクスは全三巻を準備したのだ。ただ、いうまでもなく『資本論』の「後期マルクス」にも、「初期マルクス・エンゲルス」以来の所有論的アプローチの枠組みが残ってしまった。その冒頭、商品論の労働価値説と単純商品生産社会の想定、労働による貨幣の内在的価値尺度にはじまり、資本の価値形成・増殖過程の解明、さらに資本の再生産、蓄積過程における「所有法則の転変」など、『資本論』の純粋資本主義の自律的運動法則との矛盾が指摘され、議論されてきた。さらに本稿の初めに提起したが、「晩期マルクス」

ともいうべき一八七〇年代には、パリ・コンミューンをはじめとする共同体・コミュニティ問題が提起された。マルクスにしても、二〇年ぶりに一八七〇年にロンドンに戻ったエンゲルスにしても、「初期マルクス・エンゲルス」に回帰して、その再点検を迫られたのは言うまでもない。

## (6)「晩期マルクス」は共同体研究へ

初めに述べたが、一八七〇年代を迎え政治・綱領的文書『宣言』についても、いくつかの序文が加わり、さらに「新宣言」の話も出た。パリ・コンミューン，共同体研究ブーム、ザスーリチへの返書など、マルクスも上述の『古代社会ノート』作りを始めていた。イデオロギー的作業仮説に過ぎない「唯物史観」についての、理論的・実証的な再検討の作業に他ならない。理論的には、『資本論』の純粋資本主義の論理との整合性、実証的には、共同体研究による階級闘争史観の再点検である。しかし、早かったマルクスの他界により、多くの課題が残されてしまった。ここでは論点を、共同体論研究の検討だけに絞ろう。

『資本論』でも、マルクスは共同体と商品経済の関係については、「商品交換は、共同体の終わるところに、すなわち、共同体が他の共同体または他の共同体の成員と接触する点に始まる。しかしながら、物はひとたび共同体の対外生活において商品となると、直ちに、また反作用をおよぼして、共同体の内部生活においても商品となる」(第二章「交換過程」)と述べていた。このマルクスの所説は重要であり、商品経済が共同体内部の生産の価値実体から離れて、流通形態として価値関係を形成し、価値形態が展開される形態規定が提起されるからだ。マルクスが古典派労働価値説に対して、「価値形態論」を提起した理由でもあった。しかし、ここでの指摘だけでは、商品経済が共同体経済にとって外部的であり、それが共同体の内部にも一定の影響を与える点の説明にとどまるだけだ。商品経済の拡大発展が、一方で「共同体の内部生活においても商品となり」共同体を崩壊に導くことがある。しかし、商品経済の拡大だけではない。他方では、武力による征服と戦争、奴隷経済の拡大もある。だから外部的関係が必然的に「内面化」して、世界市場が形成されるわけでは決してない。商品経済と共同体経済は、あくまでも外面的な対立であり、二元性をまぬがれない以上、一元的な法則性の原理には収まらない。そこが、いわゆる「世界資本主義論」（注）の方法的限界でもあると思う。

（注）いわゆる「世界資本主義論」については、さしあたり岩田弘『世界資本主義』（未来社一九六四年）を参照のこと。本格的検討には、別稿を準備しなければならない。

加えて「一八四七年には、社会の前史、すなわち記録された歴史に先行する社会組織は、全然といっていいほど知られていなかった。」しかし、一八七〇年代の共同体研究を通して、「太古からの土地所有の一形態であるロシアの農民共同体」の歴史貫通的な発展の歴史的・理論的解明が、ザスーリチへの「返書」とともにマルクスへの課題に登場したのだ。上記のような共同体の間に広がる商品経済と共同体の外面的対立ではない。商品経済が全面的に拡大発展するロシア資本主義経済の内部に存在し、機能する歴史貫通的な共同体内部の人間の「類的存在」としてなのだ。しかも、その点が「ロシア革命が西ヨーロッパにおけるプロレタリア革命への合図となる」か、否かの判断で重要になっている。単なる「プロレタリア独裁」だけでなく、ナロードニキ以来の「農民共同体」の位置づけを、マルクスも重視せざるを得なかった。その理論化を、どうするか？

マルクスは、「太古からの」歴史貫通的な共同体の理論的位置づけを明確にできないまま他界してしまった。しかし、すでに述べているが『資本論』では、原稿執筆時期としては最後の部分（一八七〇年代第二稿）とされる第二巻、第二篇「資本の回転」第一六章「可変資本の回転」においては、タイトルから当然だが「労働力商品の再生産」が提起されている。内容的には、可変資本の回転の年率など（注）、資本の回転に包摂される説明が多いものの、労働力商品の特殊性から、生産と消費を結ぶ単純流通の側面が事実上提起されている。ここでは立ち入らないが、可変資本の回転は、労働力の再生産が消費生活で行われる以上、生産と消費のいわゆる「経済循環」が含まれ、それは資本の循環から独立した「単純流通」である。しかも、労働力が再生産される消費生活は、労働賃金の支払いはアトミックな「経済人」として個人に支給されるものの、消費生活は家庭で家族とともに行われる。出産・育児・保育、さらに家庭教育まで、次世代の労働力の再生産がふくまれる。家庭・家族こそ、「氏族・部族・民族」の共同体の基礎的単位をなす。こうした地域共同体こそ、商品化される労働力の再生産の場であり、それは歴史貫通的な経済原則として機能しなければならない。マルクスの『資本論』は、内容的には不十分だが、わざわざ「可変資本の循環」として、資本の流通過程で説明しているのである。「労働力商品の特殊性」としての労働力の再生産に他ならない。

（注）拙稿「労働力商品化の止揚と『資本論』再読」（平山・小畑・小野寺編『時代へのカウンターと陽気な夢』社会評論社刊所収）を是非参照されたい。少子高齢化が進む中で、結婚も子供もつくらず、家族・家庭が喪失する現代日本の現実が念頭にある。

以上、一八七〇年代の「晩期マルクス」において、「初期マルクス・エンゲルス」の唯物史観、および政治綱領文書『共産党宣言』について、それらを理論的・実証的に再検討していたこと、とくに『宣言』については、その修正・改定、さらに言えば「新宣言」の意向もマルクスには覗える。その方向づけは、歴史貫通的な共同体の「経済原則」を踏まえた資本主義経済の体制変革であり、「共同体社会主義」(コミュニタリアニズム)であろう。ソ連崩壊による「マルクス・レーニン主義」の破綻した今日、それはまたマルクスの思想的再生の道ではなかろうか?

## 第二節　ソ連崩壊とレーニン『国家と革命』批判

### (1) 問題の提起

ここで童話作家・宮澤賢治に登場してもらうことに、違和感を持つ人が多いかも知れない。しかし、賢治が「労農派のシンパ」であり、地域でもかなり積極的に活動していたことは有名である。また、花巻の農学校を辞めて、「自由学校」の羅須地人協会でも、マルクスやエンゲルスの話題が多かったらしい。例えば、こんな話もある。「伊藤忠一君がマルクス全集を買いました。それを聞いて先生が、一〇年かかっても理解はむずかしいよ、と言っていました。今思い出してみると、先生の話の中に、カール・マルクスとか、フリードリッヒ・エンゲルスという名前がなんべんもあったように思います。たぶん社会主義に対する先生のお考えもお話になったと思いますが、残念ながら少しも覚えていません。」(「賢治聞書」伊藤与蔵、拙編著『賢治とモリスの環境芸術』時潮社二〇〇七年)(注)農学校と違った羅須地人協会の自由な雰囲気の中で、賢治も『資本論』などを手に入れ、マルクス主義など社会主義についての活発な議論が行われたのであろう。

(注)賢治は読書すると、その本を周囲に配ってしまったらしく、残された蔵書は多くない。しかし、その中に『資本論』が含まれている。

さらに、こんな話がある。労農党の党員と思われる川村尚三の回想だが「その頃(昭和二年春頃)レーニンの『国家と革命』を教えてくれ、と言われ私なりに一時間くらい話をすれば、『こんどは俺がやる』と、交換に土壌学を賢治から教わったものだった。(中略)夏から秋にかけて読んでひとくぎりしたある夜おそく『どうもありがとう、ところで講義してもらったが、これはダメですね、日本に限って、この思想による革命はおこらない』と断定的に言い、『仏教にかえる』と深夜からうちわ太鼓で町をまわった」(杉浦静「宮澤賢治と労農党」『国文学・解釈と鑑賞』二〇〇〇年二号)(注)当時の東北でも、ロシア革命やレーニンの思想が大きな影響を与えたのであろう。しかし賢治は、レーニンの『国家と革命』について、「断定的に」それを強く拒否していたエピソードである。労農派シンパらしい鋭い反応だし、賢治の優れた洞察力、透視力を見せつけられたように思う。

(注)このゼミ、研究会は盛岡で行われ、石川啄木に関連したものだったらしい。

一九九一年のソ連崩壊は、言うまでもなく絶対的権威を保持していた「マルクス・レーニン主義」の根本的再検討を迫った。とくにレーニンがロシア革命の渦中に書いたと言われる『国家と革命』は、「マルクス・レーニン主義」の代表的著作として、「不羈の聖典」ともいえる地位を与えられてきた。しかし、革命の渦中の作品として十分推敲されていない点もさることながら、とくに一八七〇年代以降の「晩期マルクス」のコミュニタリアニズム（共同体社会主義）への接近などから考えると、一方でエンゲルスの「プロレタリア独裁」のテーゼへの偏執など、上記の宮澤賢治の拒絶反応を含めて、多くの再検討が必要だろう。すでに紹介したが、マルクスは「プロレタリア独裁」論について、あからさまな否定はしないものの、ある程度距離を置いていたように見える。また晩期マルクスは、一八七〇年代のコミュニティ・共同体研究ブームとの関係で、自らも『マルクス「古代社会」ノート』作りを進めていた。そうした研究を踏まえて、レーニンとは対立する立場にあったナロードニキでメンシェビキのザスーリチによる『資本論』の「所有法則の転変」への疑問に対しても、肯定的な「返書」を書いていた。それだけにレーニンにとっては、エンゲルスのプロレタリア独裁を巡り、マルクス主義の整理が必要だったのではないか？とくにマルクスの見解を、エンゲルスと同様な「プロレタリア独裁」の主張に、改めて仕立て上げる必要があったように思われてならない。（注）そのために『国家と革命』は、革命の渦中に書かれることにもなったのであろう。

（注）「イスクラ」の編集メンバーは、ザスーリチをはじめメンシェビキに走り、レーニンは孤立してボルシェビキだった。それだけにマルクスの上記「返書」には、レーニンも気になっていたのではないか？

『国家と革命』の具体的検討に入る前に、すでに検討したので重複するが、『共産党宣言』などとの関連で、マルクスの経済学研究の足跡を簡単に整理しておきたい。初期マルクス・エンゲルスの共同作業で、経済学研究の「導きの糸」と言われる作業仮説の「唯物史観」が提起され、政治的綱領文書『共産党宣言』に続いて、「中期マルクス」の『経済学批判』（一八五九年）が刊行された。しかし、これは「唯物史観」の枠組みの中での作業で、商品・貨幣論までで挫折し、「貨幣の資本への転化」まで進めなかった。誠実なマルクスは、『剰余価値学説史』など、改めて経済学説史の再整理を進め、唯物史観の枠組みを超えて、新たに純粋資本主義の抽象による『資本論』の世界を切り拓いた。「後期マルクス」による価値形態、労働力の商品化、資本主義の人口法則の解明など、「科学的社会主義」の生誕だった。また、純粋資本主義の抽象による『資本論』の自律的経済法則の解明により、世界市場や金融恐慌、国家の位置づけなど、改めて検討されることにならざるを得ない。続く一八七〇年代、「晩期マルクス」には、パリ・コンミュンはじめ共同体研究のブームなど、検討課題がさらに新たに提起された。

その場合、世界市場や国家との関連でも、『資本論』による純粋資本主義の抽象、そして近代社会の自律的経済法則の解明が、とくに重要である。純粋資本主義の抽象は、言うまでもなく一九世紀中葉のイギリスを中心とする資本主義の自律的発展それ自身による歴史的・現実的抽象の世界に他ならない。周期的恐慌を含む景気循環の発展が、経済成長を自己実現し、その限りで「唯物史観」の「恐慌革命テーゼ」も反故と化した。初期資本主義の「原始的蓄積」のための強権的な国家も、A・スミスはじめ古典派経済学の自由主義政策の「夜警国家」に変わることになった。自由主義政策は、「小さな政府」の「政策なき政策」を実現し、近代国民国家は単なる「法治国家」に過ぎなくなり、その限りで政治的国家は後景に退いた。（注）こうした「国家と革命」の歴史的変貌の下で、『資本論』の純粋資本主義の抽象が進み、資本主義の自律的経済法則が解明された、それが一八六〇年代「後期マルクス」の世界に他ならない。そこに一八七〇年、エンゲルスは二〇年ぶりにマンチェスターからロンドンに帰ってきた。ついでながらレーニンもまた、一九〇一年だがロンドンに住み、当時はザスーリチも一緒に「イスクラ」を編集発行、その後も何度か訪れたらしい。

（注）『資本論』および宇野理論と法治国家との関係などについては、青木孝平『経済と法の原理論—宇野弘蔵の法律学—』（社会評論社二〇一九年）を是非とも参照されたい。

## (2) エンゲルス・レーニン主義への偏向

そこでレーニン『国家と革命』だが、序言で「はじめに、マルクスおよびエンゲルスの国家学説を考察し」その上でK・カウッキー批判、そしてロシア革命の現状を論ずる、としている。ここでは、マルクス、エンゲルスの考察に限定して検討するが、「一八七一年のパリ・コンミュンの経験」にも触れているので、必要に応じて取り上げよう。ただ、序言の冒頭「国家の問題は、現在、理論的な面でも、実践的＝政治的な面でも、特別の重要性を獲得しつつある。帝国主義戦争は、独占資本主義の国家独占資本主義への転化過程を極度に促進し、尖鋭化させた」として、世界大戦と「国家独占資本主義」という、特殊な歴史的条件にあることを強調している。そうした特殊事情によるバイアスの強い点を注意すべきであろうが、その上でレーニンは第一章「階級社会と国家」、そして「一、階級対立の非和解性の産物としての国家」を論ずるのである。

特殊な歴史事情によるバイアスの強い点は、マルクスの学説について「今日では、社会排外主義者はみな〈マルクス主義者〉である—冗談はよしたまえ！—そして昨日まではマルクス主義撲滅の専門家であったドイツのブルジョア学者たちは、略奪戦争を遂行するために、かくも見事に組織された労働組合を育て上げたという〈ドイツ民族的な〉マルクスについて、ますます頻繁にかたるようになっている」と述べている。マルクス主義の社会排外主義への利用の真偽の程はともかく、「マルクスの真の国家学説を復興させる」として引用するのがマルクスの著作ではなく、エンゲルスの著作『家族・私有財産および国家の起源』からである点がまず気になる。（注）しかも、「国家はけっして外部から社会におしつけられた権力ではない。………和解しがたい対立に分裂したことの告白である。………社会から生まれながら、しかも社会の上に立ち、社会から自らをますます疎外してゆくこの権力が、国家である」を引用し、みずから「国家は階級対立の非和解性の産物であり」と定式化しているのである。

（注）エンゲルスの『起源』については立ち入らないが、モルガンなどの共同体研究を利用しながら、「マルクスが四十年まえに発見した唯物史観を、モルガンはアメリカで彼なりに新たに発見したのであり、それによって、未開と文明とを比較するさいに主要な点でマルクスと同一の結論に到達した。」と序文で強調して、初期マルクス・エンゲルスの唯物史観に回帰している。ここでも「晩期マルクス」との違いを強く感ずるが、なお『起源』はマルクスの死後に刊行された。

さらに論点として、ひとつはブルジョア・小ブルジョア・イデオローグによる「国家は諸階級の和解の機関」説に対し、「マルクスを〈ちょっぴり修正〉する」点である。ここでもマルクスの修正を、エンゲルスの定式によって行っているのが気になる。もう一点は「マルクス主義の〈カウツキー主義的〉歪曲」

であるが、この点もエンゲルスの「プロレタリア独裁」論による批判が強い。いずれにせよ後期マルクスの『資本論』との関連などは、完全に無視されている。その上でレーニンは、「二、武装した人間の特殊な部隊、監獄その他」に進み、国家権力の「監獄その他を自由にすることのできる武装した人間の特殊な部隊」をとり上げる。ここでもマルクスではなく、もっぱらエンゲルスによりながら「常備軍と警察とは、国家権力の暴力行使の主要な道具である」として、「国家の内部における階級対立が尖鋭化するにつれて、……公的暴力はますます強化する」と述べ、そうした事実を「前世紀の一八九〇年代の初め、……帝国主義への転換」として強調する。「帝国主義」の時代に先行する「自由主義」の時代の「夜警国家」については、一顧もしないまま、エンゲルスとともに「三、被抑圧階級を搾取する道具としての国家」へとレーニンは筆を一方的に走らせてしまうのだ。

このように自由主義から帝国主義への歴史的「段階論」も無ければ、純粋資本主義の抽象による『資本論』の原理論との区別もないまま、国家はもっぱら「搾取する道具」となっている。しかし、資本・賃労働の剰余価値生産、その階級関係には、そもそも「搾取する道具としての国家」の介入が必要なのか？『資本論』では、価値形態論を前提に、資本を流通形態として労働力商品を明らかにして、資本・賃労働が解明されていた。その際、賃労働は「二重の意味で自由な労働力」商品である。一つは封建的な身分制度からの自由であり、もう一つは土地資産など生産手段を失ったことによる「失業の自由」である。その自由な労働力が商品経済の自由な契約で資本に雇用され、剰余価値が生産される。そこには法治国家の枠組みはあっても「被抑圧階級を搾取する道具としての国家」は存在しない。政治的国家の介入なしに資本・賃労働の剰余価値生産が「自律的運動法則」として実現するのが、『資本論』の純粋資本主義の世界である。（注）その法則性を全く無視したまま、もっぱらエンゲルスの助力のもとに、単純な階級闘争史観に逆転するのがレーニンの論法なのだ。

（注）『資本論』を前提に法治国家と政治的国家を論じている、上記、青木孝平『経済と法の原理論―宇野弘蔵の法律学』を是非とも参照のこと。

確かに上述の二〇世紀を迎えた「国家独占資本主義」の下で、しかも第一次世界大戦の戦禍の中で、ロシアで政治的国家が登場する現実は重要だった。しかし、その特殊歴史性を強調する必要があるにしても、エンゲルスに便乗して一般的に、そして原理的に「搾取する道具としての国家」を持ち出すのは誤りという他ないと思う。さらにレーニンは、「資本による賃労働の搾取の道具」としての近代国家を一般化して論じているし、例外として仏のボナパルティズムなどを例示している。また、国家と経済の癒着の事例として、エンゲルスとともに「官吏買収」「取引所との同盟」「帝国主義と銀行」などを挙げ、さらに『普通選挙権』による国家総動員体制の意義についても論じている。こうした事例は重要だが、それぞれ特殊歴史的な条件の下で位置付けるべきであり、単なる「階級支配の道具」にしてしまったのでは、それぞれの特殊歴史的意義は曖昧になるだけだろう。そうした方法的な曖昧さを強めながら、さらにエンゲルスとともに「四、国家の〈死滅〉と暴力革命」に進み、国家を「糸車や青銅の斧とならべて、考古博物館へ」送り込もうとするのだ。

無論、国家の「博物館入り」も簡単な話ではない。レーニンは、ここでもエンゲルス『反デューリング論』

から長い引用を利用する。ここまでくれば、マルクス・レーニン主義ではない、まさに「エンゲルス・レーニン主義」の主張である。「プロレタリアートは、国家権力を掌握して、生産手段を先ず国有に転化する。」プロレタリア独裁による国家社会主義である。（注）しかし、エンゲルスは「プロレタリアートはプロレタリアートとしての自分自身を揚棄し、それによってあらゆる階級区別と階級対立を揚棄し、それによって国家としての国家をも揚棄する。」この点に関連して、レーニンは五点を提起している。一八七一年のパリ・コンミュンの経験に根差すテーゼであり、⑴プロレタリア革命によるブルジョアジーの国家の「揚棄」であり、国家の「死滅」は揚棄の後産的なものとする。⑵プロレタリア独裁の意味も、「特殊な抑圧権力」としての国家に含める。⑶国家の「死滅」は後産的であり、「民主主義もまた国家である」⑷「国家の死滅」は、無政府主義者だけでなく、「自由な人民国家」を要求する日和見主義者にも向けられている。⑸「国家死滅論」は、エンゲルスによる「暴力革命の役割の歴史的評価」と結びついている。

（注）こうしたプロレタリア独裁論にもとづくロシア革命の「国家社会主義」に対して、はじめに紹介した東北人のコミュニタリアン・宮澤賢治の強い拒絶反応が生まれたのであろう。

## (3)「プロレタリア独裁」論の『国家と革命』

要するにレーニンは、もっぱらエンゲルスの「プロレタリア独裁論」を、ロシア革命のための『国家と革命』のテーゼに仕立て上げようとしているのだ。エンゲルスのプロレタリア独裁論は、すでに別の機会に紹介の通り、一八七一年のパリ・コンミューンの経験から提起されたが、マルクスはコンミューン参加の市民、協同組合などを評価し、エンゲルスの「プロレタリア独裁」の提起には一定の距離を置いていたように思われる。そのためレーニンの引用も、ほとんどすべてがエンゲルスのものだし、「暴力革命にたいするこのような見解をもって大衆を系統的に教育する必要が、マルクスおよびエンゲルスの全学説の基礎にあるのだ」と述べるが、これを読んだらマルクスはどんな顔をするか？レーニンは、ここで初期マルクス・エンゲルス時代の『哲学の貧困』、『共産党宣言』、（注）それとともに元来は「私信」に過ぎないはずの『ゴータ綱領批判』を挙げるだけで、後期マルクスの『資本論』などは完全に無視している。繰り返すが『国家と革命』は、マルクス・レーニン主義ではない。エンゲルス・レーニン主義として読むべきだろう。

（注）『共産党宣言』については、前節の「脱・マルクス・エンゲルス『共産党宣言』：マルクス・レーニン主義批判」を参照のこと。

エンゲルス・レーニン主義と言うべき『国家と革命』の主張は、もっぱら第一章でまとめられ、第二章は「一八四八〜五一年の経験」、第三章は「一八七一年のパリ・コンミューンの経験」である。いずれも歴史的事例による補足とみていいが、ここでは第三章を検討したい。上記の通りエンゲルスの「プロレタリア独裁」は、パリ・コンミューンで提起されたが、その意味では『共産党宣言』など、初期マルクス・エンゲルスの見解の補強が第二章で必要であった。その上での第三章だが、レーニンは「いまや世界史は、疑いもなく一八五二年とは比較にならないほど広範な規模で、国家機構の〈破壊〉にたいして、プロレタリア革命の力をことごとく〈集中〉させる方向にみちびきつつある……パリ・コンミューンがもっとも教訓的な材料を提供した」として、第三章に入っている。とくに『共産党宣言』の修正点としては「マルクスの考えは、労働者階級は〈できあいの国家機構〉を粉砕しうちくだくべきであって、それをそのまま奪取するにとどまってはならない、という点にある。」しかし、「一八七一年のヨーロッパ大陸では、プロレタリアートはどの一国でも人民の大多数をしめてはいなかった。………〈人民〉革命は、プロレタリアと農民のいずれをも抱擁したときにだけ」成功するが、「パリ・コンミューンは、まさにこのような同盟にむかって道をひらこうとしたが、内外のいくたの原因のために、その目的を達しなかった。」それでは、「粉砕された国家機構を何によっておきかえるか?」

ここでレーニンは、マルクスの『フランスの内乱』から引用し「プロレタリア社会主義共和制のこの〈明確な〉形態は、一体、どういう点にあったか?」この設問に対して、「コンミューンは、粉砕された国家機構を、〈たんに〉一層完全な民主主義によって、すなわち常備軍の廃止、すべての公務員の完全な選挙制と解任性によっておきかえたものであるかのようである。だが実際には、この〈たんに〉は、ある制度を、これと原則的に異なる種類の他の制度によって大々的におきかえることを意味する。ここに、まさに〈量の質への転化〉の一つの場合がみられる。」ブルジョア民主主義からプロレタリア民主主義への転化であり、「もはや本来的には国家ではないあるものへの転化」である。続いて次に、マルクスによる「議会制度の揚棄」をとりあげ、「コンミューンは、議会的な団体ではなくて、同時に執行府でもあり立法府でもある行動的な団体たるべきものであった。」レーニンは、関連してドイツの社会民主主義の見解として「郵便を社会主義経営の見本と呼んだ。全くその通りである」として、「全国民経済を郵便にならって組織すること、………武装したプロレタリアの統制と指導のもとに〈労働者の賃金〉以上の俸給を受けないように組織することーこれこそ、われわれの当面の目標である。」プロレタリア独裁型国営郵便局制度、この「郵政改革」がレーニンの革命であろうか?その上で「四、国民の統一の組織」を論じている。

しかしマルクスは、地域共同体としてのコンミューンを重視しているのだ。「コンミューンをさらに仕上げるだけの時間が無かったが、全国的組織の大まかな見取図には、どんな小さな田舎の部落でもコンミュンがその政治形態となるべきであったこと」「パリの〈全国代議員会〉もまた、コンミューンから選出されることになっていた。」その上で「国民の統一は破壊されるのではなく、反対に、コンミューン制度により組織されるはずであった。………古い統治権力の純然たる抑圧諸器官は切り取ってしまうべきではあったが、他方、その正当な諸機能は、社会そのものにたいする優越権を横奪しつつ権力者からもぎとって、これを社会の責任を負う機関に返還するはずであった。」マルクス『フランスの内乱』からの引用だが、こうしたコンミューン重視によって、プルードンなど無政府主義者との新たな関係も生まれる。(注)それと同時にベルンシュタイン、カウッキーなどとの論争点にもなるが、それに立ち入るのは省略する。しかしレーニンの主張は、ここでも「マルクスは中央集権主義者である」として、「プロレタリア的中央集権制度」として評価しつつ、エンゲルスの「プロレタリア独裁」の側に引き寄せてしまう。その上で、最後に「五、寄生体ー国家ーその揚棄」に進んでいる。

(注)「パリ・コンミュン」におけるプルードン派の影響力は大きかった。フランスという事情があったと思われるが、もともとマルクスとプルードンとの関係は、初期マルクスの『哲学の貧困』によるマルクスのプルードン批判の影響によるものだった。しかし、『哲学の貧困』の理論的限界も大きかったと思う。

ここでもマルクスからの引用の上「〈寄生する肉瘤〉であった〈国家権力の廃絶〉、それの〈切り取り〉、それの〈破壊〉、〈いまや余計なものとなりつつある国家権力〉―これらが、コンミューンの経験を評価し分析する際に、マルクスが国家について述べたもろもろの表現である」として、レーニンは結論的に「マルクスは、社会主義と政治闘争との全歴史から、国家は消滅するに違いない、国家の消滅の過渡的形態は〈支配階級に組織されたプロレタリアート〉であろう、という結論を引き出した。だがマルクスは、この将来の政治的諸形態を発見しようとはしなかった。ただフランスの歴史を精密に観察し、それを分析し、一八五一年に到達した結論―事態はブルジョア国家機構の破壊にむかって近づきつつある、という結論を下すに止った」として、エンゲルス流の「プロレタリア独裁」論に強く引き付けながら、次のように結論を下している。すなわち、「コンミューンは、ブルジョア国家機構を粉砕しようとするプロレタリア革命の最初の試みであり、粉砕されたものにとってかわりうる、またとってかわらなければならない、〈ついに発見された〉政治形態であるとして」一九〇五年、そして一九一七年のロシア革命に繋げているのである。

## (4)「晩期マルクス」コミュニタリアニズムとエンゲルス「プロレタリア独裁」

レーニン『国家と革命』は、ロシア革命の成功とソ連社会主義の体制維持により、長く「マルクス・レーニン主義」の聖典に位置付けられて来た。確かにロシア革命の成功から言えば、レーニンと彼の『国家と革命』の果たした役割は真に大きかった。その歴史的役割を過小評価や、否定することは出来ない。しかし、『国家と革命』の内容は、マルクスではなく、もっぱらエンゲルスの所説によるものだし、とくに「プロレタリア独裁」論に依拠するものだった。一八七一年パリ・コンミュンが取り上げられ、そこではマルクスの『フランスの内乱』も引用され、利用されてはいる。しかし、できる限りエンゲルスの「プロレタリア独裁」論に引き寄せてマルクスが利用されているのであり、それはマルクス・レーニン主義と呼ぶより、むしろ「エンゲルス・レーニン主義」が適当だったのではなかろうか？

「後期マルクス」において『資本論』の地平が拓かれ、純粋資本主義の抽象による資本主義の自律的運動法則の解明がなされた。マルクスとしては、資本主義の運動法則を前提にして、パリ・コンミューンを受け止めざるを得なかった。周知の通りパリ・コンミューンは、普仏戦争後にパリ市の自治市会の宣言によるもので、「史上初のプロレタリアート独裁」などと、もっぱらエンゲルス寄りに紹介される例が多い。しかし、一八七〇年に始まった普仏戦争は、ナポレオン三世の仏政府軍が大敗北、敗戦による混乱に対するパリ市民の自治体の抵抗闘争だった。単なる国家権力をめぐる階級闘争、そこでの「プロレタリア独裁」と言った単純な図式ではない。マルクスは敗戦による混乱の中での複雑な対立図式を考慮しているし、抵抗闘争の中心もプロレタリアートというより伝統的な都市の手工芸の職人、熟練工であり、プルードン的な「職人社会主義思想」の影響も大きかった。そして、不況や戦争の中で「互助的な協同組合」の結成も相次いだ。だからマルクスも、協同組合の活動に注目し、その発展に多大な期待をかけていたのだ。ここでも念のため繰り返し引用して置く。

「もし協同組合的生産が詐欺や罠に止まるべきでないとすれば、もしそれが資本主義制度にとってかわるべきものとすれば、もし協同組合の連合体が一つの共同計画にもとづいて全国の生産を調整し、こうしてそれを自分の統制のもとにおき、資本主義的生産の宿命である不断の無政府状態と周期的痙攣とを終わらせるべきものとすれば―諸君、それこそ共産主義、〈可能な〉共産主義でなくてなんであろうか！」（マルクス『フランスにおける内乱』マル・エン全集⑰）ここでは、すでに『資本論』で解明した資本主義経済の自律的運動法則の止揚として、①パリ・コンミュンの共同体・コミュニティ、②そのもとでの相互扶助的な協同組合の発展、③地域協同組合の連合組織による共同計画に基づく「コミュニタリアニズム」の大枠が提示されている。エンゲルスの階級支配の道具としての国家、その暴力装置の奪取、プロレタリア独裁による国家の死滅の図式との違いは大きいと思う。

マルクスは『資本論』の世界で、純粋資本主義を抽象し、下部構造として国家など上部構造から自律的に運動する法則性の解明に成功した。ここでは資本・賃労働も、階級支配の道具としての国家権力の暴力なしに、労働力の商品化による矛盾に基づく剰余価値生産の秘密が明らかにされた。それにより労働力商品化の基本矛盾の止揚が方向づけられ、国家権力の奪取による上部構造ではなく、下部構造の内部からの変革が提起されたのである。一八六〇年代「後期マルクス」の第一巻刊行から、進んで一八七〇年代、第二巻「資本の回転」の原稿など、労働力商品の「社会的再生産」の科学的解明に進んだ。その解明の中で、資本流通の循環・回転に対して、賃労働による生産と消費の単純流通と消費主体の家庭、家族など地域「共同体」の位置づけが明らかにされた。「晩期マルクス」が、上記のパリ・コンミューン、モルガンの共同体研究、さらにロシアのザスーリチへの返書など、コミュニタリアニズム＝共同体社会主義に接近していたことは、すでに紹介したので繰り返さない。（注）それはエンゲルス・レーニン主義の「プロレタリア独裁」とは異なる、マルクスのもう一つの道だったと思う。

（注）拙稿「労働力商品化の止揚と『資本論』の再読―労働運動の再生と労働力の再生産の視点」（平山昇等編著『時代へのカウンターと陽気な夢』社会評論社二〇一九年所収）を参照されたい。

初めに紹介したが、ロシアとともに二重の意味で後進的な日本資本主義の東北地方において、宮澤賢治はレーニンの『国家と革命』を読み、賢治らしく直截に「これはダメですね、日本に限って、この思想による革命はおこらない」と語った。鋭い直感力と透析力に驚かされるが、ただ賢治もまた『資本論』をはじめ、マルクスやエンゲルスの理論や思想について、花巻の羅須地人協会で学習し、皆で議論していたのだ。エンゲルスの「プロレタリア独裁」の思想や権力奪取による上からの革命、そして「国家社会主義」への疑問など、堺利彦や山川均など労農派のシンパとして地域活動していた賢治には当然だった。さらに大事なことだが、賢治芸術の珠玉とも言える『農民芸術概論綱要』では、「世界がぜんたい幸福にならないうちは個人の幸福はあり得ない」と書き、「芸術をもてあの灰色の労働を燃せ」には、W・モリス〝Art is man's expression of his joy in labour〟を参照に求めていた。「晩期マルクス」、そしてW・モリスの共同体社会主義＝コミュニタリアニズムはまた、宮澤賢治がめざした農民芸術の思想だったことを最後に書き加えておきたい。

## 第三節　エンゲルス『空想から科学へ』批判としてのW・モリス、E・B・バックス『社会主義』

### はじめに

マルクス・エンゲルスの古典的文献の中で、『共産党宣言』などと並ぶベストセラーとしてエンゲルスの『空想から科学へ』がある。タイトルから、空想的な社会主義からの「科学的社会主義」への入門書として、多くの読者を得ているのであろう。それに小冊子で手軽に読めるし、マルクスの難解で重厚な『資本論』などと比べれば、エンゲルスの軽快な名文が初心者には魅力だし、一読してマルクス主義を理解したような気になってしまう。『共産党宣言』とともに、マルクス主義の古典として残るだろう。(注)しかし、それにしても色々な疑問が生ずる。

(注) 一八九二年の英語版序論では、すでに一〇か国語に翻訳、エンゲルス自ら「社会主義文献中これほど翻訳の多いものは、私の知る限りほかになく、一八四八年の『共産党宣言』、あるいはマルクスの『資本論』でさえもこれには及ばない。ドイツでは四版を重ね、二万部ほど出ている」としている。マルクスも「科学的社会主義の入門書」として評価していた。

まず、タイトルが気になる。『空想から科学へ』が日本語の訳語として定着しているが、「科学へ」は『資本論』の「科学的社会主義」であるとして、批判の対象とされる「空想的社会主義」が問題である。「空想的」と言えば、何か現実離れしていて、作り事の世界のように受け取られる。観念の世界の遊び心の社会主義として理解され、ナンセンスな世界との誤解を招くだろう。その点で「訳語」として「空想的」が適切であるかどうか疑問であるが、「原語」は言うまでもなく「Utopia」であり、ユートピア社会主義（utopian socialism）であり、ユートピスト（Utopist）（注）である。それが日本語では、なぜ「空想的社会主義」になったか、その委細は知らないが、訳語が独り歩きしてナンセンスな社会主義論として排撃されたり、無視されたりする点が問題だろう。本稿では、ユートピア社会主義として論ずることにする。

（注）Utopian という古くからある語に対して、モリスたちは Utopist を使った。

## （1）エンゲルスによる「ユートピスト」批判

エンゲルスの著作は、「ドイツ語版序文」一八八二年でもエンゲルス自身が断っているが、もともと『E・デューリング氏の科学の変革』一八七八年（通称『反デューリング論』）の「三つの章」を独立させ、単行本として出版されたものである。その点では『反デューリグ論』そのものを取り上げるべきだろうが、すでに『空想から科学へ』が独立の著書として普及しているし、「ユートピア社会主義」に論点を絞る関係上、独立の著作に限定して検討したいと思う。

まずエンゲルスは、「ユートピスト」として、サン・シモン、フーリエ、オーエンの三人をとり上げる。なぜ三人なのか？も問題だろうが、その点は後述するとして、フランス大革命以後の西欧資本主義の本格的発展により、資本家と労働者の階級対立が激化してきた。そうした中で、大革命の理想「自由・平等・友愛」なども形骸化され、社会主義の思想が台頭しはじめ、その代表として上記三人のユートピストが登場するのである。

エンゲルスは三人の思想家をそれぞれとり上げる前に、先ず「この三人のすべてに共通の点は、彼らが、そのころ歴史的に生まれていたプロレタリアートの利害の代表者として登場したのではない、ということである。」つまり、三人のユートピストの共通の欠点は、「プロレタリアートの利害の代表者」ではなく、プロレタリアの階級的解放の思想として社会主義を主張してはいない点を、まず初めに批判的に提起しているのである。エンゲルスは、初期マルクス・エンゲルスのイデロギー的作業仮説に過ぎない「唯物史観」の所有論的アプローチを前提し、階級闘争史観からブルジョアジーとプロレタリアの階級対立に対して、「プロレタリア独裁」を提起した。（注）とくに「パリ・コンミューン」によって、彼のプロレタリア独裁論が定式化され、それにもとづくユートピスト批判とみていいだろう。

（注）エンゲルスの「プロレタリア独裁」論については、本章と共に拙稿「晩期マルクスとコミュニタリアニズム（共同体社会主義）」（『ブックレットロゴス』No.13所収）を参照されたい。

ここでは詳細な紹介は省略するが、エンゲルスは三人について、それぞれ以下のように紹介し批判する。先ず「サン・シモンはフランス大革命の子であった」として、すでに彼の頭の中では「第三身分ともろもろの特権身分との対立は、〈働く者〉と〈不労者〉との対立と言う形態をとった」点を評価し、さらに彼が「もっとも人数の多い、最も貧しい階級」の運命に関心をよせていた点をも評価する。そして「フランス革命を階級闘争として、しかもたんに貴族と市民階級との間だけのではなく、貴族と市民階級と無産者との間の階級闘争として理解したということは、一八〇二年として極めて天才的な発見であった」として高く評価している。さらに、彼の思想には「厳密な意味での経済思想を除いて、後代の社会主義者たちのほとんどすべての思想が萌芽として含まれているとすれば、フーリエに見られるのは、現存の社会状態に対する、真にフランス人的な才気にみちた、それでいて洞察の深さを少しも失っていない批判である」としてフーリエに移る。

フーリエについては、ごく短く「彼はブルジョア世界の物質的、精神的なみじめさを容赦なくあばきだしている。」さらに「彼は風刺家に、しかもあらゆる時代をつうじての最大の風刺家のひとりになっている」として、「両性関係のブルジョア的形態やブルジョア社会における女の地位にたいする彼の批判である。」こうしたブルジョア社会批判から、「彼はこれまでの歴史の全行程を、野蛮、家父長制、未開、文明という四つの発展段階に分けている。」そして、最後の「文明」段階のブルジョア社会こそ、「あらゆる悪業に偽善的な存在の仕方をとらせる」文明のひとつの「悪循環」があり、その諸矛盾の解明をヘーゲル弁証法に結び付けてヘーゲルを評価する。さらに彼は「人類は将来滅亡するという思想を歴史観に導きいれたのである」とも述べる。

こうしたフランス「ユートピア社会主義」思想に対して、産業革命による工業化社会が本格化するイギリスでは、オーエンの思想をとり上げる。ただ、レーニンの解説や『反デユーリング論』などでは、イギリスの古典派経済学、ドイツ・ヘーゲル弁証法、それにフランス社会主義がマルクス主義の「三つの源泉」のはずだが、ここでは社会主義として、イギリスのオーエンが登場するのである。（注）オーエンは、英マンチェスターで五〇〇人規模の工場の経営者として成功、さらにスコットランドのニューラナークで二五〇〇人規模の大紡績工場を、支配人兼合資社員として「完全な模範集落（コロニー）に変えてしまい」

ヨーロッパ中で評判になった。さらに婦人・児童労働の制限、一方では協同組合の設立、他方では労働紙幣の導入を進めたが失敗した。その上で総括的に「ユートピア社会主義者たちの考え方は、一九世紀の社会主義的観念を長いあいだ支配してきたし、部分的にはいまでも支配している。(中略)彼らのすべてにとって、社会主義とは、絶対的真理、理性、正義の表現なのであって、ひとたび発見されさえすれば、それ自身の力で世界を征服するものなのである。絶対的真理は時間、空間、および人間の歴史的発展とはかかわりのないものであるから、いつどこでそれが発見されるかは、まったくの偶然でしかない。」そのため各流派の開祖により違いと対立が起こり、「そこからは、折衷的な一種の平均的社会主義よりほかには、なにも出てきようがなかった。(中略)社会主義を科学にするためには、まずそれを実在的な基盤の上にすえなければならなかった。」エンゲルスとしては、そのために初期マルクス・エンゲルスの所有論的唯物史観の階級闘争論にもとづき、「プロレタリア独裁論」を提起したかったのであろう。

(注)エンゲルスが、マルクス主義の「三つの源泉」として、社会主義思想をフランスにもとめていたにもかかわらず、ここでイギリスのオーエンを挙げた理由は不明である。ただ、プロレタリア独裁に対しオーエンの社会主義論が、W・モリスたちの高く評価していた協同組合・共同体論であり、それを批判するために、ここで取り上げたのではないか?そのため後述のとおりモリス・バックスもオーエンをUtopistとして取り上げるが、逆にオーエンを評価することになっている。両者のオーエン評価の対照性が興味深い。

## (2) エンゲルス「所有法則の転変」と「プロレタリア独裁」

社会主義の三人については、後に再論するが、エンゲルスは続いて、ヘーゲルの弁証法についてとりあげる。弁証法の歴史も古いが、「弁証法は事物とその概念による模写とを、本質的に、それらの連関、運動、生成と消滅においてとらえるのであるから、弁証法にとっては、上述のような諸過程は、すべてそのまま弁証法自身のやり方を確証するものにほかならないのである。自然は弁証法の試金石である」として、ここで自然弁証法を力説している。自然弁証法には立ち入らないが、ただ歴史の科学としての社会科学、とくに経済過程との差異と関連、とくにマルクスが純粋資本主義を抽象した資本主義経済の自律的運動法則である景気循環との関連などには、一切触れていない。後期マルクスの『資本論』、晩期マルクスの共同体論などとの関連はパスしたまま、ひたすらエンゲルスは初期マルクス・エンゲルスの唯物史観の仮説とプロレタリア独裁論の定式に還元する。これでは『空想から科学へ』ではない。『資本論』の科学を抜きにした、「イデオロギー的仮説」と「ユートピスト」の見解の応酬に止まるだけだろう。

以上、エンゲルスはユートピストの社会主義の批判とヘーゲル弁証法の説明の後、「唯物史観は次の命題から出発する」として、生産力と生産関係など、単純化した公式的な説明をエンゲルスらしい明快さで進める。唯物史観の説明としては、『経済学批判』の序文におけるマルクスの説明とともに、非常に分かり易い解説だろう。そして最後に、「いままで述べてきた発展過程を簡単にまとめてみよう」として、以下のように要約する。

「一、中世社会――小規模な個人的生産。」独立した小商品生産者の経済が想定され、その生産力の発展の中で、個人的消費を超えた剰余が生産され、「その剰余が売りに出され、交換にはいる。したがって、商品生産はようやく発生しかけたばかりである。だが、すでにそのときにも、それは、社会的生産の無政府状態を萌芽としてふくんでいる。」ここでは、マルクスが強調している共同体生産、共同体間の商品経済の二元性は完全に無視され、単純商品生産社会に一元化された説明である。

「二、資本主義革命——まず単純協業とマニュファクチュアとによる工業の改造。これまで分散していた生産手段が大きな仕事場に集積され、社会的生産手段に転化する。(中略)資本家が現れてくる。資本家は、生産手段の所有者としての資格で、生産物を取得し、それを商品とする。生産は社会的行為となったが、交換と、それとともに取得とは、相変わらず個人的行為である」ここでは資本の本源的蓄積が欠落したまま、社会的生産と所有の私的性格の「基本的矛盾」が発生し、Aプロレタリアートとブルジョアジーとの対立、B無政府的生産と競争の激化、C過剰生産、市場の在荷過剰、一〇年ごとの恐慌、生産の過剰と労働者の過剰、生産様式が交換形態に反逆する。さらに、D生産力の社会的性格の部分的承認として「株式会社」「トラスト」「国家」による取得が登場する。ここでは生産の社会的性格と所有の私的性格の矛盾が強調されるが、『資本論』の価値形態、労働力の商品化など、資本主義の自律的運動法則は無視され、初期マルクス・エンゲルスの商品過剰論的市場恐慌がもっぱら強調されている。

「三、プロレタリア革命、諸矛盾の解決——プロレタリアートが公権力を掌握し、この権力をつかって、ブルジョアジーの手からすべりおちてゆく社会的生産手段を公共の財産に転化する。この行為によってプロレタリアートは、生産手段をそれの従来の資本としての性質から解放し、生産手段の社会的性格に、自己を貫徹する完全な自由をあたえる。あらかじめ決められた計画にもとづく社会的生産が、このときから可能になる。」ここでも『資本論』の法則性は無視され、「経済原則」の共同体社会主義＝コミュニタアニズムの見地など影も形もない。「株式会社」「トラスト」「国家」を前提とした国家独占の「プロレタリア独裁」による上からの中央集権型計画経済の図式が提示される。こうした図式は、言うまでもない初期マルクス・エンゲルスの唯物史観、そして「所有法則の転変」のドグマに他ならないだろう。そうしたドグマにもとづくエンゲルス・レーニン主義の『国家と革命』こそ、（注）「空想から科学へ」の典型的図式なのだ。

（注）エンゲルス・レーニン主義とも言うべき『国家と革命』については、前節「ソ連崩壊と脱レーニン『国家と革命』批判」を参照のこと。

## (3) W・モリス、E・B・バックススの『社会主義』

「論評」としては以上であるが、一八八〇年に『空想より科学へ』が発表された後、「晩期マルクス」との関連で上記の共同体社会主義＝コミュニタリアニズムを積極的に提起したW・モリス、E・B・バックスによる共著『社会主義』一八九三年が刊行された。その刊行以前にも、すでに「社会主義者同盟」の機関紙「コモンウィール」一八八六〜八八年に論文として連載されていた。また、すでに紹介の通りバックスによるModern Thoughtの「現代思潮の指導者たち　第23回　カール・マルクス」（一八八一年一二月）は、それを読んだマルクスによっても高く評価され、バックスへの賛辞も送られていた。こうしたマルクスの賛意もあって、バックス、モリスの二人が協力し、上記のコモンウィール誌上での連載、さらに『社会主義』も完全な共著として準備されることになった事情があると思われる。

すでに整理したが、パリ・コンミューンに始まる一八七〇年代「晩期マルクス」にとっては、先行して発刊した『資本論』第一巻（一八六七年）に続く第二巻、第三巻の準備、とくに「資本の回転」などの原稿執筆、パリ・コンミューンに刺激されたコンミューン共同体研究のブームへの対応、さらにロシアのナロードニキ・ザスーリチへの返書（一八八一年三月）など、初期マルクス・エンゲルス以来の作業仮説の唯物史観の再検討を迫られ、『資本論』に残された「所有法則の転変」の事実上の改変作業を進めることになったのであろう。そうした事情が加わることによって、マルクスによるバックスへの上記の賛辞も贈られたと思われる。

しかし、一八八三年にマルクスは死んでしまった。マルクスの死後、エンゲルスによる『反デューリング論』もそうだし、特に『空想から科学へ』が独立、刊行されたについては、「晩期マルクス」における共同体の評価による共同体社会主義＝コミュニタリアニズムへの大きなシフトの動きがあったからではないだろうか？「晩期マルクス」の動きに対し、エンゲルスとしては、初期マルクス・エンゲルス以来の唯物史観の「初心」を守り抜きたい。そのためには「所有法則の転変」についても補強し、さらに「プロレタリア独裁」のテーゼを強くアピールしたかった。とすれば、ここでエンゲルスの動きに対応して、モリス・バックスの側からの反論が準備されても、それは当然と言えるだろう。ただ、マルクスの三女エリノア・マルクスなど、とくにバックスはマルクス家と関係が深い。また、「社会主義者同盟」の運動についてのエンゲルスの助言など、バックスとしては複雑な事情があったことが推測される。（注）そうした複雑な事情を反映しているように感じられるが、共著『社会主義』でも、以下のようにR・オーエンなど「ユートピスト」の三人の社会主義思想が取り上げられたのである。その取り上げ方も、あからさまなエンゲルス批判ではなく、その見解を補強するような形をとりながらの反論だが、両者の差異と対立点を中心に、ここで紹介しなければならない。

（注）バックス、モリスとエンゲルス、さらにマルクス死後のマルクス家との人間関係は複雑であり、ここで立ち入ることは出来ない。後述するようにモリスとエンゲルスの関係があり、その間に若年のバックスが入り、関係が複雑化したようだが、その点はF・ヘンダースン『ウィリアム・モリス伝』を参照されたい。またポール・トムスン『ウィリアム・モリスの全仕事』では、「バックスはエンゲルスの仲間たちと、そうとう親しくしていた。彼は、彼らとの交わりで、エンゲルスが編集していた未出版のマルクスの著述（『資本論』二巻、三巻など）の多くの内容を、印刷物で理解していた。（中略）彼はどちらにも行き交わったが、本質的には思想の受動的な媒介者であったようで―モリスの思想もエンゲルスに伝えた」（白石訳三七八頁）とバックスの役割を紹介している。いずれにせよ、エンゲルス『空想から科学へ』に対抗する形で、モリス、バックスの『社会主義』が書かれている点が重要であろう。

まず、二人は共著で最初にオーエンをとり上げるが、エンゲルスは上述のごとく最初に三人の「ユートピスト」に共通の欠点を挙げて批判していた。三人は「プロレタリアートの利害の代表者として登場したのではない。」言い換えればエンゲルスは、唯物史観の階級闘争論にもとづく「プロレタリア独裁」論に集約する観点から、プロレタリアートの階級性を始めに提起していたのである。それに反して共著『社会主義』では、超歴史的・歴史貫通的な「類的存在」としての人間の共同体的性格を提起する「ユートピスト思想」として、先ずはイギリスのオーエンの協同組合運動をとり上げるのである。（注1）「彼は〈機械制大工業〉の勃興の初期、製造業が〈飛躍的〉に発展した時代に、自らの勤勉さと機敏さにより製造業者として成功した。良い意味での生まれながらの博愛家であり、最初から、あらゆることに惜しみない雅量と寛大さを示した。一八〇〇年、まだ三〇歳にもならなかったが、〈ニューラナーク工場〉の経営者になった。そして彼の最初の偉大な実験を始めた。それは悲惨で愚かしく悪質な人間の一団を幸福で勤勉で秩序だったコミュニティに変えることであった。人は環境によって創られる、生まれ持った性質を伸ばすことに心を砕くならば人は完成の域に達することができる、という持論にもとづいてオーエンは活動したのだった。この実験は完全に成功したが、そこに留まることはなかった。」協同組合の最初の偉大な闘士として、グラスゴーでの労働時間短縮、これで支配階級から非難を受けたが、それにひるむことなく一八二三年アイルランドにおける困窮の救済策としてのコンミューン的村落の建設、三二年にグレイズ・イン通りの労働と労働の交換所の設立、また一八二五年には米国に設立されていた（ラップ派の）共同体から「ニュー・ハーモニー」を買収し、（注2）そこで彼も共同生活を送るという壮大な実験をおこなっている。晩年には『新道徳世界の書』も出版した。

（注1）社会主義思想は、資本主義の法則性の止揚とともに、超歴史的・歴史貫通的な「経済原則」の目的意識的実現が必要であり、その点で「ユートピスト思想」を内包するだろう。ブルジョア独裁に代わるプロレタリア独裁の権力奪取による上からの計画化ではない、まさに下からの「コミュニタリアニズム」である。

（注2）「ニュー・ハーモニー」は、ドイツ生まれの米国の宗教家G・ラップが一八〇三年にペンシルヴァニア州に創設した共産主義的なキリスト教生活共同体である。

いずれにせよオーエンにたいして、エンゲルスのようにプロレタリアの階級的立場をイデオロギー的に要求することはなかった。共著は、「オーエンは実践的な試みを飽くことなく繰り返していたことがわかるだろう。彼の欠点は、〈ユートピスト〉として避けられないものだった——すなわち、発展の政治的側面をまったく見なかったことである。〈ユートピスト〉としての観点からは有用な実験でも、〈社会〉の機構がいわゆる「財産権」の是認を伴う限り、その実験的段階から先にはけっして発展できないことに気が付かなかった。この体制の下に必然的に存在する階級間の対立も彼は無視した。長い目で見ればその対立が〈社会主義〉をもたらすにちがいないのであるが、この上なく寛大であったこの人物は全生涯を捧げてその〈社会主義〉の実現を目指したのに、その点を見なかった」と好意的に批判した。その批判は、共同体社会主義の「ユートピスト」として、その実現のための政治的組織と実践的運動との結びつきの欠如を批判したのである。その批判的立場は、さらにサン・シモンとフーリエについても言える。

サン・シモンについては、エンゲルスと比べて共著は厳しい評価であり、「ロバート・オーエンに特徴的だった半ば〈社会主義〉的な計画を実際に試してみるような傾向は、彼にはまったくなかった。彼の哲学には、しだいに強くなってゆく神秘主義的傾向——くらしの新しい条件を実現するよりも、むしろ新しい宗教を創り出そうとする傾向——が混じり合っていた」と述べ、関連してパリ・コンミューンで影響を与えた「サン・シモンの愛弟子だったオーギュスト・コント」をとり上げる。ただ、「神秘主義にむかうきらいはあったにせよ、彼は歴史と経済の問題で非凡な洞察のひらめきを示したのであり、知的な面ではたしかにロバート・オーエンよりも抜きん出ていた」として、ここでわざわざエンゲルスの『空想から科学へ』における「政治学と経済学」の関連、「インターナショナリズム」に関するサン・シモンの評価を引用している。こうしたエンゲルスへの配慮も、「共著」がエンゲルスの見解にたいする補強の意味があったことを伺わせると思う。

さらにフーリエについても、わざわざエンゲルスの著作からの引用や参照を求めているが、むしろフーリエについては、エンゲルスの見解と異なり、彼の「産業共同体」について積極的に評価する。「〈社会〉の再建の基礎として〈産業共同体〉を提唱した。しかしここで、彼の〈ユートピア主義〉のために、あらゆる細部にわたって独断的に生活の念入りな計画を立ててゆく罠におちいってしまった。」その計画は、土台とする原則がいかによいものであっても、決して実現できるものではなかったのである。「彼の提議は、協同体の基礎単位として、共同宿舎ファランステールを配慮する。生活も、産業や農業その他もすべてその中で営まれる。そして、あらゆる細部まで微細にわたり彼によって実施される。ファランステールは一戸当たり一六〇〇人の人間が住む。もっとも価値のある考えは、各人の能力に応じて妥当な労働を割り当てることが可能でありまた必然だというものだった。それによって、労働は常に喜ばしいものだと保障される。」このように共著は、具体的な共同体論を紹介し、「彼のシステムは、純粋に平等なものではなく、富者と(相対的な)貧者の差を認め、また労働、資本、才能のあいだの富の奇想天外な配分を主張した。結婚制度の廃止も彼が特に強調した点だった」とも述べている。

この後、フーリエについては『家庭と農業の共同社会概論』や『産業の新世界』などの出版、さらにフーリエ派のヴィクトル・コンシデランなどによる機関紙の創刊、そしてファランステールの実験計画の推進と頓挫などを紹介する。その上で、まとめとして「三人の偉大な〈ユートピスト〉のなかで、ひとりオーエンだけが、良くも悪しくも、自分の計画が経験によって試されるのを見る幸運に恵まれたわけである。」さらに加えて、一八四八年の革命家カペーによるアメリカでの〈イカリア〉コミュニティなどの成功例を挙げ、最後に「〈コミュニズム〉は、労働者たちが政治権力を握って現行の〈社会〉体制を打ち壊さないかぎり、けっして実現できない。それが起きるとき、それは〈コミュニズム〉が世界中で〈文明〉を吸収し、変貌させる瀬戸際にいることを意味するのであろう。」ここではコミュニズムとの表現だが、さらに共著では「第一八章〈ユートピスト〉から近代社会主義への移行」で、パリ・コンミューンに大きな影響をあたえていたプルードンの役割などを加えた上で、「第一九章　科学的〈社会主義〉――カール・マルクス」が位置づけられているのである。

このように見てくれば、モリス・バックスの共著『社会主義』が、マルクス『資本論』を科学的社会主義として体系化しようとしたことは明らかだが、それだけではなかった。エンゲルスの『空想から科学へ』を念頭に置き、それを強く意識したものであったこと、さらに言えばエンゲルス流の唯物史観を基礎とする「プロレタリア独裁」論のドグマに対する批判的検討だったことも明らかであろう。とくに「論文」の段階でのサブタイトルが、社会主義の「from the Root Up 根源から」であり、（注）「原始共同体」の氏族、部族、民族の三つの共同体の歴史貫通的な展開から古代、中世、近代にアップし、近代社会の資本主義経済において、マルクス『資本論』による科学的社会主義を位置づけている。その上で、「共著」のサブタイトルが「Its Growth and Outcome その成長と帰結」に変わっているのも、エンゲルス流のイデオロギー的仮説による唯物史観を超える、まさに共同体社会主義＝コミュニタリアニズムとしてのマルクス主義を主張したのであろう。

（注）共著の立場は、エンゲルスの唯物史観の仮説とは異なり、共同体を氏族、部族、民族の「根源から」歴史貫通的に超歴史的な存在として、労働力の社会的再生産と結びつける点に、共同体社会主義の理論的基礎が求められるであろう。そして、この立場は「晩期マルクス」のザスーリチへの返書など「ひどく分解してはいるが太古からの土地所有の一形態であるロシアの農民共同体は、共産主義的共有のより高い形態に移行し得る」見地を積極的に受け止めたものとみていいと思う。

## (4) エンゲルスによるW・モリス批判

ここで、マルクスの死後、『資本論』二巻、三巻の編集・出版を委任されたエンゲルスが、マルクス主義の正統的な継承者だったことを否定する必要はない。『空想から科学へ』もまた、マルクス主義の正統的な古典として継承されるべきだろう。しかし、「晩期マルクス」の立場から見たとき、とくにW・モリス、E・B・バックス『社会主義』の共同体社会主義＝コミュニタリアニズムの立場から見たとき、エンゲルスの『空想から科学へ』をそのまま継承できなかった理由ははっきりしている。だからこそまた、二人が敢えて『社会主義』のタイトルで一書を公刊したのであろう。マルクスとは異なり、エンゲルスの側からしても、モリス・バックスの共著は、そのまま受け入れ難いものだったに相違ない。その点は、マルクス主義にとっても不幸なことは言うまでもない。さらに加えて、とくにW・モリスに対するエンゲルスの人物的評価も問題にせざるを得ないだろう。

二人の関係については、あまり詳しい事情は知られていないし、とくにモリスの側からの指摘は無いらしい。しかし、エンゲルスによるモリス評価には、上記のF・ヘンダースン『ウィリアム・モリス伝』によれば、かなり厳しいものがあった。一八八三年三月六日マンチェスターでの講演「芸術・ゆたかさ・富」に関連して、モリスは資本主義経済の機械化による大量生産における労働の質的低下を厳しく批判した。労働の人間的側面の回復を求め、講演の最後では「繰り返し言う。破壊する必要のあるすべてのものを、徐々に、穏やかに破壊することは、実に良いことではないか」と熱弁をふるったのだ。それについて、「ここに見られる感情ゆえに、エンゲルスはモリスを〈根深くもセンチメンタルな社会主義者〉と呼んだのである。」これは一八八六年九月一三日付ローラ・ラファルグ宛のエンゲルスの手紙であり、さらに「かりに週二回、定期的に彼と会うようにすれば、彼は簡単に従ってくるでしょうが、そんな暇が誰にあるでしょうか。また、一か月も彼をほったらかしにしておけば、きっとまた方向を見失ってしまうでしょう。そんな暇があったとしても、彼はそれほど骨折り甲斐がある男でしょうか?」と批判している。エンゲルスと縁の深いマンチェスターでの講演だったこともあるだろう。また個人的な書簡だったこともあろうが、これは理論的なレベルを超えた人格的な批判であり、この種のモリス批判がくり返されたらしい。

いずれにしてもエンゲルスによるモリス批判は、理論そのものより人格的な誹謗中傷に近い攻撃だったように見える。そうした批判が独り歩きするのは危険だが、とくに日本では、はじめに述べたようにUtopistが何故か「空想的社会主義者」と翻訳されてきた。モリスの場合、R・オーエンを高く評価していたにしても、バックスとともにマルクスの『資本論』を表紙が擦り切れるほど読み、そして『社会主義』

をその「根源から」書いていたのだ。そのモリスについて、すでに紹介したが『現代マルクス＝レーニン主義事典』（岡崎次郎編、社会思想社一九八〇～八一年）のモリスの項目では、「マルクスの著作を研究したが、マルクス主義の本質は理解できなかった。エンゲルスはそれを〈心情的〉と評している」（石堂清倫稿）と説明されている。エンゲルスによる上記の「モリスは根深くもセンチメンタルな社会主者」が、さらにエンゲルスの『空想から科学へ』の「空想的社会主義」によって、モリス研究の大先達であった壽岳文章（一九〇〇～九二）が、「従来のモリス評伝者の多くは（中略）一種の空想的社会主義者とみなし、彼が資本論を読んだとしても、それから学ぶところはあまり多くなかったかのように論述した。」と紹介した背景にはこうした事情があった。

『空想から科学へ』の日本語タイトルはともかく、すでにマルクス主義の古典として多くの読者を得ている。とくにレーニン『国家と革命』など、エンゲルスのプロレタリア独裁論が、レーニンのロシア革命の成功と結びつき、すでに述べたがマルクス・レーニン主義ならぬ「エンゲルス・レーニン主義」として、ドグマ化されてしまった。そうした中で、エンゲルス『空想から科学へ』もまた、多くの読者と共に教条化の一翼を担ったことは否定できないだろう。しかし、戦後の冷戦体制の「異常な長期化」により、ソ連型社会主義のボルシェビズム支配の「異常な長期化」が続いたとはいえ、すでにロシア革命は破綻して新たな体制構築が迫られている。また、資本主義体制についても、その歴史的限界が随所に露呈していることは指摘するまでもないだろう。それだけに「エンゲルス・レーニン主義」のドグマ化は早急に是正されなければならないし、マルクス主義の新たな復権が急務になっている。

『空想より科学へ』の批判的検討については、すでに明らかなように「晩期マルクス」の諸問題とともに、とくに上述の事情もあり、明示的ではなかったもののモリス、バックスの共著『社会主義』が、すでにエンゲルス批判の役割を担っていた。それだけに「エンゲルス・レーニン主義」としてのマルクス主義における、そのいわば負の役割を無視することは許されないと思う。とくにモリス、バックスが立脚した共同体社会主義＝コミュニタリアニズムは、マルクス主義の新たな復権として検討する必要があるだろう。その点でも、日本に見られるように、モリスたちの思想を「空想的社会主義」の名のもとに無視したり、乱暴に排除したりすることは許されないと思うところである。

# 第五章
# 「社会的労働協同体」について

## 第一節 「労働者協同組合法」と労働力商品化の止揚

二〇二〇年末、一二月四日に「労働者協同組合法」が、参議院の全会派一致で賛成し、成立をみた。ワーカーズ・コレクティブをはじめ、関係団体の長年の努力と夢が実現したのだ。仙台・羅須地人協会も、微力ながら協力したので喜んでいる。（注）ついでに言えば、詩作「産業組合青年会」を遺言のように残した宮澤賢治も、きっと喜んでいるに違いないと思っている。すでに述べたが、賢治は花巻農学校時代に書いた詩作「産業組合青年会」を、『春と修羅』第二集に収録する予定だったようだし、童話「ポラーノの広場」なども書いた。そして、死の直前には遺書のような形で郡山市の「北方詩人」に送り、戦前の協同組合組織「産業組合」活動、とくに「青年会」に大きな期待と夢を持ち続けながら旅立ったのだ。

（注）代表を務める仙台・羅須地人協会は、その設立に先立ち、東日本大震災の復興を仙台の協同組合関係団体に呼びかけ、協同組合の連帯をはかるシンポジュームを成功させた。

戦前の「産業組合」法は、一九〇〇年に公布され、日本で最初の協同組合が誕生した。農村の頼母子講、無尽講を母体に信用事業から、販売・購入事業に拡大し、農村から「灘生協」など都市の生協事業にまで拡大した。東北は、都市型の「労働組合」よりも、むしろ農村型の「産業組合」が活発であり、賢治も大きな期待を寄せていた。しかし、賢治の死後だが、戦時統制に組織化されてしまった。さらに戦後は、農協や漁協、生協などの産業事業ごとに分割され統治された。労働組合もあるため、事業協同組合に対し「労働者協同組合」は中々認知されず、上記ワーカーズ・コープなど「三〇年近く」も活動してきたと言われる。これから「労働者協同組合」を基礎に、戦前の産業組合の活動を参考にしながら、新たな協同組合の時代を創り出したいものである。

「労働者協同組合法」については、例えば「働く人が出資し、メンバーひとり一人の意見を反映し、事業をおこない、自らが事業に従事する」ことを基本原理とし、「非営利事業である」ことを明記した法律として成立をみた、とされている。そして、出資・経営・労働の一致によって、地域に多様な民主的事業が創造されることが期待されている。ここで「非営利事業」は、協同組合としては当然であるが、出資と経営の主体とともに、慎重に「従事者」と表現されているが、労働者「自らが事業に従事する」ことが明記された点が、最も重要なポイントだと思う。また、そこに労働組合との接点もあるように思われるからだ。

言うまでもなく資本主義の経済は、資本が労働者の労働力を商品として購入し、賃労働として雇用する点が根本をなしている。「労働力の商品化」である。そして、この「労働力の商品化」による資本・賃労働を前提にして、資本家と労働者の階級関係が形成されるし、労働力の商品化が資本主義経済の基本矛盾であり、そこに「人間疎外」の根本が存在するとしてきた。労働組合の法的根拠も、この労働力の商品化によるものであった。この法的根拠とぶつからないような配慮からだろう、上記のように「従事者」の表現になっているが、経済学の理論としては労働力の商品化であろう。言うまでもなく労働組合の運動目的も、労働力の商品化が基礎になっている。賃金問題や雇用問題に他ならない。

改めて説明するまでもなく資本の運動G―W〈Pm＋A〉……P……W―G'（G＝貨幣、W＝商品、Pm＝生産財、P＝生産）に対し、労働力商品Aは、労働市場においてA―G―Wとして運動する。ここで資本の運動は「資本流通」であり、A―G―Wは「単純流通」である。A―G―Wにおいて、Gは労賃として支払われる貨幣であり、Wは労賃により買い戻される労働者が生産した消費財である。言うまでもなく、この資本と賃労働の売買取引によって生産と消費が結ばれ、経済循環が形成され、経済成長も実現される。「資本流通」と「単純流通」が巧く噛み合わなければ、社会的再生産も巧く進まず経済成長も停滞する。

そこで労働組合と労働運動であるが、言うまでもなく労働市場の「単純流通」において、もちろん労働契約や賃金の支払は個人である。ここでは資本も独立した法人格をもって、労働者も独立した個人として、自由で平等な取引関係が形成されるし、ここに近代社会の資本主義の特徴が存在する。しかし、企業としての組織を持った資本に対し、労働者の「二重な意味での自由」、一つは生産手段に拘束されない身分的に自由な人格、他のもう一つは、生産手段から切り離され無産者としての失業の自由が、労働力商品の所有者の賃労働者の自由に他ならない。この賃労働者に、あくまでも賃労働の資格において、団結権、団体交渉権、争議権の「労働三権」が与えられていることは言うまでもないだろう。労働者側は団結権による労働組合の団体交渉権 collective bargaining により、賃金交渉を行い、賃上げを実現する。労働組合の活動は、雇用の安定と共に賃金交渉が中心にならざるを得ない。

賃金交渉と共に、雇用の安定も重要であり、雇用も賃金交渉と密接に絡んでくる。ただ雇用については、とくに日本の正規従業員の終身雇用と非正規雇用のように、さらに派遣型雇用のように複雑である。さらに日本では、正規雇用は特有な「企業別組合」に属し、それが終身雇用や年功序列賃金と結びつき、ますます複雑になっている。こうした点に立ち入ることはできないが、いずれにしても労働組合としては、労働者の労働力商品の販売を中心に、労働市場における賃金アップと雇用安定を団体交渉の交渉力により改善するのである。労働運動が、労働組合の市場交渉力により進められてきた。

資本の側も、労働組合の交渉力を前提に、上記の投資したGをG'に価値増殖をはかる。資本による剰余価値の生産であり、資本は雇用した労働力の使用価値である労働時間の延長や労働の強度を高める。ここからサービス残業や過労死などが問題となる。資本による「絶対的剰余価値の生産」である。資本はまた、「相対的剰余価値の生産」を進める。「研究の自由」を前提に、その成果を技術的に「技術革新」として利用し、労働の生産性の向上を計る。上記の「消費財」の価値を切り下げ、剰余価値の増大を確保する。すでに日本などでは、産業が高度化し、技術革新の限界が露呈し、成長率の低下と共に、資本の「相対的剰余価値の生産」も鈍化している。こうした剰余価値生産の行き詰まりに対し、超低金利政策であるQEやソフト化・サービス化、さらには情報化などで対応しようとしているのが現状ではなかろうか?

以上は労働市場を前提にした、資本の剰余価値生産の大筋だが、マルクス『資本論』では、言うまでもなく資本の直接的生産過程として、第一巻で説明されている。第一巻では、続く再生産過程で資本の蓄積過程が論じられ、「蓄積せよ!蓄積せよ!」の無限の価値増殖が解明され、資本と賃労働の階級関係が総括をみる。マルクスは労資の階級対立の総括を急いだ節が強いと思うが、資本の直接的生産過程と蓄積過程の間には、両者を媒介する『資本論』第二巻「資本の流通過程」が理論的には必要だった。一八六七年、『資本論』第一巻刊行の後、「晩期マルクス」の課題として、第二巻「資本の流通過程」による第一巻の補足、充当の作業が残されたのである。一八七〇年代にかけて、マルクスは「資本の循環・回転」など、第二巻の原稿を執筆して他界したのである。

『資本論』第二巻は、マルクスが執筆途中で未完の部分も多いが、資本の循環・回転の中で、とくに第一六章「可変資本の回転」が取り上げられている。固定資本・流動資本の分類ではなく、第一巻の直接的生産過程の可変資本がここで再登場し、「剰余価値の年率」の説明から、さらに「可変資本の回転の社会的影響」も取り上げられている。その内容については、すでに拙稿「労働力商品化の止揚と『資本論』再読」（ダルマ舎叢書Ⅰ『時代へのカウンターと陽気な夢：労働運動の昨日　今日　明日』所収、社会評論社刊）などでも論じたので、ここでは協同組合との関連の論点だけに絞りたい。（注）

（注）なお、「ダルマ舎叢書Ⅲ『西暦二〇三〇年における協同組合』の拙稿「宮澤賢治と〈産業組合〉のイーハトーヴォ」も参照されたい。

マルクスは特に説明していないが、ここで「可変資本の回転」が登場し、その社会的影響を取り上げるについては、すでに説明したが「資本流通」と「単純流通」の区別と関連が重要である。「貨幣の資本への転化」でも明らかなように、「資本流通」は世界市場にグローバルに拡大する。まさに無限の価値増殖に結びついて、資本は循環・回転を繰り返す。ところが「可変資本の回転」は、A―G―W「単純流通」

であり、「資本流通」のようには循環・回転はしない。「単純流通」として、生産と消費を結び付け、いわゆる「経済循環」を成立させるのである。第二巻の「資本の流通過程」として、生産と消費が結びつき、社会的再生産の結び目が形成され、その媒介で資本の蓄積過程としての再生産過程が成立するのだ。

マルクスは立ち入らないが、この単純流通における家計の消費で労働力が再生産されるが、家計における消費は、「家庭・家族」と共に行われ、労働力の世代間再生産が行われる。家計における消費は、いわば常識的に経験できるので、経済学として理論的には扱われて来なかった。しかし、理論的位置づけとしては、労働力の再生産、それは世代間の再生産であり、家庭・家族とともに行われる。家政学のテーマなのであろう。また、家庭・家族こそ「氏族・部族・民族」に含まれる共同体・コミュニティの基本であり、超歴史的・歴史貫通的な「経済原則」に属することになる。しかも。コミュニティは、言うまでもなく「地域共同体」であり、地域の土地・自然と一体化している。

さらに、この地域共同体の活動は、現在でも東北など「田植え、稲刈り」、さらに最近では減反による「転作」まで、まさに「社会的労働協同体」（注）として機能している。人間の生産には「土地・自然との物質代謝」という根源があり、労働力の社会的再生産が家庭・家族を基礎にして行われる以上、「可変資本の回転」の入り口は、労働力の「単純流通」を通して地域共同体に繋がり、「社会的労働協同体」として機能することにならざるを得ない。こうした点を考慮しているのであろう、『河北新報』の社説は「労働者協同組合法成立」と題して、「地域課題対応へ積極活用を」提起した。事例として「東日本大震災の際には、東北復興本部を設け、求職者支援訓練や企業型緊急雇用創出事業を活用し、人材を育成、通所介護施設や直売所を設立するなど、地域主体での〈仕事おこし〉に携わってきた」と述べている。

（注）「社会的労働協同体」のタームについては、後述するので参照されたい。

このように見てくれば、上記のA―G―Wの「単純流通」における労働市場の労賃と雇用と、「資本の流通過程」における「可変資本の回転」に関わる「社会的労働協同体」との両者の接点と関連も明らかだろう。したがってまた、労働市場の労賃・雇用の労働運動の課題が、「単純流通」を介して、「社会的労働協同体」の活動に結びつき、それが「労働者協同組合」の課題にも結び付いてくる。消費生活の点では、まさに生活協同組合活動に連携する。農業の場合には、その特殊性から、上記の事例でも明らかだが、「社会的労働協同体」としての農業協同組合の活動となる。労働力商品化の止揚という点では、労働運動と協同組合運動は表裏の関係をなすとも言える。

最後に付言すると、「晩期マルクス」は上記『資本論』第二巻「可変資本の回転」で「社会的労働協同体」への入り口に立った。そして、労働力の社会的再生産におけるコミュニティ・共同体への接近が事実上提起されることになった。そうした問題意識については、一五〇年前になるが、一八七〇～七一年の「パリ・コンミューン」を契機とする、共同体研究の国際的盛り上がり、マルクスの「ザスーリチ」への返書などとの関連を重視しなければならない。すでにマルクスは『フランスの内乱』でも、コンミューンの共同体を重視し、職人たちの協同組合の役割、そこから「コンミューン連合」としての社会主義を展望していたのだ。その点では、「初期マルクス・エンゲルス」の唯物史観の階級闘争、そして「プロレタリア独裁」

を教条的に主張したエンゲルスと「晩期マルクス」との立ち位置の違いを無視してはならない。
すでに明らかなように後期マルクスは、自律的に運動する純粋資本主義の抽象による『資本論』を書いた。そこで「経済法則」に対する「経済原則」の意義を提起し、コミュニティと「社会的労働協同体」の視点を提示していたのである。こうした視点こそ、コミュニズムから共同体社会主義・コミュニタリアニズムへ脱皮し、新たな理論的地平を拓くものだったと思う。そしてまた、そうした視点があったからこそ、前作『日本におけるコミュニタリアニズムと宇野理論』で明らかにしたが、「土着社会主義」としての労農派、W・モリスから幸徳秋水、堺利彦から宮澤賢治などへの思想継承の軌跡を確認できると思うところである。

## 第2節　『労働者協同組合法』の制定と「社会的労働協同体」の概念

「社会的労働協同体」のタームについては、あまり使われていないし、知られてもいない。最近、宇野弘蔵『経済原論』全書版の「注」にあるのに気付いて、旧『経済原論』もチェックして見たが、見当たらなかった。恐らく全書版一九六四年に初めて使用されたタームであろう。その意義について、若干の検討を試みたい。

「注」は、「資本の流通過程」の「純粋な流通費用」に関連して、次のように述べられている。「売買は、運輸、保管等と区別された純粋の流通費用としては、商品経済に特有なるものにすぎないので、価値を形成することにはならないのである。勿論、価値の形態そのものは商品経済に特有なものであるが、その実体をなすものは、あらゆる社会に共通なる社会的労働協同体にあることに注意しなければならない。それがまた価値関係を法則的に展開する基礎ともなるのである。しかしそれだからと言ってこの社会的労働協同体は、必ず商品経済として現われるというのではない。商品経済もこの社会的実体を把握しなければ、一社会を支配することにはならないというのである。資本主義社会はまさにそういう一社会であるわけである。」（八九〜九〇頁）

ここでの説明では、「社会的労働協同体」は、価値の形態に対する価値の実体についての概念で、「あらゆる社会に共通なる社会的労働協同体」とされている。その点では、価値の「形態」に対する「実体」、商品経済ないし資本主義経済に特有な概念に対する「超歴史的」「歴史貫通的」な概念であり、さらに言えば「経済法則」に対する「経済原則」に属する概念ということになるだろう。「経済原則」の内容として、ここで改めて「社会的労働協同体」の内容が加えられたことになるわけである。そこで「経済原則」の内容としての「社会的労働協同体」について、若干のコメントを加えてみたい。

第一に、宇野理論における「経済法則」と「経済原則」の定式化であるが、もともと「経済法則」のタームは、価値法則などと共に使われていた。しかし、特に「経済原則」が定式化されたのは新しく、一九六四年の全書版からであったと思う。これも「注記」であるが、「経済学では、経済の原則は、法則と明確に区別されなければならないが、勿論、それは無関係のものとしてではなく、むしろ反対に、経済の原則が商品経済の下に、始めてその形態に特有なる法則としてあらわれるものとしてである。」（四頁）ここで「経済原則」が「経済法則」から区別され概念化されたのである。それまでの説明は、例えば「あらゆる社会に共通な人間社会の実体」などと説明され、「形態」と「実体」の区別に止まっていた。

このように「経済原則」が概念化されて、定式化されるについては、むろん宇野理論の研究の発展だろうが、宇野三段階論の原理論が、純粋資本主義の抽象として純化され、唯物史観を単なるイデオロギー的仮説とする方法論の確立よるものだったと思う。つまり、原理論の純化が、同時に「商品経済を止揚した社会主義社会にも共通に行われるもの」としての「経済原則」の定式化を要請したのだ。『資本論』の社会主義に他ならない。純粋資本主義による資本主義の自律的運動法則＝「経済法則」の解明が、「超歴史的」「歴史貫通的」な「経済原則」の解明により社会主義社会の基礎も明らかにする経済学の方法論だろう。

そこで第二に、「経済原則」に「社会的労働協同体」を加える際、資本の流通過程を選んだ理由である。宇野理論では、むろん『資本論』によるのだが、周知のとおり資本主義の基本矛盾を労働力の商品化におき、その止揚を目指している。まず、資本の直接的生産過程では剰余価値論（階級的搾取）、その上で資本の流通過程では、労働力商品の社会的再生産、「可変資本の回転」と「単純流通」による生産と消費の結合だが、「経済原則」としては「社会的労働協同体」による再生産であろう。労働力の再生産は、家庭・家族として、ゲマインシャフト的に行われるが、現在でも東北農村などでは、田植え稲刈り、さらに転作の分担など、まさに「社会的労働協同体」としてコミュニティの機能として行われている。

こうした視点は、すでに述べた通り「晩期マルクス」、とくに「パリ・コンミューン」と国際的な共同体研究の盛り上がり、さらにマルクスの『資本論』第二巻、資本の回転・循環の原稿執筆など、コミュニタリアニズムとの接点形成が大きいと思う。宇野は、それを労働力商品化の止揚の方向として、「社会的労働協同体」のタームで定式化しようとしたのではないか？宇野自身は、とくに「晩期マルクス」には立ち入らなかったが、宇野三段階論の方法、とくに純粋資本主義の抽象による原理論からは、「社会的労働協同体」のコミュニティ機能が提起されたのであろう。唯物史観を単なる作業仮説とした宇野理論のコミュニタリアニズムへの接点として、極めて重要なタームではないだろうか？

第三に、「社会的労働協同体」の具体的内容であるが、労働力商品Aが貨幣賃金Gを通して、必要労働Wを消費財として買い戻し、労働力を家庭・家族とともに再生産する。A—G—Wが、その際Wの生産もそうだし、消費もそうだが、資本の流通G—W……P……W'—G'と異なり、それに組み込まれながら、単純流通として、農協や生協、その他の協同組合の機能が「社会的労働協同体」として具体化すると見るべきだろう。宮澤賢治が東北のコミュニタリアンとして詩作「産業組合青年会」で訴えていた活動、さらに最近日本でも制定された「労働者協同組合法」（二〇二〇年）など、まさに「社会的労働協同体」の組織づくりだろう。直接的生産過程における雇用や賃金などは労働組合のテリトリーだろうが、資本の流通過程など労働力の社会的再生産においては、戦前の「産業組合」など協同組合として「社会的労働協同体」が機能することになる。その点で、「社会的労働協同体」のタームの持つ意義は重大であろう。また、日本でもようやく、今回「労働者協同組合法」が制定された意味も大きいと思われる。

長引くコロナ危機により、資本主義経済の限界が指摘されるとともに、マルクス『資本論』の歴史的限界を強調する論調が高まってきている。とくに地球温暖化など、気候・気象の変化について、資本主義の発展の限界が強調され、資本主義の「蓄積せよ、蓄積せよ」の利潤原理にもとづく成長原理に対する批判が特に強い。それに今回のコロナ危機が重なり資本主義の歴史的限界と同時に、『資本論』の理論的限界への批判も強まっているのであろう。しかし、資本主義の長い歴史の中で、マルクス・エンゲルスの唯物史観の「恐慌・革命テーゼ」は破綻し、マルクスは『資本論』を書き、純粋資本主義を抽象し、自律的運動法則を解明した。そして、宇野理論は「経済原則」を提起し、上記の通り「社会的労働協同体」の概念を残した。

資本主義の歴史的発展・成長もまた、極めて弾力的であり、柔軟であり、したたかである。強靭な「経済法則」の作用に他ならない。二度の世界大戦を乗り越え、ロシア革命の神話を反故にし、二〇世紀初頭の「スペイン風邪」の猛威も乗り越えてきたのである。コロナ危機に対しても、すでにワクチンの開発に成功しているようだし、金融資本はパンデミックを余所に、資本過剰の整理のための雇用調整や下請け・サプライチェーンの再編を着々と進めている。資本主義の歴史的限界を指摘するのは結構だが、それが単なるイデオロギー的期待に終われば「元の木阿弥」だろう。必要なことは強靭な「経済法則」に対して、冷静な「経済原則」、それにもとづく変革の主体形成と組織の構築であり、その点での「社会的労働協同体」の概念ではなかろうか？

# 補論　東北・土に生きるコミュニタリアン宮澤賢治

# 新たな時代のマルクスよ

宮澤賢治

新たな詩人よ
嵐から雲から光から
新たな透明なエネルギーを得て
人と地球にとるべき形を暗示せよ

新たな時代のマルクスよ
これらの盲目な衝動から動く世界を
素晴らしく美しい構成に変へよ

諸君はこの颯爽たる
諸君の未來圏から吹いて来る
透明な清潔な風を感じないのか」（『生徒諸君に寄せる』）

宮澤賢治が書き残した未発表の詩であり、解説者によると「昭和二（一九二七）年に〈盛岡中学校校友会雑誌〉への寄稿を求められた際に、それに応ずるための作品下書きとして着手され、しかし、ついに一応の完成にも至らなかったと見られるもの」とされている。盛岡中学校と言えば、賢治と共に先輩に石川啄木がいる名門校だったが、当時の治安維持法により校友会活動も弾圧されていた。未発表の理由は不明だが、マルクス主義の再生に強い期待と若者への夢を訴えていて、とても興味深い。一九二七年の作品らしいが、翌年の「三・一五事件」など大弾圧の年でもあり、発表できなかった事情も考えられる。

また、一九二七年といえば、前後関係は解らないが、賢治は労農党の党員と思われる川村尚三と一緒に盛岡で当時開催されていた労農党の「啄木会」に参加し、レーニンの『国家と革命』を読んだ。「夏から秋にかけて読んでひとくぎりした夜」賢治は電話で川村に『国家と革命』について「これはダメですね、日本に限ってこの思想による革命は起こらない」と断言して、うちわ太鼓を打ち鳴らして法華経にかえった、というエピソードである。これについては行論で触れるが、賢治がレーニンと共にマルクス・レーニン主義、そしてマルクスと共に社会主義の思想を捨て去ったような解釈もある。

確かに、賢治が『国家と革命』、そして「プロレタリア独裁」の思想を批判したことは事実だし、賢治の慧眼だろう。しかし、労農派のシンパとして、マルクスの思想まで捨て去ったわけでは決してない。むしろ「エンゲルス・レーニン主義」の流れに対して、堺利彦や山川均など労農派の流れを汲み、そしてW・モリスの『農民芸芸術論』を継承したのが宮澤賢治だった。ほぼ同時期に書かれたと推測できる上記「生徒諸君に寄せる」を読めば、賢治は「マルクス・レーニン主義」の古いドグマを捨てて、「新たな時代のマルクス」を強く期待している。それは、「透明な清潔な風を感じないのか」と「人間と自然の物質代謝」の深みにまで踏み込んだ新しいマルクス主義への期待である。

マルクスからW・モリスへの流れは、すでに明らかなとおり一八七一年のパリ・コンミューンはじめ、コミュニティ・共同体の役割を重視し、初期マルクス・エンゲルスの唯物史観の所有論的アプローチを超えるものだった。『ユートピア便り』のモリスは、「ロマンチック・エコロジスト」と呼ばれているが、そうした流れを「農民芸術論」として受け止めつつ、賢治は「社会的労働協同体」としての「産業組合青年会」に期待したと思う。戦前の「産業組合」は、戦後の協同組合の総称であり、東北においては、労働組合の役割と比べて、むしろ農村部を中心に産業組合の役割が大きかったと思う。とくに青年組織である「産業組合青年部」の活動に、賢治は多大な期待を寄せていたし、詩作「産業組合青年会」を遺書として遺したと思う。

日本経済の高度成長も終わり、国際的に労働運動が低迷する状況の中で、日本でも各種のアソシエーション、とくに「労働者協同組合」の役割が重視されてきている。労働力の再生産にしても、結婚して子供を育てなければならない。個人の雇用や賃金だけで成り立つわけではない。家庭や家族の社会的再生産が重要であり、協同組合をはじめ、「社会的労働協同体」としての各種アソシエーションが注目されるのは当然だろう。マルクスが共同体と共に協同組合を重視したパリ・コンミューンから一五〇年、さらに日本でも長い間の努力が実り「労働者協同組合法」がようやく成立した。「新たな時代のマルクスよ」の訴えと共に、「産業組合青年会」を遺して旅立った宮澤賢治も喜んでくれるだろう。

# 第一章

# 自然豊国・東北と宮澤賢治

## 一　戦後日本の資源開発と高度成長

戦争中の「資源小国」のトラウマどころの話ではない。戦後・東北開発の原点にあったのは、戦前から東北に賦存する豊かな自然であり、自然エネルギー資源の利用であった。まさに「国破れて山河あり」の自然資源であり、その豊かな自然を基礎に「日本経済の再建」をはかるのが、戦後「東北開発」(戦前は「東北振興」と呼んだ)の初心におかれていたことだった。ところが、敗戦後の日本人は「資源小国」のトラウマに取り付かれたまま、アメリカの中東支配の安価な「エネルギー革命」に飛びつき、縋りつき、三井三池、常磐などの炭鉱を犠牲にして、太平洋ベルト・三大都市圏の高度成長になだれ込んだ。環太平洋型の輸入石油依存・基礎資源型の拠点開発であり、ベトナム特需に便乗した輸出主導型の高度成長、そして石油ショックから「原発国家」に至った。

ただ、電力開発については、日本の大型水力発電の役割は大きく、事実上は独占体の電力資本の組織力により、重化学工業化の高度成長が推進された。東北でも、岩手・宮城を貫流する北上川、山形の最上川など、巨大河川ダムによる水力発電にほかならない。巨大河川だけではない。「青葉城恋歌」でも有名になった仙台の広瀬川なども、伊達政宗の「四谷用水」(注)を初め、東日本大震災でも健在だった「三居沢小型水力発電」の役割などの点で無視できない。今や「温暖化ガス・ゼロ」なら、そして太陽光、風力などと共に、地熱や水力の自然再生エネルギーの役割を重視するならば、中小河川を広く含めた「水系モデル」を想定しなければならない。とくに水力発電によって、日照など供給の不安定な太陽光・風力などの供給と組み合わせ、それら全体として自然再生エネルギーの「水系モデル」として設計すべきであろう。

（注）「四ツ谷用水」など「水系モデル」については、大内・吉野・増田編著『自然エネルギーのソーシャルデザイン：スマートコミュニティの水系モデル』（鹿島出版会二〇一八年）で仙台・広瀬川を中心に、自然再生エネルギーによる「ソーシャルデザイン」の水系モデルを提起した、ぜひ参照されたい。

ただし「水系モデル」については、上記の環太平洋ベルトの大規模拠点開発の時代ではない。大型ダムの建設による全国ネットの one-way 型の大規模発送電ではなく、地産地消型の双方向性の分散型ネットワークであり、小型水力が重要性を高めている。仙台市でも、戦前は市営電力事業が黒字経営を誇っていた。そうした経験が生かされれば、小型水力を中心とする「水系モデル」が公共的な役割を担うことができる。改めて強調するまでもなく、ここで「水系モデル」を特に強調するのは、コロナ危機と関連し、上記「温暖化ガス・ゼロ」、自然再生エネルギーへの転換を志向するからにほかならない。その転換はまた、化石燃料による地球温暖化に対して、「第三次産業革命」とも呼ばれる産業構造の転換と結びついている。とくに産業構造の転換との関連では、戦前の一九二九年世界大恐慌の後、アメリカの「TVA」改革が国際的な注目を集めた。テネシー川渓谷の総合開発であり、ニューディールを代表する「水系モデル」だった。（注）日本の「北上川」についても、TVAが「水系モデル」として念頭に置かれていた点を指摘しておきたい。

（注）TVAや北上川など、地域開発については、差し当たり佐藤竺『日本の地域開発』、岩本由輝『東北開発一二〇年』など、また北上川については、日本人文科学会『北上川：産業開発と社会変動』を参照されたい。

## 二　宮澤賢治の「イギリス海岸」

そこで宮澤賢治に登場願おう。彼は花巻で生まれ、地元の小学校に通った。しかし、中学は盛岡中学、先輩には石川啄木がいた。さらに盛岡高等農林で学び、地質・土壌学を研究した。賢治の専門は地質・土壌学であり、職業は農業技術者である。別に文筆家ではない。ここで注意したいのは、花巻も盛岡も北上川の町、とくに盛岡は、北上川に沿って広がり、北上川の両岸に街並みが続く。その町を代表する盛岡高等農林で学び、研究生として過ごしている。花巻農学校での教員生活も、教室も研究室も、ある意味で北上川であり「水系モデル」の中だった。その北上川を賢治は「イギリス海岸」と呼んで、最近では花巻名所の一つにもなっているらしい。北上川のイギリス海岸について、命名者の賢治自身がこう説明している。

「イギリス海岸には、青白い凝灰質の泥岩が、川に沿ってずいぶん広く露出し、（中略）日が強く照るときは岩は乾いてまっ白に見え、たて横に走ったひび割れもあり、大きな帽子を冠ってその上をうつむいて歩くなら、影法師は黒く落ちましたし、全くもうイギリスあたりの白亜の海岸を歩いているような気がするのでした。（中略）それに実際そこを海岸と呼ぶことは、無法なことではなかったのです。なぜならそこは第三紀と呼ばれる地質時代の終り頃、たしかにたびたび海の渚だったからでした。（中略）私たちのイギリス海岸では、川の水からよほどはなれた処に、半分石炭に変わった大きな木の根株が、その根を泥岩の中に張り、そのみきと枝を軽石の火山礫層に圧し潰されて、ぞろっとならんでいました。（中略）そして、その根株のまわりから、ある時私たちは四十近くの半分炭化したくるみの実を拾いました。（中略）それからはんの木の実も見付かりました。小さな草の実もたくさん出てきました。」（賢治『イギリス海岸』

より）花巻の「イギリス海岸」が、賢治の研究と教育とともに、北上川「水系モデル」に繋がっていることが良くわかる。

### 三 「コロナ危機」の農業問題

第三次産業革命といわれる自然再生エネルギーへの転換にとっては、太陽光や風力と結びつき、供給の安定性でも水力発電、とくに小型水力の役割が大きい。水力エネルギーの利用の点では、ニューディールとして脚光を浴びた米ＴＶＡなども「水系モデル」だったわけだし、日本でも戦後、東北開発（戦前の東北振興）の「水系モデル」の代表は「北上川開発」だった。今回のコロナ危機との関連でも、改めて「水系モデル」の位置づけが重要だと思う。なぜなら、需要と供給、消費と生産の分断・断絶によって、パンやバターなど食料品の買い占めなども起った。生活不安の根底に、自給率の著しく低下した農産物・食糧供給の危機を身近に感じているからであろう。とくに自然産業とも言える農業の役割について、改めて根本的に考え直してみる必要があろう。

農業については、この際、改めて産業上の位置づけについて、先ず考え直すべきではないか？農業、林業、水産業は、第一次産業に分類されている。この産業分類は、言うまでもなくＣ・Ｇ・クラークが提唱したもので、近代社会の産業革命、工業化社会の発展が前提されている。それとの比較で前近代的な農業などが第一次産業、ポスト工業化・脱工業化の産業が第三次産業とされてきたのではないか？しかし、一九世紀の産業革命から、近代社会の産業構造も大きく変化し、ポスト工業化による金融化や知識集約化などの発展がある。（注）第二次産業を代表する製造業は、言うまでもなく機械制大工業であり、機械体系を中心に工場・屋内生産、交代制勤務、大量生産など、市場経済に適合する産業特性を備えている。だから市場経済の拡大・発展と共に、産業革命が進められたといえる。しかし、第一次産業は全く違う。

（注）これらポスト工業化の産業特性については、拙著『ソフトノミックス』『知識社会の経済学』など参照のこと。

農業によって代表されるが、そもそも自然産業であり、製造工業のように人間が自然に働きかけるものではない。機械化も限定され、自然そのものが労働対象であり、屋外生産である。あくまで好天・昼間労働であり、少量多品種の季節型産業である。このような農業の産業的特性では、とくに日本のように季節の変化が激しいと、冬の積雪農閑期が不可避だし、そのため兼業も不可欠であり、そもそも専業農家などは存在しない、兼業型産業の特性を持っている。こうした農業など第一次産業の特性は、市場経済の拡大発展に事態適応可能な製造工業と比べれば、「家産型」市場不適応産業と言えるだろう。市場経済の原理でもって、人間と自然の物質代謝を完全に支配し、「経済原則」を充足する点で限界があり、そこに労働力商品化と共に、資本主義経済の基本矛盾も指摘されなければならない。

もちろん、産業革命を前提とした資本主義経済の発展も、歴史的傾向として労働力の商品化と共に、土地・自然も商品化し、「地代論」としてとらえられる形で農業を支配した。それにより『資本論』の純粋資本主義の抽象も可能だったし、自律的運動法則も解明された。しかし資本主義経済は、農業問題を工業化のように解決したわけでは決してなかった。イギリスは農業を後進国に追い出し、国際分業を形成し、さらに植民地としても支配した。戦前日本では、「東北振興」のように、国策として解決しようとしたが出来なかった。戦後、東北開発の夢は上記のように消え去り、高度成長の果てに、今やコロナ危機で、新たな食糧危機を迎えている。高度成長で農村の過剰人口は完全に枯渇し、東北農業ですら出稼ぎの外国人労働力に頼らざるを得ない。その上、グローバル化による金融の異次元緩和で、今回のコロナ危機は、生産・消費(供給・需要)を分断した。コロナ危機が、いつ食糧危機に転化しても可笑しくはない。農業・農民・農村と市場経済、資本主義経済を根底から問い直さなければならないのである。

宮澤賢治は、農業・農村・農民問題を根底にすえて、『農民芸術概論綱要』を書き出した。

「おれたちはみな農民である　ずいぶん忙がしく仕事もつらい
もっと明るく生き生きと生活をする道を見付けたい
われらの古い師父たちの中にはさういふ人も応々あった
近代科学の実証と求道者たちの実験とわれらの直感の一致に於て論じたい」

さらに羅須地人協会でも、こんなことを話していたという。
「〈大昔は、人間はみな百姓でした〉と先生は言われました。〈当時の百姓の生活には歌もあり、踊りもあり、芝居もあったのです。世の中が進むにつれてそれらのものはみな職業芸人に横取りされてしまって、百姓にはただただ生産労働だけが与えられるようになったのです。これからの百姓は芸術をとり戻して楽しく働くようにならなければなりません。〉というようなことをおっしゃられたように思います」（拙編著『賢治とモリスの環境芸術』三八頁）

## 四　コロナ危機の「三密経済」

もう一度コロナ危機に戻って補足しておきたい。危機が続く中で、「三密」生活をはじめ、グローバル化による生活への反省が高まっているように思われる。「パンデミック」によるロックダウン、都市封鎖など実体経済の「生産と消費」「需要と供給」の直接的分断が、食糧自給率の低下など、農業危機の深化による食生活の危機に繋がるのではないだろうか？すでに東北でも、外国人労働力の入国制限など、農産物の収穫が困難になり、生産と消費の分断が始まっている。農業をはじめとする第一次産業については、すでに触れた自然産業としての生産の特殊性だけではない。生産と消費の再生産、需要と供給の流通面の特殊性も重要だし、そこにまたコロナ危機の影響が大きいという関わりがある。

そもそも資本主義経済は市場原理にもとづくもので、世界市場と共に国内市場も拡大し、とくにポスト冷戦で市場経済が文字通りグローバル化した。さらに、二〇〇八年リーマンショック以後の金融の異次元緩和（QE=Quantative Easing）による超低金利の資金のバラ撒きにより、異常な金融化のグローバル経済を生み出し、実体経済から浮き上がった金融経済が肥大化した。この異常な資金過剰が過剰生産・過剰流通・過剰消費（浪費）の「三密経済」の都市空間を生み、そこを狙って新型コロナが住み込んだように思われて仕方がない。とすれば、「三密経済」の都市空間に代えて、社会的距離（social distance）の生活空間への逆転が必要であり、その点では過密の金融国際都市・東京から脱出して、感染者ゼロが続いた過疎の岩手への発想の転換が必要かも知れない。しかし、そんな単純な話にとどまるわけにはいかない。切断され分断された生産と消費、社会的再生産のあり方を、ここで根本的に問い直さねばならない。

コロナに分断された生産と消費だが、言うまでもなく資本主義経済では、市場における商品の需要と供給に媒介されている。さらに生産と消費となると、「資本流通」と「単純流通」に分けられる。K・マルクスの『資本論』の説明を借りると、「資本流通」として、生産を内部に含む産業資本の流通形式＝G（貨幣）―W（商品）……P（生産）……W'（製品）―G'（価値増殖）は、言うまでもなく国境を越え、今日では「サプライチェーン」を利用し、グローバルに拡大・発展している。この資本流通に包摂される形で、雇用される労働力は、消費の経済主体として「単純流通」の形式＝A（労働力）―G（賃金）―W（商品・消費財）により生産と消費を繋いでいる。（注）この単純流通が巧く繋がらなければ、生産と消費の社会的再生産、労働力の再生産ができない。その点で、今回のコロナ危機と都市ブロック化によって、生産と消費が切断・分断される「体制的危機」を迎えたといっていい。

（注）拙稿「労働力商品化の止揚と『資本論』の再読」ダルマ舎叢書Ⅰ『時代へのカウンターと陽気な夢：労働運動の昨日、今日、明日』を是非とも参照されたい。

労働力商品化の基本矛盾も、単に直接的生産過程の剰余価値生産のレベルだけではない。繰り返し述べるように、資本の流通過程・再生産過程の「資本流通」と「単純流通」を踏まえ、単純流通が資本流通に対し、消費生活を家庭・家族のコミュニティにおいて維持できるか否か、ここにかかってくる。今回、コロナ危機のロックダウンによる生産と消費の切断・分断に対して、改めて「単純流通」の動向が注目されるとみていい。新たな地産・地消の単純流通メカニズムを含む、農業の生産・流通・消費の六次元化などによる「地域循環型産業」への転換が提起されるのではないか？そうした構造転換を抜きにしたまま、単なるコロナ危機からの「出口戦略」を探っても、そんなものは「元の木阿弥」に終わるだけだろう。すでにポスト冷戦のグローバリズムそのものが、トランプの「アメリカ第一」をはじめ、行き詰まりを見せていた。とくに上記のＱＥなどの異次元緩和の「三密経済」の拡大こそが、コロナショックの温床だったとも言えるからである。

もちろん「資本流通」と「単純流通」は、理論的に区別すべきだが、現実には流通市場で一体化されている。資本流通がグローバル化して、単純流通を包摂しているし、労働者もグローバル化する消費財を大量購入して消費している。それによって食料の自給率は低下するし、そのグローバル化に新型ウィルスのコロナが住みついてしまっている。脱コロナの単純流通の地産地消による地域循環型産業の構築により、脱コロナの単純流通を構築し、切断されている生産と消費の統合をはからなければならない。そうしなければ、生産の主体である労働力の再生産ができなくなり、コロナに殺されてしまう。だからこそ今度のコロナ危機が体制的危機に結びつくわけだが、むろんコロナ危機からの出口戦略も考えられてはいる。「三密経済」の過剰投資、過剰雇用、過剰消費をコロナ不況の圧力で整理して、多少の社会的 distance の出口を探るというのがそれである。しかし、こんな出口戦略では、まさしく「元の木阿弥」だろう。生産と消費、地域循環の新たな統合の主体は、地域労働運動の再生とともに、農協や生協など流通にもかかわる協同組合の出番ではないのか？

## 五　詩作「産業組合青年会」

宮澤賢治は、自伝的な「少年小説」とされる『ポラーノの広場』で、「逃げた山羊」「つめくさのあかり」「ポラーノの広場」「警察署」「センダード市の毒蛾」「風と草穂」といろいろな事件や冒険の後、花巻農学校時代の生徒たちの転位と言われる若者たちが、地域産業のための「協同組合」を立ち上げた。それについての感慨を述べている。

「それからちょうど七年たったのです。ファゼーロたちの組合は、はじめはなかなかうまく行かなかったのでしたが、それでもどうにか面白く続けることができたのでした。私はそれから何べんも遊びに行ったり相談のあるたびに友だちにきいたりして、それから三年の後にはとうとうファゼーロたちは立派な一つの産業組合をつくり、ハムと皮類と錯酸とオートミルはモリーオの市やセンダードの市はもちろん広くどこへも出るようになりました。」

賢治は「ポラーノの広場」だけでなく、沢山の童話を書いています。しかし、生前に出版されたのは『注文の多い料理店』だけ、それに詩集『春と修羅』だが、両方とも売れ行きは頗る芳しくなかった。『春と修羅』の第二集に収録予定の中には、詩作「産業組合青年会」があり、最初の「ポランの広場」とほぼ同時、一九二四年に書かれた詩作だった。賢治が「産業組合青年会」に期待する夢が、いかに大きかったか？

賢治の理想郷「イーハトーヴォ」の夢の具体化も、「産業組合青年会」の活動に、その一端が表現されているように思われて仕方がない。当時、協同組合の組織は、戦後の今日とは全然違っていて、農協も漁協も、消費生活協同組合も、そして金融の信用組合、さらに流通部門の「日専連」の組織なども、すべて協同組合は「産業組合」に統一され、一本化されていた。だから、生産と流通、消費が一体化されて「産業組合」に統合されていたし、その青年組織こそ「産業組合青年会」にほかならなかった。

当時の日本経済、とくに東北の農村経済の実態は、実に悲惨だった。第一次大戦後のブーム・好景気が終わり、さらに関東大震災の自然災害にも見舞われた。昭和の金融恐慌に続き、一九二九年の世界大恐慌も襲いかかって来た。そうした中で、東北農村は冷害による不作も重なって、下層農民は「草の根」をかじり、「娘を身売り」に出して飢えをしのいでいた。それだけに政府も、新たに農村対策として、「東北振興」の国策に転ずる以外になかった。同時にまた、もともとは農村のコミュニティ・共同体の「無尽」「頼母子講」など、信用組合の「助け合い」の活動から生まれた「産業組合」の協同組合運動が盛り上がった。とくにその「青年会」の若者たちの活動が、急速に活性化したし、組織的にも拡大した。

宮澤賢治が、新たな「農村経済」に重大な関心を寄せ、W・モリスなどの「農民芸術論」から学びながら、「産業組合青年会」に重大な関心を寄せたのは当然だった。そして、労農派シンパとして、コミュニタリアニズム・共同体社会主義の夢、そこに「コミュニタリアン賢治」の強い期待があったと思う。だからこそ賢治は、自ら死の直前を迎えて、遺書の代わりのような形で、福島の須賀川にある「北方詩人」の会に、懐に温め続けてきた詩作「産業組合青年会」を送って、旅立って行ったのではないだろうか？

## 六　賢治の「西域幻想」

賢治は生前、樺太旅行には出かけたが、海外に出たことはなかった。その賢治が、行ったこともない、中央アジアの「西域」、インドや中近東に関して、沢山の童話や詩作を「西域幻想」として残している。当時、西欧諸国の探検隊が西域の遺跡の調査や発掘を行い、日本からも参加している。（注）一種の「シルクロード」ブームが起こり、その調査・発掘に賢治も強い刺激を受けて、東京などで資料収集しての作品だった。この賢治の「西域幻想」が賢治の仏教信仰、とくに法華経への深い信仰に裏付けられている。まさに仏教童話であり、仏教芸術の作品だった点がまず重要だろう。そして、それが仏教伝来の「シルクロード」に結びつき、さらに西域をブリッジとしてヨーロッパへ、大きくユーラシア大陸に架橋されているとみられる。

（注）日本からの西域調査は、一九〇二〜一四年まで西本願寺の探検隊が発掘・調査した。この調査を含めて、金子民雄『宮澤賢治と西域幻想』（中公文庫）を是非参照されたい。

すでにふれたように、賢治は花巻の北上川水系に「イギリス海岸」と命名した。ユーラシア大陸の西端のドーバー海峡、それに面したイギリス海岸について、「全くもうイギリスあたりの白亜の海岸を歩いているような気がする」とまで書いていたのです。西のイギリス海岸と東の花巻の賢治のイギリス海岸、この東と西の二つのイギリス海岸を繋ぐ西域の「シルクロード」、そして盛岡高等農林で専門的に研究した地質学からすれば、それに「玉の道」が結びつく。説明を繰り返すが、北上川の花巻・イギリス海岸の白亜の道は、東の「玉の道」から西の「シルクロード」の絹の道へ、そしてドーバー海峡を渡って白亜のイギリス海岸に繋がる。賢治の地質学は、日本列島の東北を西域の「シルクロード」から、さらにユーラシア大陸に繋げることになった。ユーラシア大陸の西の端の「イギリス海岸」に対して、東端に長く伸びる日本列島、それが仏教伝来の道標でもあった。

はじめに指摘したとおり、戦後日本の高度成長は、戦前からの「資源小国」のトラウマに取り付かれたまま、中東の安価な石油に飛びつき、石油ショックに翻弄され、今や地球温暖化と原発事故の放射線に追い詰められ、そしてコロナ危機を迎えた。この環太平洋の三大都市圏から首都圏一極集中化への道は、東日本大震災からコロナ危機に至るまで、今や日本列島の生存の危機を深めている。東北の宮澤賢治が、二つのイギリス海岸を結び、日本列島をユーラシア大陸に結び付けた。さらに地球の緯度もほぼ同じ北緯の地域・東北は、多くの植物の「植生帯」も、地質とともに繋がっている。この日本列島の地政学的転換は、高度成長下の環太平洋三大都市圏、首都圏一極集中化からの転換を迫る。仏教信仰だけではない。地質学の研究、花壇設計の植生帯、(注)そして土地・自然の東北農業が、賢治文学を生み出し日本列島の地政学的地位を変える。まさに「東北・土に生きるコミュニタリアン宮澤賢治」にほかならない。

(注)朴木の「マグノリア」をはじめ、「賢治の木」と呼ばれている「ギンドロ」、柘植やイチイの木、柳など、日本の東北の植生とW・モリス『ユートピア便り』のコッツウォールズの別荘の植生の共通性は真に大きい。その植生から、近代デザイナーの父W・モリスのテキスタイルが生まれている点も重要であろう。

# 第二章

# 宮澤賢治と高橋秀松・二人の友情と「産業組合」

二〇一六年は、岩手・花巻に生まれた宮澤賢治の生誕一二〇年でした。その一八九六年は、明治三陸大津波の年であり、賢治が若くして他界した一九三三年もまた、昭和三陸大津波の年だった。彼の生と死が、東北の厳しい自然災害の年だったことは、彼の人生と文学に自然への強い睦みあいの念を刻み込んだように思えてならない。盛岡高等農林、花巻農学校、そして羅須地人協会へと、東北の農村と農業と農民の厳しい自然経済環境のなかで賢治は生きたのである。

さて、ここで高橋秀松の名前を挙げても、ほとんどの人が賢治との結びつきを知らないだろう。賢治研究は盛んに行われてきたし、東日本大震災もあり、賢治への関心がさらに一段と高まった。でも、賢治と秀松の二人の名前は結びつかない。しかし、賢治と秀松は盛岡高等農林で出会い、クラスメート、同寮、そして同窓の親友だったのです。親友としては、先ずは秀松の名前を挙げなければならない。(注)

(注) 今野勉『宮澤賢治の真実』では、テレビ取材との関連と思うが、「寄宿舎で同室となった農学科第一部の高橋秀松の記憶によれば、賢治は四月一〇日の土曜日に宮城県出身の高橋を盛岡市内に連れ出して自ら案内したという。」などと紹介されている。さらに賢治の妹のとし子との関係などにも触れているが、もっぱら賢治の親友としては保阪嘉内が中心で高橋秀松ではない。保阪との関係は、『アザリア』の同人とかイデオロギー上の交友であり、普通の親友としては高橋と賢治の関係を重視すべきだと思う。

まず、簡単に高橋秀松の経歴を書いておこう。一八九四年に宮城県名取市に生まれた。生家は「亘理屋」

という宿屋であった。ちなみに仙台に隣接する港町・名取も、二〇一一年、東日本大震災の津波で大きな被害を受けた。広瀬川に繋がる名取川の河口、閖上の小学校は、沢山の泥にまみれたランドセルを残したまま、津波の犠牲になった。市内の仙台空港も津波にやられ、航空機の残骸が打ち上げられていた。

一九一五年、秀松は宮城県立農学校を卒業、岩手県盛岡高等農林学校農学科に入学、ここで宮沢賢治と寄宿舎の同室で過ごした。一九一八年、盛岡高等農林卒業後、賢治は花巻に帰ったが、秀松は茨城県立農業教育養成所兼農学校教諭となる。さらに一九二〇年、京都帝国大学経済学部選科入学（注）、一九二三年卒業、その後、安田保善社勤務、一九四四年名取に帰郷し、名取郡増田町で初代の農業共済組合長（後に農業協同組合に改称）、一九五六年初代の名取町長、一九五八年名取市に昇格で初代の名取市長、一九五九〜六三年まで二代目の名取市長を務め、一九七五年に七九歳で死去された。

（注）この年、著名なマルクス経済学者、『貧乏物語』の著者でクリスチャンだった河上肇が学部長に就任している。

賢治と秀松の接点は、一九一五年から一九一八年までの盛岡高等農林の三年間だけ、決して長くはない。しかし、誰でも経験するように、旧制高校とか大学の時代に、生涯の友となる交友が生まれることが多い。学生生活の意義は、そうした真の友人を得るためのものと言っても過言ではない。しかも、二人は寄宿舎で同じ部屋で起居を共にしたし、賢治は盛岡中学に在学していたから、名取から出てきた秀松を連れて、毎週のように盛岡市内を案内した。市内にある教会を訪れ、秀松は信仰を深めながら、クリスチャンになったと考えられる。賢治の作品には、宗教の影響が強く流れているが、「ポラーノの広場」など、特にキリスト教や賛美歌が出てくるのは、秀松との盛岡生活によるものと考えられる。

秀松が賢治について書いたものは、さほど多くはない。『宮沢賢治全集』（筑摩書房）の月報9（一九五六年）に「寄宿舎での賢治」という小品があり、こんなことを書いている。

「賢治と私は南寮の第一号室で室長は三年生の渡辺五六先輩で室員は各科二名宛で計六名、室長と私の机は向い合い賢治の机は私の右斜め、一つの電灯を中心に囲んで配されてあった。寝につくときも位置がきまっていて私と賢治は布団を接していた。親しくなるのは当然であるが、賢治は学生時代には殆んど友達をつくろうとしなかった。」

そんな中で、二人の交友は深まっていたと思われる。キリスト教との関係で、秀松だけには心を開いて打ち解けた賢治からの書簡もある。

「これは又愕ろいた牧師の命令で。」

如何にも君の云ふ通り私の霊はたしかに遥々宮城県の小さな教会までも旅行して行ける位この暗い店さきにふらふらとして居ります。忘れて居りましたが先日停車場迄何とも有りがたう。

「優しき兄弟に幸あらむことをアーメン」

賢治は天才だと思う。天才に特有なシュールなところが、奇人、変人と見られるし、友人も多くはなかったのだろう。しかし、そんな「賢治とわれとは全く兄弟同様の交友をつづけた。そして賢治はその妹敏子さんが目白の女子大から一週間に必ず一度の消息をよこすと私の前で開き読み合う。ここに三人の兄弟が出来上がった。」とまで秀松は書いている。（注）そのうえで、「せめて学生時代の資料を纏めようと企て」たし、「私にもそれらのことをもう少しハッキリする義務が在ると思うが、まだまだ手が届かないで、今は専ら新しい農村の建設に意を用いている」秀松としては、賢治との交友の絆を引き継ぎながら、戦後は仙南の地で農業協同組合運動や名取の町づくりに専念しようとしていたというわけである。

（注）賢治は、敏子と秀松の親密な関係を期待していたとも考えられる。その点で、イデオロギー的な面での交流だった賢治と保坂嘉内との関係の違いを感ずるし、賢治、秀松、敏子の「三人の兄弟」関係を重視したい。

二人の高等農林時代で、友情をさらに深める契機になったのが、一九一七年三年生のとき江刺郡の地質調査に同行した経験である。学科の主任教授、関豊太郎（専門は、地質・土壌学）（注）の指導の下、賢治が秀松を推薦して同行したようだが、二人の他には、地元の一関市出身の佐々木又治も参加した。一〇日ほどの地質調査だったが、こうした調査研究から、賢治の有名な童話「種山ヶ原」をはじめ「五輪峠」など、作品群五〇編余りが生まれるきっかけになった。それに秀松が同行していたことは、賢治の作品形成にとっても大きい影響を与えたと思われる。

（注）関教授は、秀松の母校、宮城農学校の教諭を務めたことがある。

賢治の「グスコーブドリの伝記」について、秀松は「彼の支柱となっている思想、または対象となっているものを客観視するとき私の彼に対する、または彼の作品に対する解説は自ら一つの類型にはまってくるのです」と述べ、「それは学生時代賢治と親しく交わり、彼の友として共に山野をかけめぐり、彼の心の在り場所をおおむね知り尽くしているためでもあるでしょう。」さらに、賢治のイーハトーヴォ童話集『注文の多い料理店』の序文をあげ「賢治の詩や童話はみんな林や野山や月等からじかに感受した心象スケッチである」と、論稿のサブタイトルに書いている（『四次元』第四巻第四号）。ここで秀松は、右にせよ左にせよ、ドグマになったイデオロギーを賢治作品に読み込むことには、強く反対し、「賢治はただ純粋な真理探究の求道者であってこそ、銀河系の生ける微塵として私どもに常に親しまれるのであります」と訴えている。

とくに「グスコーブドリの伝記」は、「ブドリそのものは彼賢治であることが確かであるから、何も飾る必要もなく、筋書きも学生時代彼が考えていた事でもあるからです。彼は平常冷害や旱害で飢饉に苦しむ東北の農民の事を苦にして、如何にしてこの冷害から救うべきか、旱害防除対策はどうするかを盛岡高農一年生の時（大正四年六月頃）から私と談じ合い、互いの分野で研究しようという約束さえしたものでした」と回想している。賢治は肥料土壌気象学の面から、自分は品種改良の面を担当するはずだったが、「私がいつの間にか見切りをつけて政治経済学の方へ転向して了ったのですから、彼はどんなに私に不満をいだき失望したか知れないわけです。」

秀松が茨城の農学校を辞め、続いて賢治も花巻農学校を辞めて羅須地人協会を始めた。その時、賢治もまた「自分に弱い農業経済について、仙台の東北大で勉強したい」と洩らしたようだが、そこには秀松の

「転向」の件があったかも知れない。否、あったと思われる。(注)とはいえ「賢治が農業の専門学校を目ざした動機は最初から東北農民をして致命的な天然災害から救わんがためだったし」、そのためにクーボー博士(恩師の関豊太郎博士がモデルかも知れぬ)の指導で「火山を操作して自在に爆発させ空気中に炭酸ガスを発散させて地球の気温放出防止の皮膜をつくろうとした」ブドリの実験が、賢治作品の題材に生かされた点を、とくに秀松は重要視していた。

(注)この点については、前著『日本におけるコミュニタリアニズムと宇野理論』、とくに第五、六章「労農派コミュニタリアニズムの群像(1)(2)」を是非参照のこと。

賢治と秀松の二人の交友関係が、生涯にわたり影響し合い、また賢治作品にも影を落としていることが知られる。秀松は、終戦を待たずに故郷の名取に戻った。そして、戦後復興に努力することになったのが、他ならぬ農業共済をはじめとする地域農業協同組合運動だった。それも名取の農協活動だけではない。名取市の初代市長や宮城県農業共済組合連合会理事長を務めている。宮城県の農業協同組合の戦後のトップリーダーであり、そこにまた賢治との交友関係の強い絆を取り戻そうとする、高橋秀松の活躍の原点があったのではないか? 宮城県の農協運動は、秀松に宿る賢治精神に支えられていたといえるのではないか。

賢治の作品の中では、農協運動は余り注目されてはいない。しかし、賢治が花巻農学校を退職し、羅須地人協会を始める二年前、一九二四年に「産業組合青年会」という詩を書いている。(注)産業組合という名称は、戦前は後の農協、生協、森林組合、日専連など、広く協同組合の総称でした。賢治は、協同組合運動に関心をもち、とくに若い組合員である青年会活動に期待を寄せていた。彼の理想郷ともいえる「イーハトーヴォ」の夢も、羅須地人協会の組織も、実は協同組合としての「産業組合」、とりわけ「青年部」の活動により、賢治作品の「ポラーノの広場」に実現されると考えていた。

（注）「産業組合青年会」については、とくに濱田英作「宮澤賢治の感じた西域」（「二一世紀アジア学会紀要第二号」平成一六年三月）からヒントを得た。是非参照されたい。

賢治の死後発表の「ポラーノの広場」も、「グスコーブドリの伝記」「風の又三郎」などとともに、賢治は自ら自伝的な「少年小説」としていた。その初稿は上記一九二四年に書かれ、さらに一九二七年頃に羅須地人協会の活動の中で推敲されたようだが、賢治にとっては「産業組合」、そして青年部の地域活動と深く繋がっていた。青年部の若い農民達が「立派な一つの産業組合をつくり、ハムと皮類と酢酸とオートミル」を製造する。（注）それらを「モリーオの市やセンダードの市はもちろん広くどこへも出るようになりました」と賢治は「ポラーノの広場」の最後で述べて、『ポラーノの広場』の歌を皆で合唱し、そして乾杯するシーンにつなげている。合唱は、賛美歌四四八番であった。

（注）一九二四年の「産業組合青年会」では、ハムや皮類などと共に、「山地の肩をひととこ砕いて／石灰岩末の幾千車かを／酸えた野原にそゝいだり」と書いているので、その後の東北砕石工場の技師の活動もまた、「産業組合」活動として行っていたことが判る。東北砕石工場の活動を、「産業組合」活動から切り離すわけにはいかないと思う。

「ポラーノの広場」の最後が、賛美歌四四八番の合唱で終わっているが、その点で是非紹介したいのは、賢治が『農民芸術概論綱要』で大きな影響を受けた、ウィリアム・モリスの代表作『ユートピアだより』の最後のシーンである。「イングランドで一番美しい村」といわれるロンドンからテムズ川の源流、コッツウォールズの教会で秋の収穫を祝う祭り、そこでモリスの共同体主義（コミュニタリアニズム）の夢が賛美歌とともに歌われるというシーンである。そしてまた、賢治にとって盛岡高等農林のクラスメートであり、親友だった高橋秀松からの影響も強調したい。彼が敬虔なクリスチャンであり、「われらは世界のまことの幸福を索ねよう　求道すでに道である」（『農民芸術概論綱要』）という強い信仰があった。だから賢治は、ここであえて賛美歌四四八番の合唱を選んだ。

秀松は終戦を待たず帰郷した。そして、地域の農業協同組合運動に飛び込んだ時、『ポラーノの広場』から流れる合唱の歌声を聴いたに違いない。賢治の有名な「世界がぜんたい幸福にならないうちは個人の幸福はありえない」。この言葉こそ、協同組合運動の原点を訴えるものにほかならない。（注）その訴えに応えて、秀松もまた地域の「新しい農村の建設」に向かったのである。東日本大震災からの復興の今、あらためて二人の交友に想いを馳せ、共働、共生、共助の地域創生への誓いを新たにしたいと思う。

（注）賢治は、自らの死の直前一九三三年九月五日に、「産業組合青年会」を福島県須賀川の「北方詩人」に送稿した。一〇月一日には発刊されたので、事実上は賢治の「遺書」に相当する詩作と言える。賢治は、父親に法華経一〇〇〇部を知己に配るよう依頼したが、同時に「産業組合青年会」を自分の遺作として遺したのではなかろうか？

## 補章1 「勝山酒造〈献〉世界チャンピオン、宮澤賢治も喜んでいる！」

『河北新報』によれば、地元・仙台の勝山酒造「献」が世界の選んだ日本酒№1を獲得、ロンドンで授賞式が行われた。地元として、こんな喜ばしいことはない。「酒造りは東日本大震災からの復興の柱でもある。いいお酒を造り、頑張っている姿を多くの人々に見てもらいたい」受賞の弁だが、その通りだと思う。喜びの一人に、ぜひ宮沢賢治を加えてほしいと思う。

「雨ニモマケズ」の宮澤賢治だが、飲酒家として有名ではない。むしろ菜食主義者で下戸だった。その宮澤賢治、現在の岩手大学農学部、戦前の盛岡高等農林・農学科第二部で土壌改良を専攻した。「土づくり」が専門家なのだ。

賢治には、詩作「産業組合青年会」（一九二四年）がある。戦前の日本では、農協も生協も「産業組合」に一本化され、協同組合運動が活発だった。賢治の童話「ポラーノの広場」は、彼のイーハトボ（理想郷）だろうが、「産業組合青年会」への期待も込められている。「部落々々の小組合がハムをつくり羊毛を織り―山地の肩をひとところ砕いて／石灰岩末の幾千車かを／酸えた野原にそそいだり」と、砕石工場での石灰肥料の製造・販売を予想する一節だ。

花巻農学校を退職（一九二六年）、羅須地人協会を設立したが、病気の後「東北砕石工場」の技師嘱託（一九三一年）として、「産業組合青年会」の夢を実践しようとした。年譜や書簡によれば、秋田・宮城の農村にも石灰肥料を販売した。モーレッツ社員でワークホリック、過労死したかに書かれているが、そんなことはない。一九三一年五月五日の年譜には「四日県庁農務課関口三郎氏の指示があり、朝、宮城郡農会へ行き、……とりわけ七郷村・根白石村農会分を交互に発送のこと」など二年、翌三年かけて頻繁に連絡し、県庁・郡農会・根白石村農会と系統的な販売活動を行った。

当時、宮城県内の酸性土壌が深刻で、農耕地の六割、土壌改良のため炭酸石灰の加用が必要とされた。東北大など研究者に助成していた財団法人「斎藤報恩会」の小牛田の「農業館」とも連絡して、賢さんの「土づくり」が、仙台・根白石などで本格化した。それに「米づくり」が結びついた。

初代の名取市長・高橋秀松は、宮澤賢治と同級・同寮・同室で、寝食を共にした親友であり「稲の品種改良」が専門だった。賢さんの「土づくり」、秀さんの「米づくり」、これが二人の「人生の誓い」だったことを知ってほしい。

勝山酒造は、戦前から名取の酒造米を使い、名取・広瀬川の「四ツ谷用水」で「酒づくり」を進めてきた長い歴史をもつ。まさに地産地消の地域「経済循環」であり、今でも関係者が「伊澤神社」を再建、地域の拠点になっている。また勝山酒造は現在、仙台・根白石の地に醸造所を移転している。（注）ここで、改めて賢さん、秀さんの新たな「土づくり」「米づくり」そして「酒づくり」の地域循環が形成され、それが今回の純米吟醸酒「勝山献」の世界一の受賞となった。賢さん、秀さん、喜んでください。二人の学生時代からの夢の実現です。皆さん、おめでとう！

（注）本稿は『河北新報』（二〇一九年八月二二日付）「持論時論」に掲載されたが、加筆されている。なお、勝山酒造や「伊

澤神社」などについては、大内・吉野・増田編著『自然エネルギーのソーシャルデザイン』（鹿島出版会）を参照されたい。

# 第三章

# 宮澤賢治「ポラーノの広場」の産業組合

## ——羅須地人協会とイーハトーヴォ

## 一 「はじめに」

ここでは、賢治の作品「ポラーノの広場」をとり上げるが、すでに述べたとおり文学作品としては、詩作「産業組合青年会」（一九二四年）と共に、ほぼ同時期の「ポランの広場」、その発展としての「ポラーノの広場」があります。「ポラーノの広場」は、その初期形ともいえる「ポランの広場」から出発し、花巻農校で上演された戯曲もあるし、何度かの改作を経て後期形といえる「ポラーノの広場」へと手が加えられ、「メルヘン的な体験」から「ノスタルジックな回想調」に変化したと解説されている。また、花巻・羅須地人協会での体験も加わり、自伝的な「少年小説」として、とくに「産業組合青年会」の成功の賛歌が加わるファンタジックロマンの色調が強まっていたようにも思う。

さて、後期形の書かれたのは、一九二七〜二八年頃といわれているが、とくに一九二八年の三・一五事件を頂点として、官憲の弾圧が強化された。花巻・羅須地人協会もそれに巻き込まれたが、そうした中で自伝的小説が書かれたとすれば、賢治の思想的な立ち位置を確認する上でも、きわめて重要な作品とみていい。「ポラーノの広場」は、彼の理想郷である「イーハトーヴォ」の空間だし、そこで「産業組合青年会」の活動が生き生きと書き込まれている。（注）そして最後は、組合活動の成功を祝っての「賛美歌」の合唱で終わる。その上で、すでに述べた通り詩作「産業組合青年会」にも手を入れて、それを一九三三年九月五日、二一日の自らの死を直前にしながら、賢治は福島県の須賀川にあった「北方詩人」編集部に送付したのです。ある意味で、賢治の遺言だったのが「産業組合青年会」ではないかと思う。

（注）すでに指摘したが、詩作「産業組合青年会」をはじめ、これまでの賢治研究では彼の「産業組合」に対する関心に触れたものは少ない。しかし、特に「ポラーノの広場」は、産業組合青年会のサクセスストーリーであり、彼のイーハトーヴォの具体的内容を知る上では、最も重要な作品であることは指摘するまでもないと思う。

## 二　「ポラーノの広場」を読む

そこで「ポラーノの広場」だが、先ず話者であるレオーノキュースト が、イーハトーヴォのすきとおった風、青い空、そして美しい森に飾られたモリーオ市（盛岡のイーハトーボ的転位）の博物館の下級職員だった頃のことを、今は首都の巨大な建物の中で回顧する。その年の五月から一〇月までの五ヶ月間の出来事を、「一、遁げた山羊」「二、つめくさのあかり」「三、ポラーノの広場」「四、警察署」「五、センダード市の毒蛾」、そして「六、風と草穂」と順番に語るのです。輪読にもふさわしい作品である。（注）

（注）仙台のNPO法人「シニアネット仙台」の朗読グループ『注文の多い料理店』で朗読に参加した経験からすると、賢治作品は朗読に適している。

その年から三年後に、キューストは首都トキーオ（東京の転位）の大学に移り、それでも協力を続けていた「青年会」のメンバー達は、「立派な一つの産業組合」をつくり上げた。その後、数年経ったある日、一通の郵便で「ポラーノの広場」の歌の楽譜（讃美歌四四八番）を受け取る。その譜を読みながら、彼は青年達の成功を祝う饗宴を遥かに回想する。

「つめくさ灯ともす　夜のひろば
むかしのラルゴを　うたいかわし
雲をもどよもし　夜風にわすれて
とりいれまじかに　年ようれぬ

まさしきねがいに　いさかうとも
銀河のかなたに　ともにわらい
なべてのなやみを　たきぎともしつつ、
はえある世界を　ともにつくらん」

大筋を紹介すれば以上であるが、産業組合の成功にむけての軌跡を、一から六までの順を追って、具体的にチェックを試みておこう。

1　レオーノキューストが、毎朝その乳を絞って、パンを食べるために飼っていた一匹の山羊が逃げ出してしまった。教会の鐘が鳴り、緑豊かな地方都市モリーオの町を、山羊を探して歩く。賢治が昔、高等農林時代に敬虔なクリスチャン高橋秀松を案内した散歩の情景とみごとに重なる。山羊は、ある少年ファゼーロが、引き止めてくれていて、キューストの手に無事に戻る。その少年は、昔話に出てくる「ポラーノの広場」を探していた。ここから二人の交流が始まることになる。

2　一〇日ほど後、ファゼーロがやってきて、ミーロも加わり「ポラーノの広場」探しが始まる。地図を頼りに夕闇の迫る森の中を進むと、その先に「小さな円いぼんぼりのような白いつめくさの花があっちにもこっちにもならび」、つめくさの花の灯りが付いたようだ。灯りには番号が付いていて、それを道標にしながら広場へ向かう。幕末、ヨーロッパ原産のこの草が日本にたどり着き、「馬や牛を養い、道路や野原を護り、風景に緑色の地を塗り、人の心を和ませた」（井上ひさし「つめくさのみちしるべ」）。さらに「空中の窒素を取り込む能力がある上、根が深いので土の深層にある養分を吸い上げる」緑肥、まさに東北の伝統的な有機農法に深く根ざした田園風景である。

3　それから五日目の夕方、またファゼーロが来た。二人は、つめくさの花の灯りから樺の木の林を抜けたところで、すでに県会議員の山猫博士も来ていた「ポラーノの広場」に到着した。「誰だって見付けた人は行っていい」広場では、すでにオーケストラがワルツを演奏し、自分の選挙運動に利用しようとしている山猫博士は、すっかり酩酊していた。「酒を呑まずに水を呑む」ファゼーロ達との間には、しだいに険悪な雰囲気が拡がりはじめた。ついに山猫博士とファゼーロの決闘になってしまう。しかし、この広場には、決闘の道具となる剣もなければ鉄砲もない。食卓ナイフを使っての決闘なので、酩酊した山猫博士が簡単に敗北、「ええと、我輩はこれで失敬する。みんな充分やってくれ給え」との台詞を残して去る。

4　この地方政治の暗部をさらけ出したような決闘劇は、それだけで終わらない。警察の介入が待ち構えていた。翌々日、イーハトーヴォ警察署からキューストに呼び出しがかかる。容疑は、決闘劇よりも、ファゼーロが行方不明になっている事件だった。取調べの控え室での不安な心理が細かく描かれる。上述の三・一五事件の前後、花巻警察署で取調べを受けたとされる賢治の貴重な体験が役立ったような場面が続く。取調室に呼び込まれ、ファゼーロの所在を厳しく追及される。しかし、ファゼーロと決闘したのは県会議員の山猫博士、彼はどうしたのか?彼がファゼーロの捜索願を出したのか?そうではないようだ。山猫博士もまた行方が不明なのだ。

5　一九二二年七月、盛岡に毒蛾が大発生、当時の報道から賢治の童話「毒蛾」は、盛岡の事件に取材して書かれた。さらに、その原稿に手を入れて組み込んだものが、5の内容だと解説されている。では、なぜモリーオでなく、センダード（仙台の転位）にしたのか？賢治は、イーハトーヴォとポラーノの広場が、モリーオの近郊にある以上、毒蛾の発生をモリーオにはできなかった。さらに、政治家の山猫博士が姿を隠した場所として、東北一の大都市・仙台、一九二八年には合併で人口が二倍、面積は三倍に急膨張し、「東北産業大博覧会」も開催された仙台を、賢治が選んだのではないか？

キュースト は八月三日から二八日間イーハトーヴォ海岸地方、北のサーモ（鮫の転位）からシオーモ（塩釜の転位）への海産鳥類の卵採集を命ぜられていた。三〇日には毒蛾が大発生したとされるセンダードに入り、彼は床屋に出かけた。そこで、たまたま隣の席に山猫博士が座り、毒蛾の被害から彼を追跡して、真相を究明することになる。ポラーノの広場の林で、彼は木材乾留会社を操業したが、薬品の値上がりで大きな欠損を出してしまった。それを税務署に届けなかったので、部下が密告して株主の反感が高まり、責任追及の場が、あの日の広場での決闘劇になったのだ。これが山猫博士の弁明だった。

6　九月一日、ファゼーロが役所にキューストを尋ねてきた。彼もセンダードの「革を染める工場」から八月一〇日に戻ってきていた。工場の技師の助手を勤め、その技術を使ってポラーノの広場の森の工場で新しい仕事を始める。山猫博士の工場では、木精（メチール）も混入した混成酒を密造していた。それが露見して会社の株が暴落、土地を沢山所有しているセンダードに彼は逃げ込んだのだ。そんな営利企業の工場を止めて、「産業組合」の新しい協働事業として皆で働こう。ポラーノの広場には、若い仲間が揃って待っている。

つめくさの広がる農場、周囲の森林、その第一次農林生産品を、ファゼーロたち若者が森の工場で「鉄の缶」「素焼きの壷」で第二次加工する。革の生産、ハムの生産、酢酸の生産、「あのときは会社だなんてあんまりみんなでやったから損になったんだけれども、おれたちだけでやるんなら、手間にはきっとなるからな。十瓶だって二十瓶だって引き受けると町の薬屋でも云ってくるからな。」

こうして新しい「ポラーノの広場」が出発する。ここでは産業組合が、第一次、第二次、第三次にまで及ぶ「六次産業」と呼べる業種構成、ブラックな営利企業に対置される協同組合としての業態、雇用労働に対する協働労働のワークスタイル、まさに地域の協同組合のビジョンが浮かび上がる。そして、「ファゼーロたちの組合は、はじめはなかなかうまく行かなかったのでしたが……それから三年の後にはとうとうファゼーロたちは立派な一つの産業組合をつくり、ハムと革類と酢酸とオートミルはモリーオの市やセンダードの市はもちろん、広くどこへも出るようになりました。」賢治のファンタジックロマンは、上記の通り最後は賛美歌の合唱曲でもって終わっている。

## 三　「ポランの広場」と花巻・羅須地人協会の活動

さて、詩作「産業組合青年会」、そして「ポランの広場」が書かれたのが、ともに一九二四年であり、そのあと「農民芸術概論綱要」が書かれる。そこではわざわざ「農民芸術の総合」の場として、賢治は「つめくさの灯りともす宵のひろば」を設定している。「農民芸術概論綱要」であるが、当初は花巻農学校に併設された「岩手国民高等学校」の講義科目「農民芸術論」のために準備された。しかし、それだけでなく「地人芸術」の自由教育の場として旗揚げされた下根子桜の「羅須地人協会」の「集会」でも、地域の農民たちに語られていたことが、伊藤与蔵氏の証言（拙著『賢治とモリスの環境芸術』参照）で明らかになっている。ただ、羅須地人協会の「集会」活動は、三・一五事件に関連の当局による弾圧も加わり、約二年半で中断され、そのまま再開されず、賢治は他界した。このことだけを取り上げ、賢治の夢は挫折し、失敗に終わり、さらに思想的に変節し転向したと言わんばかりに評価される傾向が強い。賢治も、下根子時代を回顧し、反省の気持ちを漏らしてはいる。しかし、賢治自身や協会のメンバーが、会の解散を自ら宣言したこともなければ、その消滅を容認しているわけでは決してない。皆、活動の再開を強く期待していた。賢治の早過ぎた死が、活動の再開をゆるさなっただけではなかったのか？（注）

（注）賢治の花巻・羅須地人協会について詳しくは、筆者が代表の仙台・羅須地人協会編『宮沢賢治の「羅須地人協会」――賢治とモリスの館開館十周年を迎えて』（二〇一四年四月）を参照のこと。

さらに「羅須地人協会」そのものは、賢治精神にもとづく私塾であり、自由学校だった。すでに紹介した松田甚次郎の「最上・協働村塾」、伊藤七雄の「大島・農芸学校」、千葉恭の「水沢・研郷会」など、さらに広げれば東京や大阪の労働学校や九州では堺利彦の農民学校なども組織的に繋がる社会的教育のネットワークも形成されようとしていた。それだけに、上記三・一五事件や続く岩手の陸軍大演習への天皇行幸にも関連した当局の弾圧で、とくに賢治の花巻・羅須地人協会が狙われたともいえる。（注）にもかかわらず協会そのものは、とくに解散も消滅もしなかった。むしろ、形を変えて活動が継承された点を見落としてはならないように思う。

（注）すでに紹介したが鈴木守『羅須地人協会の終焉―その真実―』（二〇一三年）、併せて『羅須地人協会の真実―賢治昭和二年の上京―』をも是非参照のこと。

上記、一九二四年に書かれた「産業組合青年会」との関連をみれば、賢治は早くから地域の協同組合としての産業組合、とくにその青年部である青年会の活動に多大な関心と期待を寄せていたことがわかる。賢治のユートピアであるイーハトーヴォ、それが実現される「四次元空間」とも言える「ポラーノの広場」、それは「産業組合青年会」の活動に託されていたし、東北の農村社会の改革だった。賢治は、改革のシナリオのビジョンとして先ず詩作「産業組合青年会」を書き、さらに「戯曲」として花巻農学校で「ポランの広場」を上演した。そして、ファンタジックロマンとして自伝的童話「ポラーノの広場」を書いたのではなかったか?そこに登場するファゼーロをはじめとする若者達の共育の場として「協働村塾」があり、「農芸学校」があり、「研郷会」があり、そして「羅須地人協会」そのものもあった。そして、さらにそれは、「農民芸術概論綱要」にもみられるW・モリスなどの「ロマンス」や「アーツ&クラフツ運動」に通底するものがあるように思う。（注）

（注）モリスなどアーツ&クラフツ運動における「ロマンス」については、吉村典子「イギリス十九世紀の芸術と社会―社

会主義にむかう工芸家たち」(『変革のアソシエ』No.27所収)をぜひ参照されたい。

## 四　松川「東北砕石工場」への賢治の協力

さらに賢治は、羅須地人協会の集会が中断に追い込まれ、また病気に倒れて実家で臥床した後、一時回復して岩手県一関市松川の「東北砕石工場」の仕事の手伝いをした。これに対しても、賢治が「本統の百姓」になりそこない、工場技師に変身、一介の営業サラリーマンに成り下がり、モーレツ社員として働きすぎてワークホリックで過労死した、と言わんばかりの評価もある。しかし、砕石工場の経営責任者の鈴木東蔵(一八九一年〜一九六一年)については、伊藤良治『宮沢賢治と東北砕石工場の人々』(国文社二〇〇五年)による詳細かつ綿密な解明がある。

東蔵は、長坂村の尋常小学校を卒業し、はじめ村役場の書記を務めていた。その時期(一九〇九年〜一九一四年)、「始終役場の宿直を引き受け、そこに青年たちが寄り集まって囲炉裏を囲み、語り合う夜をつくる中心になっていった。そして、その影響は強烈だった。そこから青年たちの目が開け、まとまりが生まれ、村の文化活動が花開く足場となった事実は、今なお語り草になっている。そこに東蔵がいるから集まって語り合う楽しい夜学会。賢治童話〈ポラーノの広場〉づくりを想起させられる。」(一四〜一五頁)と、はっきり書いてある。

さらに、その後は地方記者として活動し、東蔵自身にも『農村救済の理論及び実際』(一九一七年)、『理想郷の創造』(一九二〇年)、さらに『地方自治文化的改造』(一九二三年)の三著作もあります。伊藤氏の紹介の限りでは、「産業組合」への直接の具体的関与は不明であるものの、当時は経済更生運動もあり、どの村でも農事実行組合や産業組合が組織され、活発に運動していた。実際、長坂村の青年会活動から、上記『理想郷の創造』などでは、例えば秋田の山田村、伊豆の稲取村、尻屋村などにおける村落共同体の活動を取り上げて評価するなど、賢治の「ポラーノの広場」の産業組合のユートピアに通底するものがあった。その上で東蔵は、陸中松川の地域資源の開発として一九二五年に「東北砕石工場」を立ち上げた。そして、当時すでに「肥料の神様」と呼ばれ、新聞などでも話題になっていた宮沢賢治に協力を依頼することになった。こうした経緯からすれば、むろん少年時代から「石コ賢さん」と言われた岩石好きもあっただろう。しかし賢治と東蔵を結ぶものは、二人の「産業組合」のビジョンにもとづく地域の産業振興だったと推理できる。

さて、賢治と東蔵の間には、一九二九年末から書簡のやり取りがあり、翌年には賢治の病気も回復して九月、陸中松川の砕石工場を見学に訪れている。生憎、東蔵が不在だったが、賢治は工場への献策を書き、東蔵もそのための融資を依頼する。こうしたやり取りの後、一九三一年二月、東蔵が花巻に来て賢治は工場の「技師」として嘱託されている。この点についても、賢治が百姓への道を捨てて、工場のサラリーマンに転進、モーレツ営業マンとして酷使されることになった、と見られている。しかし、賢治と東蔵の間に共有されている産業組合のビジョンからすれば、賢治が東蔵の営利的企業に労働力として雇用され、そこで雇用労働として賢治が働き、営業活動に酷使させられたかのように見ることはできない。理由を摘記しておこう。

①宮沢家が間に入り、工場への信証金として五〇〇〇円を融資する。

②技師としての嘱託も現物（石灰）で年六〇〇〇円を支給する。

③職務も実行組合や産業組合などへの石灰の説明、宣伝、調査など。

こうした契約内容を宮沢家が東蔵と結び、わざわざ恩師の関豊太郎氏の賛否を問い、賛成の確認をとった上で、賢治が働くことになった。融資の協力、現物支給、産業組合への説明・宣伝の活動など、いずれも営利企業との雇用契約ではなく、産業組合にも共通する生産、さらに購買・販売活動だった。ただ、当時は一九二九年世界大恐慌の時期であり、産業組合の活動といえども困難を極めた。その中での賢治の献身的奮闘だったということである。

ここで東蔵と契約したのが賢治ではなく宮沢家だった点については、病身の賢治を心配し宮沢家、とくに父の政次郎の意向が反映されていると思われる。ただ、何度かの家出同然の出奔があり、また「自炊独居」などと紹介されてきた下根子桜の生活など、賢治は宮沢家から独立する傾向が強かった。しかし、すでに紹介したが一九二八年六月の大島行きの際、仙台や水戸に立ち寄り、賢治は産業大博覧会での見学調査の内容など、父親・政次郎に詳しく報告している。その報告内容など、産業組合の活動とも関連し、父子の間に事業活動について、内々の協力関係が生まれているように感じられる。宮沢家もまた、一九二六年には従来の質屋、古着の店を廃業し、新たに「宮沢商会」を開業している。建設材料の卸、小売、電動機具や自動車部品も扱うように変わった。その上で、賢治と父・政次郎との関係も変化し、産業組合の活動では協力する部分が生まれたのではないか?

## 五 「東北砕石工場」技師としての賢治の「働き方」

以上の流れからすると、東北砕石工場の場合も、賢治は産業組合の活動との関連で東蔵の考え方に共鳴し、宮沢商会も産業組合との関連を含めて、営業活動に関係して関与したのではないか?そうした中で、東蔵と賢治の契約についても、父・政次郎が十分に関与して上記のような契約内容に合意したのであろう。そして、賢治の営業活動についていえば、たんに営利企業の営業活動ではなかった。例えば、賢治が積極的に岩手、宮城、秋田を中心に営業活動を行った一九三一年の五月時点では、とくに宮城県内各地を回っているが、県の農務課に連絡し、農会や産業組合連合会のルートで足を運んでいる。

一例にすぎないが、五月五日付けの鈴木東蔵あての封書では、賢治は次のように報告している。

「拝啓　只今宮城郡農会へ参り出荷延期の申訳並に粒に関する諒解を得度色々申出候処先方大分強硬にて稍々当惑仕候」とした上で、以下のように交渉をまとめて諒解を求めている。

「一、工場より直接各注文者へ出荷延引及粒子の大さに関し諒解を得ること（右は小生発信可致候）

二、微留分全部を茲四日中に発送のこと（但しこれは到底不可能に候間可成敢急ぐこと）就中先に

　東北本線仙台駅下し　　七郷村分及

仝　北仙台駅下し　根白石農会の
分を交互に発送のこと。
三、価格は微粒十貫二十六銭とすること。
四、発送と同時に県及宮城郡農会宛に必らず通知を発すること」

以下、引用を省略するが、要するに宮城県の場合、県の農務課から郡農会、または産業組合の系統を通して取引の交渉が行われていて、明らかに産業組合の活動として、技術指導とともに営業が行われていたことが分かる。とくに戦前から東北大学の研究者らに助成活動を行っていた財団法人「斎藤報恩会」の小牛田にあった「農業館」の技師たちの協力を得ながら活動していた。また、売り込みの商品も、賢治が盛岡高等農林で専攻した土壌改良のための石灰粉末などであり、だからこそ「技師」の肩書も必要だし、恩師・関教授の賛同も必要だったように思う。（注）また、上掲の書簡でもわかる通り、仙台周辺の根白石村、七郷村などの農会とのきめ細かな連絡の記録も残されている。

（注）賢治による当時の宮城県内の販売営業活動の詳細については、『宮沢賢治　Kenji Review930、931』を参照のこと。同メルマガは、賢治の活動を詳細に追いながら整理されていて、心より謝意を表したい。二〇一六年七月休刊。

ただ、当時は一九二九年世界大恐慌の渦中であり、そこに東北農村も巻き込まれざるを得なかった。東北砕石工場もまた、賢治の献身的な努力の甲斐もあり、一時的には大量な受注に成功しながらも、大恐慌の嵐には勝てる筈もなかった。そして、「産業組合」活動に伴う営業の苦労が病苦に重なった。その結果、病気が再発し、悪化した。手帳に「雨ニモマケズ」を書き残し、最後には一九三三年九月五日、詩作「産業組合青年会」を自ら送付して他界した。まさに賢治の死は壮絶だった。

## 六　「産業組合青年会」を賢治の遺書として読む

以上、作品「ポラーノの広場」を中心に、「産業組合青年会」の活動の流れを追ってきた。一九二四年、詩作『春と修羅』、童話『注文の多い料理店』とほぼ同時に書かれた「産業組合青年会」の活動は、他でもない賢治の理想郷であり、彼の「ロマンス」の「イーハトーヴォ」の世界だった。それはポラーノの広場の四次元空間における「つめくさ」の舞台の祝宴として描き出され、そこに流れる讃美歌の調べもまた、仏教とキリスト教の宗教的対立などを超えた自然崇拝の賛歌だったように思う。

「産業組合青年会」は、詩作『春と修羅』の第二集に所収が予定されていて、賢治の懐に収められ推敲が重ねられていた筈である。上述の通り、当初「ポランの広場」の上演だけは花巻農校でも実現したが、すでに学校などの音楽会や演劇の上演活動も、「集会や結社の自由」が厳しく制限された治安維持法の時代だった。しだいに学校演劇も禁止される。「農民芸術」の価値を殊のほか重視する賢治からすれば、官制の農学校での自由な教育の限界を痛感していたに違いない。花巻農学校を辞職して、「本統の百姓」になりたい彼の真意は複雑だったのであろうが、自由学校のような地域の農民達の自発的な教育の場を求めることになった。すでに紹介した新庄の松田甚次郎「最上・協働村塾」、水沢の千葉恭「研郷会」さらに伊藤七雄の「大島・農芸学校」など、花巻・羅須地人協会のネットワークも広がっていた。

花巻・羅須地人協会は、すでに述べたように当局の弾圧もあったし、賢治の病気も重なって、集会形式の活動そのものは二年半ほどで終焉を迎えた。しかし、賢治のロマンスである「イーハトーヴォ」は、少しの揺らぎもなかったと思う。活動の形式が変化し、父親の理解や協力をえながら、上記のように「産業組合」の事業活動と結びついた東北砕石工場の技師としての活動となって持続されたのではないか？石灰の販売活動は過酷だったし、モーレッ社員並みの営業活動だった。結核に侵された身で過酷な活動が死期を早めたことも否定できない。「雨ニモマケズ　風ニモマケズ　雪ニモ夏ノ暑サニモマケヌ」丈夫な体を望んだのだろう。しかし、賢治が「イーハトーヴォ」の夢とロマンスを捨てたわけでは決してない。

花巻・羅須地人協会の集会活動は停止を余儀なくされたにしても、ファンタジッククロマンとしての「ポラーノの広場」は改定、改稿を続け、推敲が重ねられていた。そして詩作「産業組合青年会」もまた、賢治の懐で温められ続けていた。しかし、賢治は自ら死期の迫るのを感じたのであろう。上記の通り一九三三年九月五日、須賀川の『北方詩人』編集部に送稿された。それから二週間余の二一日に賢治は亡くなり、すでに述べた通り「産業組合青年会」が一〇月一日に印刷刊行された。（注）それはまた、我々に送られた賢治の遺書だったように思われてならない。

（注）東日本大震災の後、二〇一一年一〇月八日仙台において記念シンポジウム「協同の力で復興を」開催した。二〇一二年が「国際協同組合年」ということもあったが、宮澤賢治の「産業組合青年会」の精神を震災復興に生かそうという意図のもとに、漁協、農協、生協、日専連などの協同組合の組織が、挙げて協力して参加し成功を収めた。その際、「東日本大震

災と文明の大転換」と題する基調報告を行った。大内秀明・半田正樹・田中史郎編『協同の力で復興を』（変革のアソシエ二〇一二年）を参照されたい。

## 補章2　賢治のレーニン『国家と革命』批判

すでに紹介したが、「その頃（昭和二年春頃）、レーニンの『国家と革命』を教えてくれ、と言われ私なりに一時間くらい話をすれば、〈こんどは俺がやる〉と交換に土壌学を賢治から教わったものだった。（中略）夏から秋にかけて読んで、ひと区切りしたある夜おそく〈どうもありがとう、ところで講義してもらったが、これはダメですね、日本に限ってこの思想による革命はおこらない〉と断定的に言い、〈仏教にかえる〉と翌夜からうちわ太鼓で町をまわった。」杉浦静「宮澤賢治と労農党」（『国文学　解釈と鑑賞』二〇〇〇年二号）

当時、労農党の党員と見られる川村尚三の回想だが、レーニン『国家と革命』と「土壌学」の交換講義は面白いが、賢治のレーニン批判は実に直截で、鋭い。天才的な勘の良さを感じる。

賢治のレーニン批判は、川村尚三の回想に過ぎないが、単ある回想ではないと思う。

1　「夏から秋にかけて読んで、ひと区切りしたある夜おそく」とあるように、かなり長期間の読書会の賢治の結論であり、その場限りの単なる感想ではない点に注意すべきだろう。おそらく賢治自身も、マルクスやエンゲルスの社会主義について、花巻・羅須地人協会でも議論していた。そうした議論や読書を踏まえ、読書会の結論としてのレーニン批判だったと思われる。

2　ここで賢治が云う「日本に限ってこの思想による革命はおこらない」という時の革命の内容である。杉浦氏は、川村尚三の回想と共に、もう一人「普選に立候補した泉国三郎の演説会に賢治に誘われていった伊藤与蔵の回想」を挙げ、賢治は「革命が起きたら、私はブルジョアの味方です」こう先生ははっきり言われたことがあります。先生はいつも「私は革命という手段は好きではない」とも言っていました。又、「私は小ブルジョアの出身です」とも言っていました。（拙編著『賢治とモリスの環境芸術』四〇～四一頁参照）この賢治の発言は、レーニンの『国家と革命』への批判からすれば、レーニンのエンゲルスからの継承である「プロレタリア独裁」を指しているといえる。その立場から、賢治としては自己の小ブル的イデオロギーの限界を自覚していたのであろう。

3　労農派シンパの宮澤賢治からすれば、労農派の堺利彦、山川均などとともに、ロシア革命への一時的な評価はともかく、ロシア革命やプロレタリア国際主義への批判が強かった。賢治も、同じ立場からレーニン『国家と革命』、特に「プロレタリア独裁」に批判的だったと思われる。そして、花巻・羅須地人協会では上記の伊藤与蔵を含め、「伊藤忠一君がマルクス全集を買いました。それを聞いて先生が、十年かかっても理解はむずかしいよ、と言っていました。今思い出してみると、先生の話の中に、カール・マルクスとか、フリードリッヒ・エンゲルスという名前がなんべんもあったように思います。たぶん社会主義に対する先生のお考えもお話になったと思いますが、残念ながら少しも覚えていません。」こうした聞書きからすれば、賢治は当時、花巻の羅須地人協会でも、皆でマルクス主義を勉強し、活発な議論に加わっていた。

4　レーニン『国家と革命』の研究会に戻るが、川村の講義と交換された賢治の「土壌学」であるが、『国家と革命』と交換された「土壌学」の内容は分らない。しかし、レーニンの「プロレタリア独裁」論に対する「交換」講義だとすれば、レーニンの労兵ソヴィエトによる権力奪取、上からの集権的農業革命に対する、賢治の農業論だろう。地域の土地・自然に結び浮いた「土壌学」、「産業組合」など農村のコミュニティを基礎とする東北農業の改革である。労農派シンパとして、まさに共同体社会主義・コミュニタリアニズムであり、コミュニタリアン宮澤賢治だったと思う。（注）

（注）前著『日本におけるコミュニタリアニズムと宇野理論』、とくに第五章「労農派コミュニタリアニズムの群像（1）宮澤賢治」を参照のこと。

# 第四章
# 賢治の「西域幻想」——日本列島の地政学

## 一　二つのイギリス海岸　北上川とドーバー海峡

ＮＨＫの人気番組「ブラタモリ」で岩手の花巻が取り上げられ、「タモリ北上川で石拾い」と報道された。なぜ、北上川に「イギリス海岸」があるのか？地球の裏側のドーバー海峡に面した本当の「イギリス海岸」と、どんな関係があるのか？宮澤賢治が名付け親らしいが、なぜ「イギリス海岸」と命名したのだろうか？長い間考えてきた。昔々一九八二年にロンドン在住の際、せっかくの機会なのでドーバー海峡の海岸まで出かけ、自ら埋葬の葬祭を止めた「エンゲルスの散骨」について、また「賢治のイギリス海岸」など、一日考えてみたがよく解らなかった。しかし、天気も良く、海岸は素晴らしく、美しかった。懐かしい思い出である。

まず命名者の賢治の説明を聞こう。「イギリス海岸には、青白い凝灰質の泥岩が川に沿ってずいぶん広く露出し、（中略）日が強く照るときは岩は乾いてまっ白に見え、たて横に走ったひび割れもあり、大きな帽子を冠ってその上をうつむいて歩くなら、影法師は黒く落ちましたし、全くもうイギリスあたりの白亜の海岸を歩いてゐるような気がするのでした。（中略）それに実際そこを海岸と呼ぶことは、無法なことではなかったのです。なぜならそこは第三紀と呼ばれる地質時代の終り頃、たしかにたびたび海の渚だったからでした。（中略）私たちのイギリス海岸では、川の水からよほどはなれた処に、半分石炭に変った大きな木の根株が、その根を泥岩の中に張り、そのみきと枝を軽石の火山礫層に圧し潰されて、ぞろっとならんでゐました。（中略）そしてその根株のまわりから、ある時私たちは四十近くの半分炭化したくるみの実を拾ひました。（中略）それからはんの木（注）の実も見付かりました。小さな草の実もたくさん出て来ました。」（原子朗『新・宮澤賢治語彙辞典』「イギリス海岸」）

（注）「はんの木」は「朴の木」、「西域童話」では「マグノリアの木」とされているらしい。

辞典では、「このイギリス海岸のイメージは、賢治文学にさまざまに重要な影響を及ぼしている」として三点あげている。第一点は、「あえてイギリスの名を冠してドーバー海峡」に擬した賢治のエキゾチシズムである。第二点は、イギリス海岸は「白亜紀層」と動物の足跡が結びついた「賢治独特の修羅意識とからまって」賢治文学に登場するもの、さらに第三点が重要であって、「天上世界への飛翔願望と結びついた天上の海岸、川岸のイメージである。」第二点とも関連しているようだが、とくに第三点として賢治の「西域童話」の代表作「雁の童子」等との関連が説明され、さらに西域のチベット高原などとの関連も強調されている。そこで、「イギリス海岸」をはじめとする東北、そして東北からの日本列島の地政学的位置づけについて、宮澤賢治の視点の重要性について、西域童話を中心に以下検討してみたい。

## 二　「西域童話」三部作を読む

賢治の童話作品の中で、「西域童話」に属するものは二〇篇におよぶ数で、決して少なくない。それに、西域に触れている詩作「小岩井農場」などを加えると、賢治文学の中で「西域作品」の比重は高いのではないか？賢治には、海外旅行の経験は全然なかった。東京、京都、それに旧日本領の樺太にも出かけたが、もっぱら東北・岩手の生活だった。この東北人・賢治が、出かけたこともない西域に、なぜこれほどの高い関心を寄せ、数多くの作品を書き残したのか？日本でも、「シルクロード」の名前で、賢治の時代から何度かブームを呼び起こしている。西域とは、賢治にとって、そして我々日本人にとって、それは一体何なのか？皆で考えてみたい。

賢治の西域童話の中で、「雁の童子」「インドラの網」「マグノリアの木」の三部作が代表作とされている。金子民雄『宮澤賢治と西域幻想』が指摘する通り、作品の完成度から言っても、その通りである。また、三部作を読む限り、話題性からいっても代表作であり、とくに一九〇六〜八年、イギリスの探検家・地理学者のオーレル・スタインが、現在の中国ウイグル自治区、ロブノールの南、西域南道ミーランの仏教遺跡から発掘した「有翼の天使」の壁画からヒントを得た作品だった。発見当時、国際的にも大きな話題となった点でも、賢治が「宗教童話」「仏教童話」として、三部作を書いた理由は十分理解できる。（注）壁画の話題性もさることながら、ミーランに出かけてもいない賢治は、恐らく東京などで文献など、広く関連情報を集めながら書いたのであろう。それにしても賢治の直感力の鋭さ、洞察力の読みの深さ、それに天才的とも言える透視力に驚かされる。賢治の童話作品を代表するものだろう。

（注）この辺の事情については、例えば濱田英作「宮澤賢治と三人の天童子」（二一世紀アジア学研究、第一四号）が詳しく検討されている。是非参照のこと。

ここでは、文学作品として取り上げるわけではないので、大筋だけの紹介に止めるが、三部作の前に「断片」だが、小論「みあげた」がある。賢治はそこで「私の壁の子供らよ。出て来い。おお天の子供らよ。」と有翼天使に呼び掛けている。そして自ら「発掘者・青木晃」を名乗っていて、「おれは今日は霜の羅を織る。

鋼玉の瓔珞をつらねる。黄水晶の浄瓶を刻まう。ガラスの沓をやるぞ」と後述の作品「ひかりの素足」を連想させるような呼びかけを書いている。ここでは「有翼天使」もまた、賢治とともに「玉石」の浄土世界の「天童子」になっている。予め注意しておきたい。

そこで三部作だが、執筆の順序がはっきりしないようなので、短い「マグノリアの木」を先ずとり上げる。この作品も元来は短歌から発展したようだが、ここでは「諒安は、その霧の底をひとり険しい山谷の、刻みを渉って行きました」と、旅人・諒安の険しい山谷の旅の体験から始めている。

「少しのなだらかに来たとき諒安はからだを投げるようにしてとろとろ眠ってしまいました。（中略）すぐ向ふに一本の大きなほうの木がありました。その下に二人の子供が幹を間にして立ってゐるのでした。」

「マグノリアの木は寂静印です。ここはどこですか。」

「私たちにはわかりません。」一人の子がつつましく賢こそうな眼をあげながら答へました。

「さうです、マグノリアの木は寂静印です。」

そこに諒安の後ろから「子供らと同じなりをした丁度諒安と同じくらゐの人がまっすぐに立ってわらってゐました。」

「あなたですか、さっきから霧の中やらでお歌ひになった方は。」

「ええ、私です。又あなたです。なぜなら私といふものも又あなたが感じてゐるのですから。」

「さうです、ありがたう、私です、又あなたです。なぜなら私といふものも又あなたの中にあるのですから。」

ここでは「寂静印」について、「無苦、無欲、無煩悩で心身静寂」であることを説明している。険しい山谷に咲いた朴ノ木＝マグノリアの木の花を、とくにここで「寂静印」と呼んでいるのである。

そして、朴ノ木がマグノリアの木であれば、東北の山谷に、例えば仙台・作並温泉の「賢治とモリスの館」でも、朴ノ木は群生し沢山の白い大きな花が咲いている。花巻の賢治も、西域の地にマグノリアの木の植生帯を連想しながら、ここで寂静印を説明しているのであろう。

次に「インドラの網」だが、「マグノリアの木」と同様に、「そのとき私は大へんひどく疲れてゐて、たしか風と草地との底に倒れてゐたとおもひます。」ここでもまた自分を幻想夢の中に出現させて、その心象幻想状態を語る。「いつの間にかすっかり夜になって、そらはまるですきとほってゐました。素敵に灼きをかけられてよく研かれた鋼鉄製の天の野原に銀河の水は音なく流れ、鋼玉の小砂利も光り岸の砂も一つぶずつ数えられたのです。」ここでも、石英の「まっ白な湖」など、玉石にみちた広い空間が舞台である。

そして、「その冷たい桔梗色の底光りする空間を一人の天が翔けているのを私は見ました。（とうとうまぎれ込んだ、人の世界のツェラ高原（注）の空間から天の空間へふっとまぎれ込んだのだ。）私は胸を躍らせながら斯う思いました。

天人はまっすぐに翔けているのでした。（一瞬百由旬を飛んでいるぞ。けれども見ろ、少しも動いていない。すこしも動かずに移らずに変わらずに、たしかに一瞬百由旬づつ翔けている。実にうまい。）私は斯う呟くように考えました。

天人の衣は、けむりのようにうすく、その瓔珞は味爽の天盤から、かすかな光を受けました。(ははあ、ここは空気の希薄が殆んど真空に均しいのだ。だからあの繊細な衣のひだをちらっと乱す風もない。)私は又思いました。」

(注)宮澤賢治語彙辞典では「架空の地名」とされ、天上世界の入り口である。

賢治は架空と思われるツェラ高原を描きながら、天の世界を感じていた。その時「ふと私は私の前に三人の天の子供らを見ました。それはみな霜を織ったような羅をつけ、すきとほる沓をはき、私の前の水際にたって、しきりに東の空をのぞみ太陽の昇るのを待ってゐるやうでした。その東の空はもう白く燃えていました。私は天の子供らのひだのつけようから、そのガンダーラ系統なのを知りました。又そのたしかにコウタン大寺の廃趾から発掘された壁画の中の三人なことを知りました」

ここから私と三人のやりとりが始まる。「私はコウタン大寺を沙の中から掘り出した青木晃というものです。」昇天を拝みに来たことを告げると、「そうですか。もうじきです。」「瓔珞は黄や橙や緑のようなみじかい光を射、羅は虹のようにひるがえりました。」「天の子供らはまっすぐに立って、そっちへ合掌しました。それは太陽でした。厳かにそのあやしい円い溶けたやうなからだをゆすり、間もなく正しく空に昇った天の世界の太陽でした。光は針や束になってそそぎ、そこらいちめんかちかち鳴りました。」

ここでは、花巻の羅須地人協会でも語っていた賢治の太陽崇拝の思想が加えられている。(注)私は、三人の天の子供らとともに、「天の世界の太陽」に昇り、「天の子供らは夢中になってはねあがり、まっ青な寂静印の湖の岸、珪砂の上をかけまわりました。そして、いきなり私にぶっつかりびっくりして飛びのきながら、一人が空を指して叫びました。」「ごらん、そら、インドラの網を。」「インドラのスペクトル製の網、その繊維は蜘蛛のより細く、その組織は菌糸より緻密に、透明清澄で黄金で又青く幾億互に交錯し光って震へて燃えました。」三人の子供は、口々に「ごらん、そら、風の太陽」「ごらん蒼孔雀を」、そして「私は本統にもうその三人の天の子供らを見ませんでした。」

（注）賢治の太陽崇拝については、拙著『賢治とモリスの環境芸術』の「賢治聞書」、「大洋の力が働かなくてもできるもの」二八頁を参照のこと。

最後の「雁の童子」であるが、ストーリー性など完成度の一番高い作品だが、粗筋だけ紹介する。シルクロードの流沙の南の泉で、私が昼食をとっていた処に、一人の巡礼の老人が来る。その老人による、泉のほとりの「小さな祠」の説明から始まる。祠は西域出土の壁画の童子のものである。老人の語るには、近くの沙車という所に須利耶圭という人がいた。

「ある明方、須利耶さまが鉄砲を持ったご自分の従弟の方とご一緒に、野原を歩いてゐられました。地面はごく麗しい青い石で、空がぼおっと白く見え、雪もま近でございました。

須利耶さまがお従弟さまに仰っしゃるには、お前もさような慰みの殺生を、もういい加減やめたらどうだと、斯うでございました。

ところが従弟の方が、まるですげなく、やめられないと、ご返事です。

（お前はずいぶんむごいやつだ、お前の傷めたり殺したりするものが、一体どんなものだかわかってゐるか、どんなものでも命は悲しいものなのだぞ）と、須利耶さまは重ねておさとしになりました。（さうかもしれないよ。けれどもそうでないかもしれない。そうだとすれば、おれは一層おもしろいのだ、まあそんなくだらない話はやめろ、そんなことは昔の坊主どもの言うこった、見ろ、向ふを雁が行くだろう、おれは仕止めて見せる）と従弟の方は鉄砲を構えて、走って見えなくなりました。

須利耶さまは、その大きな雁の列を、じっと眺めて立たれました。」

従弟の方は、空を飛んでいる雁を、鉄砲でつぎつぎに六羽も撃ち落とした。すると須利耶さまの愕きには、いつか雁がみな空を飛ぶ人の形に変わって居りました。赤い焔に包まれて、嘆き叫んで手足をもだえ、落ちて参る五人、それからしまいに只一人、完いものは可愛らしい天の子供でございました。」須利耶さまは、その子供に見覚えがあり、先に堕ちた白いひげの老人は、手を合わせて（須利耶さま、おねがいでございます。どうか私の孫をお連れ下さいませ。）自分たちは、天の眷属で、罪をえて雁の形をしていた。しかし、いまその報いを果たしたので天に帰る、ただ孫の一人が帰れないので頼みます、と告げるなり姿を消してしまった。

須利耶圭は、約束通りこの子を自分の子として育てた。しかし、いつか人々はこの子を「雁の童子」と呼ぶようになった。少年は、やがて成長していったが、ある日のこと、沙車でたまたま砂の中から掘り出されたという、三童子の壁画を見た時のことであった。「いろはあせてゐましたが、三人の天の童子たちがかいてございました。須利耶さまは思わず、どきっとなりました。何か大きな重いものが、遠くの空からばったりかぶさったように思われましたのです。それでも何気なく申されますには、（なる程立派なもんだ。あまりよく出来て、なんだか恐いようだ。この天童はどこかお前に肖ているよ。）」少年は「なんだかわらったまま」倒れかかり、驚いた須利耶が抱きとめると、「童子はお父さんの腕の中で夢のようにつぶやかれました。（おじいさんがお迎ひをよこしたのです。）須利耶さまは急いで叫ばれました。（お前どうしたのだ。どこへも行ってはいけないよ。）童子が微かに言われました。（お父さん。お許し下さい。この壁は前にお父さんが書いたのです。）人々が集まって口々に叫びました。（雁の童子だ。雁の童子だ。）童子はも一度、少し唇を動かして、何かつぶやいたようでございましたが、須利耶さまはもうそれをお聞きとりなさらなかったと申します。私の知って居りますのはただこれだけでございます。」

旅の巡礼の老人から、この不思議な話を聞いて、二人はまたそれぞれに「善逝の示された光の道を進み、かの無上菩薩に至る」旅を続けるのだった。以上が「雁の童子」の粗筋だが、日本的には「一樹の陰一河の流れも他生の縁」だろうが、前世からの因縁話と言えるかもしれない。しかし、三部作全体を読めば、登場する少年たちが「羅をつけ瓔珞」で飾った「天の子」であり、モデルは明らかに西域出土の壁画に描かれた「天の童子」である。

## 三　童話「ひかりの素足」を取り上げる

「天の童子」が登場する上記「三部作」、とくにストーリー性でも「雁の童子」の完成度は高いし、「西域童話」を代表する傑作だろう。三部作いずれにも「天の童子」が登場し、西域の自然や仏教浄土の描写など、賢治の洞察力は実に鋭い。とくに童話性から言えば、童子の活用など、実に巧みな作品であり、代表作として評価できる。さらに西域の調査、探検隊による壁画の発見、わけても「有翼の天使」の発見の国際的な話題性とも結びつけた点など、賢治の巧みな演出かも知れない。

しかし「童話性」や「話題性」を別にして、賢治の「西域童話」「仏教童話」としてみると、「有翼の天使」などの話題性を超えて、大きく「シルクロード」「ユーラシア大陸」に拡がる宇宙空間に繋がる作品として、「ひかりの素足」を挙げるべきではないか?「北守将軍と三人兄弟の医者」「オツペルと象」などもあるが、「ひかりの素足」の存在が大きいように思われてならない。たしかに、すでに指摘されるように、作品の完成度からすれば、解説にも指摘されているが「かなりの未定稿であって、従来発表されたものとは相違する所が多く、〈光の素足〉の節には約二百字近い脱落を補いもした。原稿の表紙に〈凝集を要す〉〈恐らくは不可〉〈あまりにもセンチメンタル迎意的なり〉といった書き込み」など、未定稿とされている。ただ「三部作」にも、「未定稿」「近代的の濃彩を施せ」などの書き込みがあるらしいから、賢治としては不満の残る点では同じではないか?

そこで、ここでも「三部作」と同様に、「ひかりの素足」の大筋だけ紹介したいが、この作品は五節に分かれていて、各節にそれぞれ表題も付いている。(注)

(注)各節に表題が付いている点でも、「銀河鉄道の夜」との共通性があるし、さらに未定稿という点でも、類似性を指摘できる。

「一、山小屋」製炭者の「炭焼き小屋」での朝の目覚めから物語が始まる。わざわざ住居から離れた山村の「炭焼き小屋」をとり上げ、東北の厳しい自然との共生を提起する。

「二、峠」雪山の峠越えにおける、一郎と楢夫の兄弟の遭難、「二人の瀕死体験」の中での兄弟愛の物語であり、ここでは児童文学としての作品の一面が特に指摘できる。

「三、うすあかりの国」ここで物語の局面が大きく転換する。二人の兄弟が鬼に追われる国の話になり、兄の一郎が弟の楢夫を見捨てることなく、「棘の野原」を歩き続ける兄弟愛の話に発展する。局面転換は、最後に「如来寿量品第十六」の登場によるものである。

「四、光のすあし」登場する如来寿量品であるが、「その人は、はだしでした。まるで貝殻のように白くひかる大きなすあしでした。くびすのところの肉は、かがやいて地面までたれていました。大きなまっ白なあしだったのです。けれども、その柔らかなすあしは鋭い鋭い瑪瑙のかけらをふみ、燃えあがる赤い火をふんで、少しも傷つかずまた灼けませんでした。地面の棘さえまた折れませんでした。」

如来の国には「またたくさんの樹が立ってゐました。それは全く宝石細工としか思われませんでした。はんの木ようなかたちで、真っ青な樹もありました。楊に似た木で、はく金のような小さな実のなっているのもありました。」

「五、峠」山村の雪山から一郎は救出されたけれども、楢夫は死んでいた。

以上が作品の大筋だが、「三、うすあかりの国」において、如来寿量品が登場することにより局面転換が訪れるが、「如来寿量品第十六」こそ、賢治が若き時代に法華経信仰の切っ掛けとなった経文に他ならない。賢治は一九一四年一八歳の時、この品を読み感動して、驚喜のあまり「身体がふるえて止まらなかった」と伝えられている。（注）後年、この感動をノートに「太陽は昇る」とも書いているが、いずれにしても賢治が法華経に入信した如来寿量品を持ち出した点は、この作品の重要性を決定的にしていると思う。「仏教文学」「法華経文学」として書かれた代表作ではないか？

（注）「如来寿量品」については、差し当たり植木雅俊『法華経』（NHKテキスト二〇一九年一一月）八四頁以下を参照されたい。「小乗仏教と大乗仏教の対立を教えの面から統一しようとする試み」から、さらにそれを「仏の面から統一しようとしている」のが「如来寿量品」と解説されている。

上記の通り、この作品は「一から五」まで、全体の構成はしっかりしている。一方の「仏教文学」「法華経文学」とすれば、他方のタイタニック号の遭難とキリスト教との関連など、モチーフの点でも「銀河鉄道の夜」との対比が、ここで想起される。両者の関連について、「ひかりの素足」が「その第一稿と考うべきものかもしれない」との解説もある位だし、こうした対比の可能性も十分ありうると思う。その点で、上記「一」「二」の父親や一郎と楢夫の会話は岩手弁、「炭焼き小屋」や峠の厳しい自然も「日本のイーハトヴォ」岩手県であり、一、二、三次元の岩手の現実的空間である。それが「三」「四」に局面転換してファンタジックな世界となり、岩手弁は消え去ってしまう。こんな幕間の転換の方法も、四次元空間を書いた「銀河鉄道の夜」との深い関連性を感じさせる。（注）

（注）ここでの局面転換については、上記「如来寿量品」とともに、「銀河鉄道の夜」との関連で立ち入った検討が必要であるが、単に問題提起だけに止める。

なお、この作品でもイーハトヴォ岩手の厳しい自然の中で、その「植生」や地質も深く書きこまれている。上記の「マグノリアの木」は、涅槃経の「寂静印」であり、それは「ほうの木」であって、東北にも多生している。「賢治の木」とも言われる「ギンドロ」もまた、楊の樹木として描かれている。植生における岩手の自然と西域の自然の連続性であり、それはまた地質の連続性にも通底している。「金や紅宝石・ルビー」瑪瑙などの玉石が、ここでは浄土の世界、「ひかりの素足」として、若き賢治が感動した法華経の「如来寿量品」のテーマを構成している点が重要だろう。（注）その点こそ、本作品が西域の「法華経文学」たらしめているポイントではないかと思う？

（注）上記の金子民雄『宮澤賢治と西域幻想』では、「賢治はなぜか（中略）軟玉にも硬玉にも情熱を示さなかったばかりか、むしろ興味も関心もいたって少なかったようである」一三一頁などと述べられているが、その点は疑問である。

さらに付け加えると、賢治は広く「軟玉にも硬玉にも」宝石に強い関心を示していた。作品の中でも、「湖水」は水ではなく、「それは実に青い宝石の板でした。板じゃない、やっぱり地面でした。あんまりそれがなめらかで光っていたので湖水のように見えたのです。」こうした「マグノリアの木」の植生、「ひかりの素足」の岩石・土壌の地層、自然への深い思いと、浄土世界への深い関心から、賢治文学、その西域文学が成り立っているとすれば、未定稿とされる「ひかりの素足」の存在は、真に大きいものがあると思われる。

## 四　「西域文学」から日本列島の地政学的意義を考える

賢治が自ら出かけたこともない数多くの西域作品を書き残したのは、一つには法華経に対する深い信仰があったからであろう。とくに「ひかりの素足」には賢治の「法華経文学」の色彩を強く感ずる。さらに「雁の童子」に代表される西域童話の三部作は、明らかに当時の西域の調査、探検による壁画、とくに「有翼天使」の壁画発見の国際的なニュースの話題性も大きかった点は否定できない。しかし、賢治の作品を読みながら強く感じるのは、そうした宗教性や話題性を大きく超えた「シルクロード」、さらに広く「ユーラシア大陸」に拡がる宇宙空間とのつながりである。さらに、「注文多い料理店」など「イーハトヴォ」のユートピアについても、そうした宇宙空間への広いつながりを感ずる。日本列島の、東北の、岩手の、そして花巻の「地政学的意味」を、ここで改めて考えたいと思う。そして、賢治の超人的ともいえる想像力や透視力を解析してみたい。

さて、賢治作品の大筋の紹介でもわかる通り、上記ミーランの仏教遺跡にしても、その他の遺跡にしても、シルクロードは「絹の道」であると同時に、それはまた「玉の道」でもあった。講談社版『新シルクロード歴史と人物』第一〇巻では「崑崙四〇〇〇年の玉の道」のタイトルで、「東に向かう〈玉〉と、西にむかった絹の姫の伝説。シルクロードの成り立ちと、崑崙の〈玉〉の神秘にせまる」としている。西に向かうシルクの道、それはローマへ、さらにイギリスへ。東に向かう「玉」の道、東に行けば西安であり、日本海であり、そして日本の岩手、イーハトヴォであり賢治の「イギリス海岸」である。「ひかりの素足」

の如来寿量品は、すでに見たとおり「まるで貝殻のように白くひかる大きなすあしでした。くびすのところの肉はかがやいて地面まで垂れてゐました。大きなまっ白なすあしだったのです。けれどもその柔らかなすあしは鋭い鋭い瑪瑙のかけらをふみ燃えあがる赤い火をふんで少しも傷つかず又灼けませんでした。」「ひかりの素足」の如来寿量品は、「玉」の道をひたすら東に進みながら、日本の岩手、イーハトヴォにやってくる。そんなことを賢治もまた、心象の世界で考えていたのではないか？「西域童話」が「仏教童話」であり「法華童話」である以上、それは「玉」の道を東へ進む、日本列島への仏教渡来の道でもあったのではないかと思う。しかも、その道は幼い日々に「岩っこ賢さん」と呼ばれていた賢治の生涯とも深く結びつく。幼年時代の岩石への強い興味が、さらに進んで盛岡高等農林では、農学科第二部に首席で入学した。地質調査や土性調査に励み、さらに研究生としても研究生活を続けた。岩石への興味が、専門的研究を進める中で、地質学に関連する鉱物学、岩石学、さらに海洋学や天文学に広がる。そして土壌改良の研究と普及にまで発展したのではないか？（注）こうした賢治の研究は「玉の道」に繋がり、法華経への厚い信仰と結びついていたのではないか？それがまた奥深く心象世界を形成し、「西域童話」の世界を支えることにもなった。賢治の「西域童話」を読みながら、彼の地質調査や土壌研究との深いつながりを考えざるを得なくなる。

（注）賢治は盛岡高等農林だけでなく、東北帝大の理学部・岩石関連の教授のところにも足を度々運び、研究を深めていたと伝えられている。

もう一点ここで指摘したい。「マグノリアの木」だが、もともと東北にも多生している「朴木」であることは知っていた。しかし、それが賢治の「マグノリアの木」であることを、「西域童話」から学ぶことになったわけだが、その上で見るとすでに指摘したが、東北の仙台周辺、作並温泉の周辺にも、わが別荘の「賢治とモリスの館」の庭にも、毎年大きな白い花を咲かせている。秋になれば、これまた大きな実が沢山落ちてくる。群生の場所もある。そう思って、さらに「賢治の木」、花巻の「ぎんどろ公園」のギンドロ＝白楊についても、「寒地の山野に自生するヤナギ科（柳ではなく楊）の落葉高木」と説明されている。この白楊も、中東から北欧にかけての自生であり、逞しい生命力を備えている。すでに少子化で廃校となってしまったが、賢治が身代わりに贈ったと言われる黒沢尻高女の白楊の孽（孫生）の移植も、わが「館」の庭では立派に銀色の葉を茂らせている。

「マグノリアの木」とともに、すでに引用したがギンドロについても、それを宝石細工として賢治は書いている。「はんの木のようなかたちで、真っ青な樹もありました。楊に似た木で、白金のような小さな実のなっているのもありました。」マグノリアと並んで、「賢治の木」のギンドロもまた、ここに西域童話として、宝石細工のような浄土世界の風景として描かれている。「マグノリアの木」も「ギンドロ」も、植生帯として「玉の道」に繋がり、シルクロードを東に、西安から日本海へ、そして日本列島の岩手県、日本のイーハトヴォに達する。賢治の心象世界では、「玉の道」の植生帯は地層の「玉石帯」でもあり、さらに岩手のリヤス式海岸の白砂にまで拡がるのであろう。

賢治の土壌改良は、岩手県一関の東北砕石工場の石灰肥料として進められ、当時から岩手、宮城などの酸性土壌の改良に広く活用された。この「土づくり」が「米づくり」、さらに「酒づくり」にも大きく貢献したと思う。それだけではない。さらに賢治の「土づくり」は、花巻温泉などの花壇設計としても進められ、ガーデニングの「庭づくり」「花壇づくり」でもあった。今も残っている花巻温泉のバラ園だけでなく、温泉熱を利用した温室やミニ「動物園」の設計など、イーハトヴォの「レジャーランド」構想でもあったらしい。（注）この構想は、一九二九年の世界農業恐慌、つづく一九三〇年代の戦時体制の中で潰え去ってしまったが、賢治の土壌改良の「土づくり」の幅の広さを物語っていると思う。

（注）開発構想をふくめて、岡村民雄『イーハトーブ温泉学』（みすず書房二〇〇八年）を是非参照のこと。

我々の設問だった「賢治は、なぜ西域童話にこだわったのか?」その回答は、そろそろ見えてきたようだ。西域に行ったこともない、海外に出かけてこともない賢治が、少なからぬ西域童話を残した、その理由は、西域の「シルクロード」の「玉の道」にあった。「玉の道」を東に、日本海を超えた日本列島、ユーラシア大陸の延長である日本の岩手県、イーハトヴォこそ、賢治童話の世界であろう。そこに太平洋に面した東京・名古屋・大阪の三大都市圏を包み込んだ「環太平洋」の日本列島とは全く違った、もう一つの日本列島がある。地政学的に明治維新の「黒船襲来」以来の環太平洋の日本列島ではない。「ユーラシア列島日本」があり、そこに日本のユートピア・岩手県の「イーハトヴォ」がある。（注）

（注）近年、中国が提起した「一帯一路」については、とくに日本側の受け止め方としては、たん経済的な側面だけでなく、宮澤賢治の提起していた「西域幻想」を始めとして、日本列島の地政学的位置づけの転換が必要だろう。

もう一点、さらに付け加えることが許されるなら、ユーラシア大陸の東の端にわが日本列島が長く横たわる。上記のシルクロードを逆に西に進むと東西ヨーロッパ、その西端にドーバー海峡を挟んで「イギリス海岸」（東の日本列島・岩手の花巻の「イギリス海岸」を想起せよ。）のイングランドが横たわる。テムズ川をロンドンから遡ると、その源流がイギリス観光ツアーで有名なモリスの「ユートピア便り」のコッツウオールズである。昔、訪れたモリスの別荘「ケルムスコット・マナー」で驚いたことは，東端の日本列島の柘植や「イチイ」の垣根など、バラやアカンサス、柳は無論のこと、仙台・作並と植生帯が同じなのだ。地球の裏側にありながら緯度はごく近い。だから東の「玉の道」からシルクロードを西へ進み、ユーラシア大陸の果てでは、イングランド諸島に到る。ドーバー海峡は、容易に泳いで渡れる距離に過ぎない。東の日本列島と西のイングランド諸島の間に、広大なユーラシア大陸が横たわる。宮澤賢治とW・モリスの二人の天才が、コミュニタリアニズムの『農民芸術論』をめぐって、固く手を結んでいるのだ。

補章3　賢治と「シルクロード」——日本列島の地政学

歳のせいだろうが、この頃、思い出して気になることが沢山出てくる。大学への入学が一九五一年、昭和二六年だった。入学早々、全学ストがあり、校門に緊張してピケを張ったのを思い出す。落ち着いて勉学どころでは無くなってしまった。クラス討論で熱心に議論したテーマの一つが、「全面講和か?単独講和か?」だった。政府の単独講和に対し、全面講和を要求してのストライキだった。

自己紹介に逸れるが、富士山麓への集団疎開、小田原中学では相模湾の陣地構築、八・一五の敗戦を迎え、食糧難で買い出し、丹沢山麓から東京の大学まで毎日通学、そして朝鮮戦争だった。徴兵制度の復活の話題も出ただけに、戦中・戦後の窮乏生活からの脱出に講和条約＝平和条約への期待は大きかった。平和への渇望だった。クラス討論にも熱が入り、放課後にも討論が続いたのを覚えている。単独講和か?全面講和か?となれば、交戦国全体が講和条約を締結して、領土問題を解決し、国交を回復できる全面講和が良いに決まっている。しかし、そうはならないのだ!

「銃後の少国民」として戦争に協力したが、両親はアメリカとの戦争に反対する反戦主義者だった。敗戦が間近になった日々の陣地構築などには、「犬死になるから行くな」とまで言われた。学校の先生方は皆「一億一心火の玉」精神、しかし両親の反戦論が正しかったことになる。平和教育は学校教育ではなく家庭教育、とくに母親の責任が大きいだろう!そんな中で東西対立の戦後体制が構築され、朝鮮戦争の勃発で、日本列島を対ソ防衛の最前線基地化する日米安保条約も出てきた。こうした混乱の中で、「どさくさ紛れ」の講和条約が浮上した。対米従属の「片面講和」サンフランシスコ条約だった。

戦勝国の連合国の中で、ソ連は会議には出席したものの、米軍の駐留に反対し条約には署名しなかった。インドネシアは署名したが批准しなかった。中華民国とインドは会議に参加しなかった。そんなわけで「全面講和」からは程遠い片面講和・「単独講和」になってしまった。学生の反対運動としては、さらに反安保闘争に継承・発展したことを指摘して置く。とくに領土問題としては、講和条約に反対したソ連、および継承国のロシアとの間には、講和条約もなければ北方領土四島問題が取り残されてしまった。

ここで領土問題には立ち入らないが、韓国との間に「竹島問題」、中国とは「尖閣諸島」がある。韓国との竹島問題では、ともかく朝鮮戦争の真最中での講和条約であった。竹島問題どころの話ではなく、国の独立が先決だった。「尖閣諸島」も、そもそも中国革命の進行中の話であり、台湾そのものが問題だった。中国本土と台湾の問題については、台湾が朝鮮半島と並んで、日本の植民地だっただけに、「片面講和」問題に遡ることにもならざるを得ない。いずれにしても東北アジアの日本列島の領土問題が、多かれ少なかれ東西冷戦体制の構築と朝鮮戦争の混乱の「どさくさ紛れ」の単独講和条約に関連して、いつ紛争状態に巻き込まれても可笑しくない状態が続いてきた。

本題に戻ろう。単独講和条約とセットになった形で、上記の「日米安保体制」が構築され、日本経済の高度成長も実現した。太平洋ベルトの東京・名古屋・大阪の三大都市圏の拠点開発方式による「環太平洋ベルト」の『日本列島改造論』だった。同時にそれは、日米安保体制のもと、対ソ最前線基地としての日本列島の位置づけに他ならない。「パクス・アメリカーナ」の戦後体制の下、ＧＤＰ第二位の対米同盟国・

日本の役割は大きかったのだ。しかし、すでにソ連が崩壊し、日本経済の高度成長も終わった。「パクスなき世界」の到来であり、こうした戦後体制の崩壊による世界史的転換の中で、米・中対立が激化し、東北アジアに並ぶ北方領土、竹島、尖閣の領土問題が、いつ火が吹いてもおかしくない。

そんな時期だけに、対ソ最前線基地としての日本列島の地政学的地位を、ここでしっかり考え直しておくことは必要だろう。すでに三大都市圏、太平洋ベルトの環太平洋を中心とする高度成長の時代は終わった。地震と津波の恐怖に脅かされる環太平洋ベルトの日本列島から、宮澤賢治が書き残してくれた西域幻想のシルクロードの童話、花巻の北上川に名付けた「イギリス海岸」、北天にかかる「銀河鉄道の夜」、こうした賢治童話の世界は、環太平洋の日本列島ではない。シルクロード、「玉の道」に繋がるユーラシア大陸であり、彼の専門だった地質学や法華経への信仰が、日本列島の地政学的位置づけを支えていたのではないか？宮澤賢治を学ぶ新しい意義ではないかと思う。

# 第五章

# コロナ危機と新「日本列島改造論」

## ——宮澤賢治の地政学に学ぶ

## 一　コロナ危機と中国「双循環」路線

コロナ危機による最大の被害は、アメリカであろう。感染者の数と言い、死亡者の数と言い、アメリカが最大だった。戦後世界の覇権国アメリカの地位は低下し、すでに「パクスなき世界」の到来が指摘されている。コロナ危機の中で行われた大統領選挙の混乱も加わり、ついに世界史の転換の訪れを感じずにはいられない。アメリカのコロナ危機拡大に比べると、中国は「五中全会」も無事に終わり、世界に先駆けてGDP成長率がプラスに転ずるとともに、新たな成長路線が確実視されてきた。中国のポスト・コロナ路線である。先ず、中国から見ることにしよう。

「五中全会」については、事前の予想に反して、主要人事は出なかった。その点では習近平の続投が続くかも知れない。しかし、予定通り新たな中期経済計画である「第一四次五か年計画」(二〇二一〜二五年)が決定され、イノベーション力の強化と共に対米関係の悪化やコロナ危機を踏まえ、とくに「強大な国内市場の形成」が提起された。この間、グローバルな市場経済化による海外への依存を強めた成長からの路線転換であり、新たな成長モデル「双循環」が提起された。この新成長モデルともいうべき「双循環」路線の提起こそが、今回の「五中全会」の目玉であり、新たな中国経済の発展を示したと思われる。

その点は、今回の「五中全会」では、新たに策定された二〇三五年までの長期目標が提示され、すでに提起されていた二一世紀半ばまでの「社会主義現代化国家」への中間点が具体化された点とも関連する。つまり、二〇三五年までに経済力、技術力など「総合国力」の飛躍的発展により、「一人当たりGDPを中堅先進国の水準」に引き上げると表明したからである。そのための中国型市場改革の新モデルこそが、上記「双循環」路線に他ならない。当面のポスト・コロナを踏まえて、「社会主義現代化国家」実現のための新路線として、新たに「双循環」モデルが提起されたと言えよう。

そこで「双循環」路線の歴史的位置づけだが、市場改革のモデルである以上、当然のことながら一九八〇年代当初からの「改革開放」路線の延長上にある。日本社会党の「新宣言」策定に関与し、当時の「理論センター」座長として、中国「改革開放」路線にはスタートからの付き合いだった。出遅れ、出し遅れの「新宣言」に比べて、いま中国の「改革開放」路線の長期的成功には感慨無量だが、当初は旧ソ連のレーニン新経済政策＝ネップＮＥＰの中国版として、毛沢東の文化大革命の失敗への一時的、応急的処置だった。それが半世紀近く持続するとともに、「中国型社会主義」として定着し、今や「双循環」モデルに発展をみた。それには国際的に、新自由主義政策の拡大発展があり、さらにソ連崩壊によるプロレタリア独裁モデルの破綻があり、いずれも「改革開放」路線にはプラスに作用した。

ここで一言だが、「改革開放」の長期化とともに、ソ連崩壊も加わり、中国も「資本主義」に変わり、共産党一党独裁の「国家資本主義」に変質した、との認識が欧米に急速に拡大した。宇野理論の中でさえ、中国の資本主義化を容認する論者が多かった。それが習近平路線の長期化と共に、「資本主義化」へのイデオロギー的期待が裏切られて、最近は中国への失望に変わったようだ。しかし、それは「早とちり」であり、プロレタリア独裁型の社会主義のドグマを信奉するならともかく、「農村から都市へ」の中国革命の特殊性、例えば「農民工」型の労働力商品化の止揚、「郷鎮」制など戸籍制度の存続と各種コミュニティなど、ロシア革命との違いを認識すべきだろう。（注）そこに「改革開放」路線の長期化があったと思う。

（注）中国型社会主義については、中国共産党の強権的性格など、批判すべき点も多い。しかし、アメリカの中国敵視の反面とも言えるし、できるだけ冷静客観的な評価に止める必要がある。毛沢東の例もあり、中国路線に不安定な面が付きまとうにせよ、イデオロギー過剰な排撃は疑問である。

中国型モデルの評価には、唯物史観のドグマ化、「プロ独」の教条化を超えて、わが「終活三部作」の共同体社会主義＝コミュニタリアニズムの視点が必要不可欠と考えている。「晩期マルクス」の労働力の社会的再生産によるコミュニティの重視だが、その点では『資本論』第二巻のマルクスが、不十分ではあるものの「可変資本の回転」から、労働力の社会的再生産のための循環・回転の視点を提起していた点が特に重要だ。その論点を受け止めた宇野理論と共に、「可変資本の回転」としてはA―G―W、つまり労働力Aが必要労働を消費財Wとして買い戻し、生産と消費が結合される「単純流通」。ここでは生産と消費の直結からも地域的な「国内市場」、それに対し「貨幣の資本への転化」の「資本流通」は、世界市場にグローバルに開放される。この論点については、拙稿「労働力商品化の止揚と『資本論』の再読」（『時代へのカウンターと陽気な夢』ダルマ舎叢書Ⅰ所収）、および本書の第三章などを参照されたい。

『資本論』の純粋資本主義では、A―G―Wの単純流通と資本流通G―W（A＋Pm）……P……W'―G'だが、二つの回転・循環は、現実には国内流通と國際間の対外流通との「双循環」に整理できると思う。すでに中国では社会科学院などで、「資本主義市場経済」と「社会主義市場経済」の「二つの市場経済」とともに、活発に議論されているであろうが、そうした議論を見ながら、さらに拙論も深めることができればと考えている。その意味でも、今回の「五中全会」の「双循環」の問題提起を歓迎するが、ここでは以上の問題点の提起だけに止めることにして後日を期したい。

## 二　戦後体制と「パックス・アメリカーナ」の終焉

はじめに述べたが、世界最大の感染者、そして死者が記録されたアメリカ経済にとって、コロナ対策による財政危機に連動する経常収支の赤字が立ちはだかっている。アメリカ経済の宿病とも言える「双子の赤字」の再発であり、中国経済の急速な立ち直りとは対照的に、パックス・アメリカーナの終焉も指摘されている。戦後体制の大きな転換につながるだろう。

まず財政の赤字だが、すでに米財務局は、二〇二〇年一〇月に発表の二〇二〇年度（二〇一九年一〇月〜二〇二〇年九月）の財政赤字が、過去最大の三・一兆ドル（約三二八〇兆円）と前年度比三・二倍に拡大したとしている。リーマンショック直後の二〇〇九年度一・四兆ドルを超え、戦後最大の赤字である。超低金利のQEで穴埋めするにせよ、財政赤字が、輸入増などによる経常収支の赤字と結びつき、双子の赤字を生む。

経常収支の赤字は、すでにIMF（国際通貨基金）の見通しだと、対GDP比率が、二〇一八年に三・〇%、二〇一九年には三・四%まで上昇する。これは「双子の赤字」が問題視された一九八七年のブラックマンデーの水準に並ぶものだ。そこに上記の財政赤字が加われば、歳出の増大に国内の供給が追い付かず、輸入増によることになる。その結果、さらに経常収支の赤字が増大する。赤字はリーマンショックの二〇〇八年以来一一年ぶりの高水準だった。それにコロナ危機による上記の財政赤字の影響が加わるのだ。

数字チェックはそれぐらいにして、米経済の宿病とも言える「双子の赤字」だが、「双子の赤字」の病名そのものは、一九八〇年代から問題視されてきた。ブッシュ政権で再浮上し、それからリーマンショックなどとも連動しながら、再発、再々発を繰り返している。双子の中、財政赤字について言えば、八〇年代から九〇年代まで赤字が続いたものの、財政再建法などの制定で一九九八年度から二〇〇一年度までは黒字に転換できた。しかし、その後、大幅な減税や歳出増加により赤字に再転換している。とくに今回のコロナ危機により、上述の様な狂乱的な財政赤字を生み出してしまった。

経常収支の赤字も、ほぼ同じような推移であり、一九九一年に一時的に貿易外収支が黒字に転換できたが、その後は赤字に逆戻りしている。赤字の原因は、経常収支の大部分を占めている貿易収支の赤字である。その動向を見ると、米国経済の景気拡大に伴う国内需要の投資や消費の拡大を受けて、米国からの輸出拡大を上回るペースの輸入拡大が進む。結果的に景気拡大が貿易赤字の拡大をもたらす構造的な赤字体質が続いているのだ。

このように見てくると、米の「双子の赤字」は、景気の動向と絡んではいるが、一時的・個別的な要因ではなく、八〇年代以降、長期的・慢性的な構造的な病根になってしまっている。（注）原理論的な周期的景気循環とは違うにせよ、それに関連しながら「双子の赤字」循環とも言える病状が、次第に悪化して来た。そして遂にコロナ危機により、狂乱的な破綻の局面を迎えたように見えてくる。とすれば、コロナ危機下の大統領選挙により、「壊し屋」と言える共和党のトランプから、民主党のバイデンに変わったとしても、小状況的な国際協調は回復するにせよ、「壊し屋」トランプの抱え込んだ「双子の赤字」の大状況は少しも変わらない。それどころか、破滅的な事態を招きかねないところまで来たのだ。

（注）貿易収支や経常収支の赤字は、日本などであれば危険信号だが、基軸通貨国・米ドルの場合には、チェック機能として働かないために「双子の赤字」が慢性化し易い点も大きい。

ここでトランプを「壊し屋」と呼ぶのは、最早ドルの覇権国家として、国際協調による「多国主義」は続けられず、「アメリカ第一」の一面的な単独主義として「双子の赤字」を手荒く始末するからだ。ただし、戦中および戦後の冷戦体制による産軍複合体制の抵抗が余りにも強かったのだろう。そのため予想を上回る得票ながら、今度の大統領選では敗北したが、「アメリカ第一」の単独主義の路線は、簡単には捨てられない。貿易収支を中心に手荒く赤字を減らし、防衛費なども同盟国の負担増を迫る他ないし、覇権国家の国際協調から「アメリカ第一」の単独主義の國際対応しか無くなった。その意味では、戦後体制が終わった、とも言えるのではないか？

ここで戦後体制に立ち入る余裕はないが、周知のとおりＩＭＦ（国際通貨基金）を中心にした体制であり、ＩＭＦは基軸通貨ドルを軸に国際経済関係を調整する国連の専門機関に他ならない。米ドルを中心にしたことからも、本部はワシントンＤＣに置かれた。出発点は一九四四年、米のブレトン・ウッズの会議だったから「ブレトン・ウッズ体制」とも呼ばれたが、世界の富を独占的に集中した戦勝国アメリカが、米ドルを中心に世界の国際金融、ならびに為替相場の安定を目的にした国連の「金融・財政」の会議として開催された。当初はソ連など東欧諸国も参加したが批准せず、一九四九年になってコメコンを設立、東西二つの世界に分裂した。そのためＩＭＦは、アメリカ中心の西の世界体制として、戦後の冷戦構造を代表することになった。そして体制の安定的維持のためには、以下のような条件の整備が大前提だった。

①米ドルの価値の相対的安定性：戦後、アメリカが世界の金を独占集中していたと言われる米ドルは、金為替本位制として金一オンス＝三五ドルでスタートした。しかし朝鮮戦争、ベトナム敗戦など、一九七一年に変動相場制に移行、管理できない管理通貨制と揶揄された。一九八〇年代、上述の通り「双子の赤字」を生み、プラザ合意で「多国間調整」を図っても、例えば対円ドル相場の大幅なドル安には歯止めが利かなかった。その挙句の果てのトランプのアメリカ第一主義の登場だったのだ。

②ソ連崩壊による冷戦構造の終幕：上記の通り当初はソ連の参加の可能性もあったが、一九四九年のコメコンで東西冷戦構造が成立した。西の市場経済に対し、東の集権型計画経済の東西対立である。ドルを基軸とする西側の市場経済は、単に市場原理の関係だけでなく、東の「プロレタリア独裁」の計画経済に対抗する自由主義「イデオロギー」であり、ドルを基軸とする市場を防衛し、国際協調を優先することになった。一九九一年のソ連崩壊は、西側の勝利ではあったが、それは同時に冷戦体制の対抗的イデオロギーの喪失でもあり、基軸通貨ドル防衛のイデオロギー喪失でもあつた。

③中国経済の改革開放路線の登場：すでに論じたので簡単に触れるが、ソ連崩壊でドルを基軸とする西側の勝利となり、先行して中国経済の改革開放路線の登場をみた。冷戦体制のイデオロギーからは、中国の改革開放は西側の「自由と民主主義」への道と勝手な解釈がなされた。しかし、それこそ大きな思い違

いであり、レーニンの「新経済政策」の運用であり、市場経済を大胆に利用する新しい路線だった。GDP大国・中国は、すでに国連機関のIMFでも日本と共に「出資大国」であり、IMFも大きく転換を遂げたし、それがトランプの「アメリカ第一」の単独主義を生んだと思う。

こう見てくれば、IMFを含めて米ドル中心の戦後体制は大きく転換を遂げている。そこに今回のコロナ危機が加わり、とくに米の「双子の赤字」が再発した。基軸通貨ドルの暴落を含め、改革開放の新路線・「双循環」などの中国との対応、東西二つの世界に対する「アジア・アフリカ」の第三世界の動向など、世界史的な大転換を予想せざるを得ないだろう。こうした転換に対応するためには、対米従属的な「環太平洋」の日本列島の地政学から、東北アジア、そして宮澤賢治の「西域幻想」のユーラシア大陸の日本列島の立ち位置の認識への転換が重要だと思う。それはまた、新たな話題の脱石油による「カーボンゼロ」の構造改革にもつながる道ではないか？

## 三　戦後体制の崩壊と日本列島の立ち位置

そこでコロナ危機、日本でも首都・東京の感染者拡大が問題だったが、北海道など地方の中枢拠点都市の拡大も気にかかる。感染者拡大のルートを確認することは、ポスト・コロナのライフスタイルや地域経済の設計を考えるうえでも重要だろう。単なる医療面での感染対策に止まらない、経済・社会全体の制度改革を、コロナ危機が提起したと思われるからだ。

今回のコロナ危機については、すでに拙稿「〈コロナ危機〉を読み解く――東北に生きる宮澤賢治――」（季刊『フラタニティ』No.19）でも論じたので、その要旨をここで簡単に述べる。経済面に限定するが、まずは「コロナ危機は、一九二九年型〈世界金融恐慌〉ではない」点の確認が重要である。これまで、IMFの幹部はじめ、「一九二九年恐慌の再来」もしくはそれを上回る経済危機の襲来、などと喧伝されてきた。事実、大幅なGDPの落ち込み、雇用指数の減退など、大恐慌の襲来を思わせる数字が発表された。しかし今回の経済危機は、一九世紀以来の国際金本位制の崩壊に伴う金融恐慌の再来ではない。また、引き合いに出される二〇〇八年のリーマンショックのように、「管理できない管理通貨制」の運用失敗による金融パニックでもなかった。「当初の株価下落はともかく、新型ウィルスに対する〈パンデミック〉などが、国際的な移動制限や自粛〈巣ごもり〉、さらに都市封鎖（ロックダウン）など、金融面よりも、むしろ実体経済の〈生産と消費の切断・分離〉を直接的に引き起こしたことによる経済危機である。」（二六頁）

国際金融グローバリズムの破綻が、世界金融恐慌の金融面から実体経済面に波及したショック拡大ではなく、むしろ今回は逆に、実体面の生産と消費の物理的切断・分離が直接的に進む危機である。勿論、医療面からの物理的分断・切断だから、影響は複雑である。金融面では、逆に株価の大幅な上昇、企業業績の向上などを招いている。しかし、同時に注意しなければならないのは、コロナによるパンデミックなど生産と消費の直接的な「切断・分離」が、結果的には世界金融恐慌と同じ結果をもたらす点だろう。上記のGDPの大幅な下落や雇用の収縮とともに、金融恐慌もまた最後的には市場面での生産と消費の切断・分離を帰結してきたからだ。とくに宇野「恐慌論」では、言うまでもなく金利上昇による利子率と、「資本の絶対的過剰生産」による低下する利潤率の衝突により、いわゆる市場での過剰生産＝過少消費をもたらすからである。言い換えれば、生産と消費の切断・分離に他ならない。そこにまた体制的危機も存在したと見る。

そこでポスト・コロナの課題は、医療面の対応は別にして、経済的には「切断・分離」してしまった生産・消費の再結合だろう。資本主義はしたたかだし、弾力的で柔軟極まりない。大恐慌も世界大戦も、そして「スペイン風邪」も乗り切ってきたのだ。唯物史観の「恐慌・革命テーゼ」どころか、周期的「恐慌・成長」の現実だ。今回だって、雇用調整や賃金カットなど、すでに国際金融資本筋では、過剰資本の整理に乗り出している。これでは、「元の木阿弥」になるだけだろう。だからこそ「中国の特色ある社会主義」の習近平による今回の「双循環」路線の提起ではないのか？とくに今回、懸案の東アジア地域包括的経済連携ＲＣＥＰには、インドを除く15カ国が参加した。それには、韓国と共に中国も参加する。中国の参加は、当然のことながら上記「双循環」の新戦略で進んでくるだろう。その点からも、われわれもまた、「元の木阿弥」にならないためには、国際金融資本のポスト・コロナに対抗できる戦略が重要になって来ているのではないか？

そこでもう一度、中国の「双循環」とも関係するので、マルクス『資本論』に戻りたい。第二巻の循環・回転に関連し、マルクスは流動資本ではなく、第一巻の可変資本を持ち出し、剰余価値年率などを論じていた。可変資本の循環・回転Ａ―Ｇ―Ｗを提起したことは、「資本の流通」ではなく、それに包み込まれた形の「単純流通」が提起されたことに他ならない。「資本流通」と「単純流通」の「双循環」の『資本論』とも言えるが、それは純粋資本主義の原理論の世界の話だ。その原理論で「単純流通」は、貨幣論の「流通手段」で説かれ、商品の販売と貨幣の購買の連鎖が形成され、「かくて商品は一般に売買されると流通界を脱して消費に入るのに反して、貨幣は商品の売買を媒介しつつ常に流通市場に留まることになる。」（宇野『原論』三二頁）つまり、消費に入るA―G―Wの単純流通に対して、貨幣Gは流通にとどまり、上述の通りG―W（A＋Pm）……P……W'―G'の「資本流通」として循環・回転を続ける。抽象的な原理論の世界であるが、「単純流通」と「資本流通」の差異と関連であり、マルクスは「可変資本の回転」として、その入り口に立っていたのだ。

この入り口でも、単純流通A―G―Wでは、労働者が労働力Aを売り、上記Pで生産に従事し、賃金Gの支払いを受け、消費財Wを購入する。つまり、この単純流通により、労働者が必要労働を買い戻す過程を通して、生産と消費が結合される。しかも消費は、家庭で家族と共に消費生活として進められ、労働力の再生産が地域コミュニティ（社会的労働協同体）として実現する。まさに「地域循環型」であり、生産と消費による再生産として、GDPの成長も確保される。他方の資本流通だが、すでに一般的形式G―W―G'でも明らかなように、時間的・空間的な価格差を求め、グローバルに拡大・発展をみる。単純流通がコミュニティの地域循環型であるのに対比すれば、資本流通はグローバルな開放拡散型とも言えるが、二つの循環は対照的ともいえるだろう。

入口から以上の点が確認できれば、切断・分断されている生産と消費の再接合については、上記のコミュニティ（社会的労働協同体）の立場に立って、地域循環型の再生産による流通軌道を優先しなければならない。消費財も多様だが、とくに生活必需品とも言うべき生鮮食糧品などは、地元の農業によって供給され、いわゆる地産地消型である。産直市場など、労働力の側から見ても、いわゆる通勤圏の地域市場で売買されるのであり、そうした生産と消費がコミュニティ（社会的労働協同体）として労働力の社会的再生産を支えている。しかし、現実には円高など、資本流通のグローバルな発展により生鮮食品ですら自給率が低下し、輸入品が拡大して地域循環型の単純流通が侵され、それが資本流通のグローバル化の拡大になっている。そこで、コロナ危機とグローバル化の関連を見ることにしよう。

## 四　グローバリズムの発展と「三密空間」の形成

今、ポスト・コロナの道筋まで探ることは、いささか早計かも知れない。しかし、すでに〝ＧｏＴｏ〟など、パンデミックとの関係で、経済優先の施策が進められ、さらに資本過剰を処理して、新たな成長戦略を目指す金融資本の意図も明白である。また、ワクチンの開発が進む時点で、ポスト・コロナの方向づけは必要だろう。コロナ危機により、すでに繰り返し指摘の通り、ＧＤＰの大幅な低下を見ても、どうやら世界史的転換の時期を迎えたことは、米・中関係の最近の動向から明らかである。

ただ、今回のコロナ危機は、すでに述べたように一九二九年世界大恐慌のような貨幣・金融恐慌ではない。都市封鎖のロックダウンなど、医療対策と結びついた物理的な生産と消費の切断・分断によるＧＤＰの大幅な低下、雇用調整などであり、余り例を見ない体制的危機に他ならないからだ。それだけに生産拠点、サプライチェーン、消費地など慎重な対応が必要だが、大きく見て生産と消費の「切断・分断」に対する対応として、中国の「双循環」戦略に伺われるように、すでに指摘したグローバルな「資本流通」に対して、生産と消費の地域循環的な「単純流通」、それを支える「社会的労働協同体」による労働力の社会的再生産の動向が重要だろう。コロナ危機でも、上記の食糧自給率の低下により、（注）食糧危機の心配が生じたことを忘れてはならない。

（注）日本における食料自給率の低下については、別途検討が必要だが、一方では農業を輸出産業に転換させる動きも高まっている。自給率低下は、ドル危機に伴う多国間調整による急速な円高によるもので、それが一段落を見た時点で逆に円安＝輸出増への転換を目論んでいると思うが、とくに戦後体制の崩壊局面では危険な政策選択ではなかろうか？

前掲の拙稿「〈コロナ危機〉を読み解く」（「フラタニティ」No.19所収）でも述べたが、まず今回のコロナ危機とアメリカの覇権的一極支配との関係が重要である。コロナ危機そのものは、中国の武漢市から発生したようだが、アッと言う間にグローバルな拡大をみせ、とくに感染者数や死者の数から見れば、アメリカの被害が最大である。コロナ危機によるGDPの落ち込みをはじめ、経済的被害も大きく、すでにパックス・アメリカーナの地位は喪失したと言われている。そもそも異常ともいえる旧ソ連の呆気ない崩壊により冷戦体制が終焉した。ソ連崩壊により米の覇権的な一極支配が出現し、グローバルな世界市場の拡大を迎えた。しかし「壊し屋トランプ」の「アメリカ第一」主義の登場によって国際関係は分断され、一挙に多極化の様相を強めている。それにまたコロナ危機が重なり、米中対立を加速させてしまった。

コロナ危機により、すでにアメリカの覇権的一極支配の終焉は決定的だが、米を頂点としたグローバリズムは、金融資本を中心とする金融の国際化であり拡大だった。とくに二〇〇八年のリーマンショック以降、日本では「アベノミクス」と呼ばれてきたが、超低金利政策（ＱＥ）による「日米の協調・協力路線として、異次元緩和による大量な資金がバラ撒かれ、グローバルな経済発展、株式市場の安定的な拡大とともに、大企業を中心として内部留保による自己金融の拡大など、金融資本の強化・発展がはかられることになった。しかし、こうしたグローバルな発展が、ある意味では突然にコロナ・ショックとしてグローバルな体制的危機に結びついた点を見逃すわけにはいかないと思う。（中略）今回のコロナ危機の原因が、新型ウィルス・コロナの蔓延にあることは言うまでもない。しかし、ウィルスの蔓延をゆるし、密閉・密集・密接の〈三密〉空間の拡大を進めてきた、それにコロナ・ウィルスが深く住み込み、蔓延したことが大きな原因だろうと思う。言い換えれば〈三密〉空間をグローバルに拡大して来た〈三密〉経済空間の拡大・発展に他ならない」（二七頁）

無論、金融資本のグローバル化と「三密」経済空間の結び付きは、それほど単純ではないだろう。具体的には、色々複雑な事情が絡み合い、コロナ危機と結びついていると思う。ここで立ち入ることは出来ないが、ただ頂点に立った米・金融資本については、ニューヨークを中心にコロナ危機の感染者・死亡者の数が突出した。それに国際金融都市ロンドン、パリ、ベルリンなどが続いた。また日本でも、金融の国際化とともに東京・首都圏一極化が進んだが、そこを起点として地方中枢拠点都市を中心に金融都市型のショックとしてコロナ危機の拡大・蔓延が進んできた。とくに北海道の中枢拠点都市・札幌をはじめ、道内の中心都市におけるコロナ感染者数の急増については、日本列島の首都・金融都市である東京と地方との関連を象徴的に示しているように思われる。

日本経済の高度成長が進む中で、日本列島に対する全国総合開発計画（全総計画）、新全総計画が策定され、新幹線・高速道路などネットワークが建設された。とくに田中角栄『日本列島改造論』が有名だが、（注）当時の東京、名古屋、大阪の三大都市圏は「重厚長大」型の新産業都市を基盤としていた。地方圏には北海道・札幌、東北・仙台などが「地方中枢拠点都市」に指定され、圏域の組織・統合がはかられた。具体的には、行政機能と結びついた本社・本店機能と地方の「支店経済」とのネットワークに他ならない。本社・本店と地方の支店経済との関連を調べた経験からだが、昔のことで詳細はともかく、仙台と札幌を比較して、東京に近い仙台に比べ、航空機を利用する札幌の支店機能が、断然強かったことを思い出した。中枢拠点性のランキングから言えば、仙台・札幌ではなく、順序は札幌・仙台だったのに驚いた。すでに前稿でも紹介した事例だが、コロナ禍の金融首都・東京と支店経済・仙台への感染ルートを考えれば、今回はインバウンドなど札幌市での感染者や死者などの増加ぶりは、支店経済の拠点性の強弱と関係がありそうだし、首都圏・中央と地方・支店経済の関連ネットワークのあり方が問われている。

（注）田中角栄『日本列島改造論』については、当時の拙稿『日本列島改造論の幻想』（毎日新聞『エコノミスト』一九七二年七月）を参照されたい。

物理的な医療対策としては、上記の「三密経済」の都市空間の解体、Social Distance の距離空間の確保は無論大切である。しかし、コロナ禍の感染ルートの拡大ぶりなどを見る限り、単なる物理的対応では済まない。すでに述べた「単純流通」を理論的基礎に、「社会的労働協働体」による地域流通圏とともに、ここで新たな『日本列島改造論』が必要ではないか？全総計画、新全総計画、さらにグローバルな国際金融のネットワークを超えたもの、つまり脱「環太平洋」圏の発想であり、それは対米従属的な日米関係の転換、さらに中国の「双循環」に対応する戦略でもなければなるまい。すでに脱首都圏、脱東京の人口の動きも始まっているのだ。（注）

（注）東京都の人口流出が続き、二〇二〇年一二月時点で七月から五カ月連続三万七千人減少している。転出が転入を上回るのは二〇一一年以来の現象である。一時的現象かもしれないが、テレワークなど、注目すべきだろう。他方、仙台の人口増が続き、事前の予想を超えている。

## 五　宮澤賢治の「日本列島改造論」

国民的作家の地位を得ている宮澤賢治だが、単なる童話作家ではない。すでに明らかにしたように、詩作「産業組合青年会」や童話「ポラーノ広場」など、当時の協同組合運動にも大きな関心と期待を寄せるとともに、専門の地質学を基礎にして、さらに法華経の仏教文学として、多くの作品を書き残してくれた。とくにコロナ危機を通して、日本列島のあり方を考えたとき、われわれは賢治が残した沢山の「シルクロード」に関わる「西域幻想」の作品から謙虚に学ぶべきだと思う。

賢治は、岩手県花巻の北上川水系に生まれ、育ち、そして学んだ。花巻に「イギリス海岸」を命名し、「全くもうイギリスあたりの白亜の海岸を歩いているような気がするのでした」と自ら書いている。ここで驚くのは、花巻の「イギリス海岸」、それにユーラシア大陸の西端ドーバー海峡のイギリス海岸、この東西二つの「イギリス海岸」を結んで「シルクロード」があり、「玉の道」が繋いでいるのだ。こうした二つの「イギリス海岸」からのユーラシア大陸、それに架ける壮大な「銀河鉄道の夜」等々、賢治の詩作や童話の世界は、一体何処から、どうして生まれたのだろうか？

賢治は花巻に生まれ、盛岡高等農林で学んだけれども、海外留学の経験もなかったし、日本列島から一歩も外に出ていない。生徒の就職の関係で、当時の樺太には出かけているが、樺太は日本の領土だったし、日本列島の一部だった。日本列島を離れたことのない賢治が、沢山の「西域幻想」の作品を書き、東西二つの「イギリス海岸」を結ぶユーラシア大陸をめぐる豊かな発想、その雄大な構想力、そして「四次元空間」の世界は、何処から生まれ、何処に拡がって行くのだろうか？この構想力は、単なる詩人や作家の感性を大きく超えている。正しく賢治は真の意味の天才だったし、それを表現する才能にも恵まれていたと思うほか無い。もちろん、賢治の地質学、植物学に裏付けられながら、彼の壮大な「西域幻想」、仏教童話の世界が広がっていると思う。（注）

（注）賢治の「西域幻想」については、金子民雄『宮沢賢治と西域幻想』（中公文庫）と共に、濱田英作「宮澤賢治の観じた西域―投影としてのアジア像」（「二一世紀アジア学会紀要第二号」国士舘大学二一世紀アジア学会）などの労作を是非参照されたい。西域幻想と共に、賢治の詩作「産業組合青年会」などについても、大きな示唆を頂いた。

賢治の地政学は、我々が見てきた「環太平洋」の日本列島ではない。二つの「イギリス海岸」を結ぶ広大な「ユーラシア大陸」であり、その東端の日本列島ではないか？いまポスト・パクス・アメリカーナ、そしてポスト・コロナに学ぶべきは、さらに新たな「カーボンゼロ列島」（注）の構築のためにも、宮澤賢治の雄大な日本列島の地政学ではあるまいか？

（注）「カーボンゼロ列島」構築のためには、「環太平洋」の発想を超え、自然再生エネルギーを基礎に、拠点開発方式などを超えて「社会的労働協同体」にもとづく地域開発論が必要である。差し当たり仙台・広瀬川水系モデルとして、大内・吉野・増田編著『自然エネルギーのソーシャルデザイン：スマートコミュニティの水系モデル』（鹿島出版会二〇一八年）を参照されたい。

補章4 「風の又三郎」から仙台・羅須地人協会へ

すでに日本を代表する国民的作家の宮澤賢治について説明の必要はない。ただ、殆んど文芸と関係の無い者が、なぜ宮澤賢治にまで手を出すのか？ マルクスとモリスについても、同じように批判されたが、賢治についいては、モリス以上に疑問が寄せられると思う。我ながら、なぜ賢治に近づき、マルクスやモリスと結びついたのか？ ある意味で偶然の結果でもある。

宮澤賢治に最初に出会ったのは、一九四〇年日活映画「風の又三郎」（島耕二監督）である。八歳の少年時代、その頃から賢治のファンだった父親に連れられて、東京・中野の場末の映画館だった。映画の粗筋も忘れたが、小便臭い映画館、映画の異様な「風の音」だけは覚えていて、今でも時折夢に出てくる。父親は賢治作品を通して文章を習わせたかったようだ。「綴り方教室」の本も買い与えられた。

その後は集団疎開、戦後の混乱、「文学青年」も経験しないまま、マルクス主義、『資本論』にのめり込んでしまった。仙台に住み、岩手には出かける機会が多かったが、賢治との縁には恵まれなかった。しかし、偶然はやって来るものである。知事選があり、候補者の一人と家族ぐるみの深い付き合いがあって、選挙の手伝いに参加することになった。候補者は、東北では珍しくないが、宮澤賢治の大のファン。そこで賢治を選挙のポスター作りに利用することになり、その任務を仰せつかることになった。

マルクスとモリスの関係については、すでに書いたがマルクス死後一〇〇年の前年、一九八二年にロンドン留学だった。『Marx in London』の著者でオックスフォード大の Asa Briggs 教授から「自分はモリスからマルクスだったが、貴方はマルクスからモリスをやれ」有難いアドバイスに飛びついた。しかし、マルクスからモリス、それが日本の東北の宮澤賢治に結びつくとは、誰にもわからない。誰にも分らないままに、選挙用のポスター作りのために、宮澤賢治全集を引っ張り出して、あれこれ探し出した揚げ句に、出会ったのである。宮澤賢治との再会に他ならない。

芸術をもてあの灰色の労働を燃せ
ここにはわれら不断の潔く楽しい想像がある
都人よ　来たってわれらに交れ　世界よ　他意なきわれらを容れよ

賢治の『農民芸術概論綱要』の一節である。賢治の『綱要』は、花巻農校の最後の講義で、生徒のノートも残っている。その中に、モリスの名前だけでなく、賢治は黒板に書いたのであろう〝Art is man's expression of his joy in labor〟モリスの文章まで出てくるではないか！戦前はデザイナーとしてより、モリスはマルクスなどと共に思想家として有名だった。賢治は、マルクスとともにモリスを読み、その労働論を講義した。マルクス、モリス、そして宮澤賢治が、労働論、農民芸術論でしっかり結ばれている。しかも農学校だけではない。賢治は農民たちに講義を続けるために、花巻の別荘に「羅須地人協会」を立ち上げたのだ。

マルクスからモリス、そして賢治の詩作「産業組合青年会」、童話「ポラーノの広場」、後期マルクスからモリスへの「コミュニタリアニズム」にとって、決定的な作品だと思う。ご検討を期待するが、特に今日の協同組合、ワーカーズコープなど、いわゆる「社会的労働協同体」にとって、賢治の問題提起は真に大きい。二〇一一年「東日本大震災」は、あらためて宮沢賢治ブームとなったが、そこにあるのは「産業組合青年部」に通底する賢治精神ではないか！　大内秀明・半田正樹・田中史郎編著『協同の力で復興を』（「変革のアソシエ」二〇一二年）、そこで「宮澤賢治の精神を見直す時代が来ている」と問題提起した。そうした経緯から、賢治の花巻「羅須地人協会」を継承し、今日的に震災復興を賢治精神の協同組合で進める目的で、我々は「仙台・羅須地人協会」を発足させた。皆さんのご協力を切望する。

# 研究ノート・時代を読み解く

（二〇二一年 一月二八日〜三月五日）

## 1　宮澤賢治の地政学と現代中国（二〇二二年一月二八日〜二月五日）

宮澤賢治の「銀河鉄道の夜」は有名だが、その地政学的意味を考えてみたい。同時に彼は、イギリスの「イギリス海岸」を具体的に念頭に置きながら、遠く離れた日本の東北、花巻の北上川を「イギリス海岸」と名付けた。イギリスのイギリス海岸と花巻の北上川の「イギリス海岸」を結ぶのがヨーロッパとアジア＝ユーラシア大陸であり、とくにイタリアのローマと中国の西安を結ぶのが絹の道・シルクロードだ。このシルクロードの夜空を、賢治の銀河鉄道が走る。アジアの日本や中国とヨーロッパが繋がる「ローマへの道」だ。別に宮澤賢治が「銀河鉄道の夜」の続編を考えていたわけではない。多くの賢治研究者の中には、そんな構想もあるらしい。ともかく賢治の「銀河鉄道の夜」の世界は、シルクロードと共に広く大きく宇宙に広がって行く。

話を現実に戻そう。中国の習近平路線の最初の頃、「一帯一路」構想が提起された。海路と陸路に分かれるが、海路は直接関係がない。「中国封じ込め」のアジア・インド洋への対抗など、宮澤賢治の時代には関係が無かったからだ。問題は陸路であり、中國の北京辺りから、シベリア鉄道などを含めてシルクロード、そしてヨーロッパに繋がる、まさにユーロシア幹線道が「一帯一路」の「一帯」である。この習近平「一帯一路」構想に、宮澤賢治の作品が利用されたわけでは決してない。むしろ逆に、賢治の「銀河達道の夜」が利用されたら、もっと文化的価値の高い「一帯一路」構想になったのではないかと思う。いささか残念な話である。

それにしても「一帯一路」構想、上記の海路の「一路」は「中国封じ込め」をめぐる緊張状態が続いている。陸路の「一帯」は、開発が進むと見られていたものの「イスラム系」の民族問題、とくに「ウィグル族」の人権問題、さらに旧ソ連のウクライナ問題も加わって、いつ局地戦争の火が噴いても仕方がない状態が続いている。ポスト冷戦とは言え旧ソ連、さらに中国の新旧社会主義と資本主義の体制間矛盾が解決されないどころか、対立や混乱はエスカレートしている様である。折角の宮澤賢治さんの「銀河鉄道の夢」、なかなか実現が難しい。しかし「世界がぜんたい幸福にならないうちは個人の幸福はあり得ないのだから、「ほんとうの幸せを求めて」夢は捨てない。

ところで花巻の宮澤賢治が、なぜユーラシア大陸のシルクロードに関心を寄せ、イギリスの「イギリス海岸」と花巻の「イギリス海岸」を結び付けたのか?賢治は童話作家として、あまりにも有名である。しかし、作家が職業ではなかったし、生前の童話も詩集も売れなかった。花巻農校の一教員にすぎなかったし、最後は東北砕石工場の技師だった。その彼が、なぜシルクロードや「イギリス海岸」にのめり込んだのか?

賢治は、イギリスをはじめ、海外には一度も出たことがない。旧日本領の樺太へは生徒の就職の件で出かけただけ、日本の中も父親との京都旅行ぐらいで、東京や仙台を除けば、ほとんどが地元の花巻、盛岡の生活だった。そして、彼にとって日本の岩手県が理想郷「イーハトーヴォ」だったのである。その彼が、なぜ童話の世界でシルクロードやイギリス海岸なのか?しかも、太平洋の向こうのハワイやアメリカ大陸には目を向けず、ひたすらユーラシア大陸なのだ。

その理由は簡単なことで、彼の専門が地質学だったことに尽きると思う。幼い時から「石っこ賢さん」と呼ばれる程「石集め」が好きだったようだし、周知のとおり盛岡高等農林では、農学科第二部で地質学が専門だった。第二部の部長で指導教授の関豊太郎も地質が専門だったし、賢治自身も花巻農校で、地質を中心に教えていたようだ。北上川の川床の地質と、イギリスのドーバー海峡に面した白亜の海岸の類似性の説明は有名だし、そこから花巻の「イギリス海岸」も生まれたのだ。「このイギリス海岸のイメージは、賢治文学にさまざまに重要な影響を及ぼしている。」（原子朗『新宮澤賢治語彙辞典』）

イギリスの、そして北上川の、二つの「イギリス海岸」は、同じ地質で繋がっている。とすれば、二つを繋ぐユーラシア大陸のシルクロード、そして日本列島そのものがユーラシア大陸の東端の島々になる。土を愛し、東北の土に生きた賢治らしい発想ではないか！環太平洋の三大都市圏などの日本列島ではない。ユーラシア大陸の日本列島こそ、地質学に基礎づけられた日本だし、地政学的な日本の位置づけなのだ。シルクロードの「絹の道」はローマへ、逆に中国の西安から東端は日本に繋がり、それは「玉の道」と呼ばれていたらしい。賢治は喜んで、「玉の道」を、さらに地質学によって裏付けるだろう。

イギリスの「イギリス海岸」はまた、緯度でいえば花巻にごく近い。地球の裏側に位置付けられてはいても、地質の繋がりがあれば、両者の植生は似てくるだろう。W・モリスのコッツオルズの別荘を訪れたことがあるが、花巻や仙台との植生が似ているのに大変驚いた。畔の木、イチイの垣根、柘植の囲いなど、仙台・作並の「賢治とモリスの館」の庭と同じだったのだ。賢治の童話には、言うまでもなく沢山の木や花が出てくる。それらもまた、シルクロードの植生に繋がり、イギリス海岸を越えてW・モリスの世界にも繋がるだろう。

アメリカの黒船来航以来、日本の近代は環太平洋ベルトの時代が続いた。とくに敗戦後の日本は、冷戦時代の日米安保の同盟関係もあり、環太平洋だし今や中国封じ込めの力が強い。しかし一九二〇年代に、宮澤賢治は専門の地質学から岩手の花巻に「イギリス海岸」を、日本列島をユーラシア大陸の東の島々として、「銀河鉄道の夜」を考えて人間の幸せを求めた。こうした賢治による日本列島の地政学的位置づけは面白い。沢山の読者が集まる理由だろうか？

賢治の地政学的立場は、すでに説明したように、もっぱら彼の地質学の専門的研究に基礎付けられている。しかし、それだけではない。例えば金子民雄『宮澤賢治と西域幻想』（中公文庫）に代表されるが、賢治が若い時からの仏教、とくに法華経への信仰によるところが大きい。賢治は、「西域幻想」と言われる通り、沢山の西域文学、西域児童文学の作品を残している。そこにも、むろん賢治の地質学の研究の裏付けがあってのことだが、中国の仏教との結びつきが大きい。漢民族の仏教だが、そうなるとウイグル族などイスラム教との対立、モンゴルなど民族問題の対立、人権問題も提起されてくるだろう。民族・宗教・人権など、今日の米中対立と絡まざるを得ない。賢治の評価も難しくなってくるかも知れない。

とはいえ、賢治の地質学からの知見、日本人としての仏教観など、さらに日本列島の自然、歴史など、彼の地政学的立場に共感を覚えないわけには行くまい。明治の三陸大津波の年に生まれ、昭和の大津波の年に死んだ賢治である。東北の自然災害の度ごとに、賢治の地政学的知見を甦らせるのも当然だろう。戦中・戦後、そして長い冷戦の環太平洋時代が続いてきた。しかし冷戦は終わった。米・中の対立も日本を含め、市場の貿易により大きく強く、そして深く繋がれている。それだけに宮澤賢治の知見に満ちた日本列島の地政学的地位を、ここで認め直したいと思うところである。

## 2　宮澤賢治は右翼なのか？左翼なのか？（二〇二二年二月八日〜一三日）

こういう設問は、レッテル貼りならともかく、愚問の類だろうと思う。ただ、宮澤賢治の場合、とくに小生の周辺のいわゆる左翼に類する人々には、「賢治は右翼だからね」と敬遠される場合が多い。賢治の「羅須地人協会」についても、やや同じような偏見を感じているので、この際右翼と左翼について、整理させてもらいたい。

仏革命期の国民議会をめぐっての右翼、左翼の歴史的起源などについては省略するとして、宮澤賢治が右翼と言われる点についてては、色々な事情が絡んでいると思う。一九二一年一月二三日夕方、宮澤家の家業継承をめぐり、家族でゴタゴタがあり、賢治は独り家出して東京に出た。翌朝、上野駅に到着して鶯谷の右翼団体「国柱会館」を尋ね「下足番でもビラ張りでも何でもする」と頼み込むが、その異常な申し出を宥められ、本郷菊坂町に下宿する。昼間は、東大赤門前の印刷所「文信社」に務め、夜は国柱会館の講話を聴き、昼間暇を見てビラ配りなど協力したらしい。しかし、四月には心配した父・政次郎と一緒に京都、奈良を旅行している。賢治の家出上京の事件はこれだけであり、確かに右翼団体と言われる国柱会の活動に参加している。しかし、活動参加はビラ撒き程度、それも二ヶ月ほどの短期間であり、活動参加は事実としても、職業的活動家とは言えない。その後も国柱会の会費会員だったり、協力は続いても、その程度である。

賢治としては、日蓮宗の信仰が重要だし、太鼓を叩いて布教していた。しかし、それは宗教的な信仰であり、日本人の多くが仏教徒として信仰している。右翼活動とは言えないだろう。ということで、左翼は左翼なりに区分は困難だが、ここで堺利彦による社会主義「鳥瞰図」を手がかりに、右翼と左翼の分類を見ておこう。すでに前著『日本におけるコミュニタリアニズムと宇野理論』（三八頁）で紹介したので簡略にするが、堺は社会主義の説明として、右の端に「個人主義」を置き、中間に社会主義・共産主義、そして左端に個人的無政府主義を置いている。鳥瞰図なのでそうなるのだが、「右の右は左、左の左は右」になる。そうした思想性の特徴を堺は説明したかったに違いない。『資本論五十年』で宇野先生が持ち出したのだが、非常に面白い説明だし、賢治にも当てはまるだろう。

賢治の無政府主義だが、生前の出版物『注文の多い料理店』『春と修羅』の二点の中、とくに詩集『春と修羅』を無政府主義の関係者、草野心平などが高く評価した。賢治もそれを喜び、以後は無政府主義の活動に参加協力している。上記の「個人的無政府主義」とも言えるが、同時に父親が「労農派シンパ」と明言しているように、選挙活動など賢治の政治的活動は、もっぱら「労農派」と言っていい。ということで賢治の思想的・政治的遍歴は、堺の分類によれば「左の左は右」として右翼的活動があったように思う。いずれにしても賢治の立場は微妙だし、右翼のレッテル貼りは避けるべきだろう。しかし、賢治の右翼的思想としては、第二次大戦の国民総動員体制の下に、「滅私奉公」のスローガンとして積極的に利用された点が大きい。そうした総動員体制における賢治精神の利用が、戦後も国柱会活動に結びつき「宮澤賢治は右翼」という宣伝、風評となってしまったように思われるが、追加検討しておこう。

宮澤賢治は、一九三三年に亡くなっている。だから戦前であるが、すでに二・二六事件、五・一五事件などが続いていた。しかし、その後の国家総動員体制の狂気じみた時代とは違うし、滅私奉公的な賢治の利用は無かった。むしろ上述の無政府主義的な評価がまだ高かったように思う。

すでに前著でも触れたと思うが、「大正デモクラシー」という言葉がある。第一次大戦後、それまでの「冬の時代」が終わり、日本でも選挙権の拡大など、自由と民主主義が一挙に花開いた。ロシア革命の成功と共に、無政府主義を含めて思想的自由も実現したのだ。賢治が精力的に文学作品の執筆に従事したのも、この大正デモクラシーと言っても良いだろう。しかし、関東大震災があり、日本の景気拡大も終わり、昭和恐慌の時代に変わる中で、大正デモクラシーも終焉の時が来た。賢治も政府の弾圧が始まる中で執筆活動をつづけた。無政府主義の思想を深め、労農派シンパの活動を続けようとしただけに、賢治の苦労も大きかった。こんな中で「雨ニモマケズ風ニモマケズ」の自作詩ノートも、賢治は病気と闘いながら書いた。その自作詩を、こともあろうに「戦陣訓」並に国家総動員に利用するとは、あまりにも無茶だろう。賢治に一切責任はない。

もう一度、「雨ニモマケズ」を読み直してみて、率直な感想を書く。大正デモクラシーの時代が終わり、自由や民主主義の基礎が崩れ、個人主義が去っていく。個人主義に代わって、岩手でも陸軍大演習が行われるなど、集団的な国家主義が台頭する。レーニンのプロレタリア独裁を批判し、新たなマルクスに期待し、無政府主義や労農派シンパの賢治である。自らの病気を顧みながら、岩手の地域＝コミュニティを愛しつつ、心情を吐露してノートに書き留めた。コミュニタリアン賢治の気持ちが伝わってくる。それが戦時下とは言え、国家総動員計画に利用され、軍国主義のプロパガンダになるとは、賢治自身が意外な事態に驚いているのではないか？

大正デモクラシーの終焉に対して、日本の戦後民主主義は今どうなのか？ 日本経済の高度成長は一九七〇年代までであった。その後は安定成長、バブル経済、そして失われた一〇年、そして二〇年である。すでに述べているように、異常な気候変動など資本主義の体制的危機が到来、さらに労働力商品化の基本矛盾からすれば、出生率の低下による人口減少が進む異常事態である。少子化社会が労働力商品化の矛盾を拡大・激化し、自由と民主主義の基礎となる個人主義を揺さぶる。「社会的労働協同体」の基礎である家庭・家族の動揺が広がり、利己主義・営利主義の拡大・激化、さらに政治的には自由や民主主義の危機に繋がる。すでに日本では、戦後民主主義の終焉を迎え、いつ軍国主義の総動員体制が現実化しても可笑しくはないだろう。軍国主義の「賢治神話」だけは御免こうむりたい。

## 3　ウクライナ危機と資本主義の基本矛盾「少子化社会」（二〇二二年二月一五日～一八日）

今、宮澤賢治を取り上げるとして、彼の「国柱会」入信などを検討して来た。さらに、日本の戦後民主主義の終焉との関連を検討せざるを得ないが、ここでもう一度、資本主義の体制的危機との関連を整理して置きたいと思う。繰り返しが多くならざるを得ないが、止むを得ないだろう。

「雨ニモマケズ」など、戦時下の「賢治神話」の復活は兎も角として、日本も戦後民主主義の時代は終わり、「ネトウヨ」など右翼的風潮、さらに台湾問題、最近はウクライナ問題の勃発など、急にキナ臭くなってしまった。とくにウクライナ問題については、不可解な点が多い。情報自身が不確実であるばかりか、イデオロギッシュなものが多く、ここで立ち入ることはできない。ポスト停戦にも拘らず、まさに冷戦の落とし子のＮＡＴＯの動き、ロシア対ウクライナ問題など、今なお冷戦体制を引きずっているとしか思えない。ここで冷戦の再発を思わせるについては、深刻化している経済的危機を無視するわけにはいかないだろう。とくにアメリカの動きからは、それを強く感じる。

既に述べたことだが、地球温暖化など異常気象問題は、資本主義の体制的危機を日に日に深刻化させている。単なる金融貨幣恐慌や慢性不況にとどまらず、結婚や出産の減少、出生率の低下による「少子化社会」に変わってしまった。そもそもの話が雇用の拡大を前提にして、「蓄積せよ、蓄積せよ」のＧＤＰ上昇を至上目的とする資本主義経済である。わが宇野理論が、資本主義の基本矛盾を「労働力商品化の矛盾」としているのも、家庭・家族など「社会的労働協同体」の崩壊による労働力の社会的再生産の行き詰まり、つまり「少子化社会」の長期化・定着化に他ならないだろう。原理論的には、資本主義経済の蓄積・成長は、景気循環を通して実現されるが、労働力の確保を通して、蓄積は進む。雇用拡大が進むにつれ、利潤率が低下し、資本過剰を迎える。この利潤率の低下に対し、利子率が急上昇、金融恐慌を迎える。恐慌により資本過剰が整理され、いわゆる「あく抜き」により新たな資本蓄積に進むのだ。

ウクライナ危機が急変しそうな雲行きである。資本主義の基本矛盾との関連を不十分ながら説明してみたが、さらに多少補足的に説明しておきたい。

すでに説明したとおり、異常気象の拡大などによって、従来の宇野理論では、資本主義の基本矛盾を労働力の商品化に求めてきたが、さらに「少子化社会」として拡大することになると思う。とくに晩期マルクスの「資本の流通過程」による労働力の社会的再生産の解明により、もともと「類的存在」である家庭・家族が中心の「社会的労働協同体」＝地域コミュニティとの関連であり、「少子化社会」との矛盾である。すでに日本でも、「こども家庭庁」の設置をはじめ、高齢者や家庭婦人の雇用拡大、子育てや家庭教育、初等教育の労働力確保など、社会的再生産への政策拡大がはじまっている。いずれも「少子化社会」への新たな政策対応であり、労働力の商品化の矛盾拡大によるものであろう。労働運動の課題である賃金や雇用でも、市場経済の自由主義や個人主義を超え、集団的な地域コミュニティを包括する組織的統合に進まざるを得なくなるだろう。ウクライナ危機の急変についても、そんな動きを感ずるのは、思い過ごしだろうか？

その点で、自由主義や個人主義を超えた組織的統合が、日本の場合も、台湾海峡など「経済的安保」の動きが高まっているだけに、国家主義的統合に進んでしまう怖れは多分にある。それだけに、上記の家庭・家族など「社会的労働協同体」＝地域コミュニティの組織的意義を固めなければならないと思う。特に最近の農業問題に関して言えば、コメ作りが危機的状況を続けているだけに、地域コミュニティの組織的意義の重要性を強調して置きたい。言うまでもなくコメづくり、水田耕作こそ「社会的労働協同体」に依存せざるを得ない最たるものだが、地域コミュニティの性格は年々弱まりを見せている。労働力の社会的再生産に自律性も失われているだけに、容易に国家主義的総動員体制に組み込まれて仕舞うだろう。その点で、農業の自律的再生産は急務である。

そこで宮澤賢治に戻るが、大正デモクラシーの中で、病身にもかかわらず数多くの童話を書き、詩作を重ねた。アナーキズムからの高い評価もあり、無政府主義の活動、さらに「労農派シンパ」としての選挙活動にも参加した。しかし、農民芸術の実践に関わる学校教育は不可能になり、大正デモクラシーも終焉を迎えた。花巻農学校を辞めて『羅須地人協会』を始めたが、政府の弾圧は厳しくなり、岩手でも天皇行幸と共に陸軍大演習が行われる中で、ノートに自作された詩作が「雨ニモマケズ」だった。健康を損ねた賢治の心情が痛いほど伝わる名作だが、それが戦時下、事もあろうに滅私奉公的に利用され、求道者としての賢治像となって拡大した。そんな右翼的虚像づくりもあっただけに、今や戦後民主主義が終焉し、ウクライナ危機を前にして、書き加えておきたいと思う。

## 4　労働力の再生産と家庭・家族（二〇二二年二月二〇日〜二三日）

言うまでもなく労働力商品の価値については、労働力の社会的再生産に必要な労働＝必要労働により決定される。宇野理論でも、この労働による価値規定を基礎に、労働生産物による労働価値説が論証を見ることになる。さらに労働価値説の論証とともに、資本による剰余価値生産も論証され、資本の価値増殖の根拠が解明される。この場合、労働力の価値を構成する必要労働と剰余価値を構成する剰余労働とは、人類の生誕と共に超歴史的・歴史貫通的に機能し、その点では剰余価値の生産の「価値法則」＝剰余価値論を超歴史的な「経済原則」が根拠づけることになる。「経済法則」と「経済原則」の関連に他ならない。なお、「価値法則」に対する「経済原則」のタームは、宇野理論では戦後の「岩波全書」版から使用され、後記の「社会的労働協同体」などと共に使用されてきた。

宇野理論では、価値形態論や労働力の商品化論を重視して、労働力商品の特殊性を踏まえた価値規定だが、価値規定そのものは『資本論』第一巻、直接的生産過程の枠組みに収まっている。しかし、必要労働による労働力の再生産は、言うまでもなく資本の直接的生産過程で行われるわけではない。資本の流通過程を通して、労働者が必要労働の部分を消費財として買い戻す。その消費財を、家庭で家族と共に消費することによって労働力は再生産される。だからマルクスも、労働力の社会的再生産、とくに次世代労働力の再生産は、家庭・家族の消費とともに行われると述べている。となれば労働力の再生産は、資本の直接的生産過程を超えることになるだろう。

労働力の再生産のために必要労働に相当する消費財も、いうまでもなく流通過程を通して買い戻される。消費過程で再生産された労働力も、流通過程の労働市場に投げ返される。こうして消費財の生産とその消費が、流通過程によって媒介され結合する。この労働者の生産と消費の結合は、資本の流通過程の枠組みの内部だが、資本の流通過程そのものではなく、労働者による生産と消費の結合であり、単純流通に他ならない。資本の流通過程は、労働者による単純流通を抱え込みながら、循環し回転を繰り返すのである。資本の流通過程には、労働力商品化の矛盾が、生産と消費を含む単純流通として内包されていると言えよう。

しかし、マルクスは「資本の流通過程」を『資本論』第二巻として、途中書きかけの原稿をエンゲルスに渡した。マルクスは、既に述べたが「流動資本」ではなく「可変資本の回転」として途中まで書いたが、途中で終わってしまった。労働者の家庭・家計の消費について触れることは無かった。そのためもあったが、労働者の家庭・家族による「消費論」は、経済学では特に取り上げられなかった。その理由付けも、「消費は日常的行為として特に説明を要しない」とか、「家政学で取り上げている」ので、経済学の理論のテーマではない、などの理由である。しかし、パリ・コンミュンの後、共同体コミュニティを重視しつつ、晩期マルクスは『資本論』第二巻資本の流通過程を書き、上述の通り「可変資本の回転」を取り上げ、その入り口に立っていたのだ。労働者の家庭・家族と共に「社会的労働協同体」重視し、コミュニティとしての労働力の再生産、しかもそれが人間の「類的存在」として、男女の恋愛・結婚の超歴史的・歴史貫通的な「経済原則」として、それを法則的に説明しなければならない。

労働力の社会的再生産にとって、それを単に労働者個人だけの必要労働による生存に止めるわけにはいかない。人間は個人主義、民主主義・自由主義と言っても、父と母が居て生まれてきたし、兄弟もいる。類的存在だし、さらに親戚もいるし、わが仙台の農村部「居久根の里」の田圃では、溜池の管理を始め「社会的労働協同体」によって稲作も稲作からの転作も行われているのが現実である。パリ・コンミュンから学び、「晩期マルクス」は労働力の社会的再生産を、コミュニティ・「社会的労働協同体」により基礎づけようとしていた。労働価値説も剰余労働も、労働力の社会的再生産の「経済原則」を基礎に置いている。

天候異変問題など、すでに資本主義の体制的危機は、出生率の低下による「少子化社会」に突き進んでいる。単なる少子高齢化ではない。「少子化社会」は、その前提として結婚、出産、子育て、保育などの家庭・家族の「社会的労働協同体」の破綻によっている、労働力の社会的再生産の危機である。宇野理論で言えば、資本主義の基本矛盾である労働力商品化の危機であり、日本でも遅まきながら「子ども家庭庁」の設置に踏み切らざるをえないのであろう。体制的危機は刻々と「少子化社会」として進んでいるのだ。とくに進行している生産年齢人口につながる少子化は、剰余価値生産の制約に直結する。最早安価な外国人労働力を利用したり、安直な働き方改革や情報化の技術革新などで乗り越えられる時代ではない。「子ども家庭庁」

は何をするのか?
「少子化社会」による資本主義社会の矛盾・拡大と体制の限界・破綻は明らかである。「子ども家庭庁」として、わざわざ「家庭庁」を加えた理由が、最早「子育て」中心の社会政策に止まらず、コミュニティの中心をなす家庭・家族、そして「社会的労働協同体」の復興・再建にあるとすれば、その根底には市場経済の基礎となって来た自由や民主主義を越えて、晩期マルクスやW・モリス達の求めたコミュニタリアニズム(共同体社会主義)が提起されよう。そうした理念の転換に対応できるのか?単なる逼迫する労働力の確保に止まるのか?すでに資本主義の体制的危機が深刻化し、「新しい資本主義」も模索されているだけに、単なるお役所仕事に止まらない論議が必要だろう。

## 5　ウクライナ危機・賢治とユーラシア大陸(二〇二二年二月二五日〜三月五日)

ウクライナ危機に火が付いてしまった。火付け役のロシア・プーチン大統領が悪者になるのは仕方がない。しかし、危機の背景は複雑である。単純にロシアを叩けば良いとは行かない!兎にも角にも一日でも早く、一刻でも早い鎮火を望みたい。

ここに来て、最近では話題にならなかったユーラシア大陸が登場した。その昔、宮澤賢治はシルクロード「絹の道」、それにセットして、自分の専門でもある地質学に基づいて「玉の道」に注目した。その延長上に日本の花巻の「イギリス海岸」とドーバー海峡の本物の「イギリス海岸」、この二つのイギリス海岸を結ぶユーラシア大陸、そこに「銀河鉄道の夜」を描き、「本当の幸せ」を求めた。

賢治は、特に「銀河鉄道の夜」をユーラシア大陸に結び付けてはいない。しかし、『宮澤賢治と西域幻想』があるし、賢治も沢山の「西域童話」を書いている。また、上記の地政学的理解から見ても、沢山の西域童話を「銀河鉄道の夜」に結びつけても可笑しくないし、賢治も怒らないだろう。そして、賢治が求めてやまない「本当の幸せ」の世界を、東の端にわが日本列島、そしてウクライナを含むユーラシア大陸、そしてローマからドーバー海峡を越えて本物の「イギリス海岸」、その上に「銀河鉄道の夜」が無限の宇宙空間に拡がる。それが宮澤賢治の世界観・宇宙観でもあった。

こんな夢を、ロシア・プーチンのウクライナ侵攻のニュースの後、一日も早く一刻も早い停戦を祈りながらみた。そもそもソ連が崩壊、ポスト冷戦の時代が来た。戦前、ロシア革命の後、宮澤賢治はレーニン『国家と革命』を読み、一読でレーニンを否定した。プロレタリア独裁のソ連崩壊を、賢治は喜んだに相違ない。冷戦構造のNATO（北大西洋同盟）も姿を消し、アメリカの影も無くなったと思っていた。米・一国主義のトランプの時代はそうだった。ところがバイデン大統領に変わり、NATO復活、ウクライナも参加する。このポスト冷戦に逆行する動きに、プーチンが怒り、賢治も喜んではいない。レーニンのプロ独の支配が消え、ポスト冷戦のユーラシア大陸の「銀河鉄道の夜」に「本当の幸せ」を求めていたのではないか？

## 6　ウクライナ戦争と宮澤賢治（二〇二二年二月二八日〜三月五日）

ウクライナ戦争、ようやく停戦の話合いが出た。しかし、どうなることやら？宮澤賢治の「銀河鉄道の夜」の世界、ユーラシア大陸の影響について、検討してみたい。賢治さんも、きっと気を揉んでいるに違いないと思うからである。

賢治さんとの関係もあるが、ウクライナ戦争との関連で見ると、大正デモクラシーが終わり、キナ臭い日が当時もやって来ていた。一九二九年世界大恐慌、二・二六や五・一五事件、賢治は一九三三年に亡くなった。今また、日本は戦後デモクラシーが終わり、低成長が続き、何とはなしにキナ臭い、そんな時にウクライナ戦争が起こった。経済と政治、景気と戦争については、今まで書いてきたが、大正デモクラシーも戦後デモクラシーも、ともに戦後景気の上昇に裏付けられ、その行き詰まりがとくに大正デモクラシーの場合、世界恐慌だった。わが「恐慌論」によれば、好況で雇用が拡大、しかし賃金上昇で利潤率が低下し投資過剰、資本過剰が顕在化する。その際、利子率が上昇し、高金利による金融引き締めによって、貨幣・金融恐慌が起こり、資本過剰が整理され、いわゆる「灰汁抜き」されて、新たな投資により景気が再上昇するのです。

ところが、リーマンショックの世界金融恐慌の後、その後の景気拡大による資本過剰に対し、高金利による金融引き締めどころか、逆に超低金利の金融緩和、資金過剰のＱＥなどが行われた。その代表がアベノミクスであり、史上最低のマイナス金利まで模索された。その後の世界金融恐慌は回避されたが、資本過剰は整理されず、「灰汁抜き」されぬままここまで来てしまった。世界景気のためには、この辺で「灰汁抜き」をしたい、そんな雰囲気があった。経済の景気変動には政治的責任が直結しないが、軍事行動は政治的判断が伴う。今回のウクライナ戦争も、政治的行動であり、プーチン露大統領の政治的責任によって行われた。

戦前の政治危機と違い、戦後は冷戦の時代が続いた。第二次大戦下を含めれば、実に七〇年以上の米ソ共存が続き、そのソ連が呆気なく崩壊した。その上で、さらに三〇年間も米露は共存しているのだ。米露は、ともに戦勝国でありながら、体制間の対立から、ベルリンの壁を築き、物理的に体制が対立する冷戦構造が半世紀近く続いた。その冷戦が、英サッチャーを先頭の「新自由主義」政策と、プロレタリア独裁の体制破綻により、真に呆気なく崩壊した。中国の台頭が遅れたため、米一国専制のグローバリズムが一時的に到来した。しかし、習近平路線による中国の社会主義の台頭、アメリカ第一のトランプ「一国主義」路線など、ポスト冷戦の動揺の中で、突然「ウクライナ危機」が到来したといっていい。

賢治さんは、花巻の「イギリス海岸」と本物のイギリス海岸、二つのイギリス海岸を結ぶユーラシア大陸、そのシルクロードと共に「玉の道」、その天空に「銀河鉄道の夜」の世界を描いた。「本当の幸せ」を求め続けたのです。白堊の地質、植生帯、地域と自然との一体性が強調される。その上で、例えば「働く」のは、「傍を楽にする」こと、助け合いと友愛の精神である。さらにまた、個人の幸せと「世界全体」の幸福、それを賢治はユーラシア大陸の「銀河鉄道の夜」に求めたのではないか?とすれば、今のウクライナ戦争、否、NATOとの軍事的対立や東西冷戦の世界、そうした近代国民国家の対立を越えて、賢治は世界から、宇宙から、人間の幸福と夢を描こうとしていたと思う。ユーラシア大陸の東端の日本列島に住む者として、賢治と共に、ウクライナの平和を期待したい。

ウクライナ戦争が思いのほか長引いている。ロシアの侵略が突然のことだったし、短期の侵入で片が付くと思っていたからである。しかし、ウクライナの抵抗が意外に強く、それ以上にロシア国内を始め、海外のロシア批判が強まり、ウクライナ支援も盛り上がって来たからであろう。そうした中で、今回の政治責任を負うべき、プーチン大統領について、特に原爆利用、原発攻撃など、彼の狂気や病気がマスコミで大きく取り上げられ始めている。医者ではないし、とくにプーチンについて調べたこともない。無責任な判断は差し控えるべきだと思うが、このように狂気や病気の話題が出てくること自体、なかなか決着がつかず、プーチンの戦略の狂いが出ているからかも知れない。

以前から気になっていたのが、ソ連崩壊以後のロシアの立ち位置についてである。ソ連崩壊については、既に述べたが一方でサッチャーを先頭に、西側の新自由主義の攻勢の高まり、他方では硬直したレーニン主義のプロレタリア独裁の破綻、ロシア革命のソ連は呆気なく崩壊した。問題は、その後のロシアである。すでに一九八〇年代、中国革命はレーニンの新経済政策（ＮＥＰ）などを利用、改革開放路線を進めていた。しかし、問題のロシアは、ゴルバチョフの社会民主主義のもと、資本主義の路線を選択し、中国型社会主義をとらなかった。さらに国家資本主義と言えるプーチンの独占体制が強まり、長期化して来た。すでに国際的に「新しい資本主義」が求められているが、プーチン路線は「ロシア大国化」を目指すもので、旧ソ連圏との関係も大国主義にすぎない。こうしたプーチン路線が、ウクライナ戦争を長引かせ、国際的な孤立化を早めているのではないか？

だとすれば、ソ連崩壊後にたち戻り、体制の立て直しを図っても良いのではないか？すでに資本主義の体制的危機は、気候問題など、体制の存続を問われる変革期を迎えている。社会主義とすれば、上記ＮＥ

Pを含め中国型を参考にできる。資本主義とすれば、まさに「新しい資本主義」を大胆に選択すべきであろう。プロレタリア独裁の失敗が大きいだけに、それを超えた新しい地平を期待する。さらに言えば宮澤賢治の地政学が、広くユーラシア大陸の「銀河鉄道の夜」に求めたものを、「本当の幸せ」の夢の実現を期待できればと思うところである。

## 7 「揺らぐ資本主義」から「新しい資本主義」(二〇二二年三月二六日〜二八日)

気候問題など、すでに資本主義の体制的危機が進んでいるが、一方で「新しい資本主義」が大胆に提起されながら、わが岸田総理からは、一向に新しいものは提起されない。他方、新しくはないが「揺らぐ資本主義」に対して、揺らぎを補強する試みが提起されている。これも「新しい資本主義」の行き方かもしれない。目ぼしい見解を拾ってみることにする。

資本主義は「資本の価値増殖の運動体」だが、単なる価値増殖だけでなく、投資主体の企業の社会的責任CSRを果たし、揺らぎを和らげる。それにより資本の価値増殖から、企業の目的を社会的責任に変えたいのだろう。岩井克人の論稿(『日本経済新聞』二〇二二年三月七日)によると、すでにここで株主が登場するから、資本主義と言っても、一九世紀中葉の純粋資本主義の抽象ではない。二〇世紀を迎えての金融資本の段階を中心にしている。となれば、資本の価値増殖も、所有と経営の分離が前提になる。いずれにしても、金融資本の概念規定を先ず明確にしておく必要があるだろう。

宇野理論では、金融資本は資本主義の歴史的発展段階に即して、段階論に属する。資本主義が、いわゆる自由主義の段階から、二〇世紀帝国主義の時代を迎えて、以下のような特徴を示した。

①軽工業の産業資本から、重化学工業への段階的変化を迎え、資本規模が巨大化する。自由主義の個人企業中心から、投資規模の巨額化へ対応する、企業形態の変化が登場する。個人企業から株式資本への転化である。

②金融資本における株式資本は、単なる企業形態の変化ではない。大企業が、大規模な資金確保のために、中小零細な株主から資金を調達するために利用する。大株主と中小零細株主の階層化が不可欠である。労働者も零細株主化できるので、労働力商品化も不純化する。

③金融資本としては、巨大資本VS中小零細資本、大企業VS中小企業、所有と経営が分離し、さらに巨大企業を中心に組織的独占が必然となる。こうした格差や差別、対立が不可避となり、上記の社会的責任CSRも必然化する。

以上、段階論に基づく金融資本概念からすれば、単に株式資本から株主だけを抽象的に引き抜き、しかも所有と経営が癒着・一体化している巨大株主の経営権に対抗する「企業の社会的責任CSR」の主張は、極めて困難である。確かに企業の社会的責任により資本主義は揺らぐだろう。しかし、資本主義は競争社会として、無政府的揺らぎは不可欠であり、揺らぎながら大きく成長発展してきた。問題は、金融資本の根底を揺るがす体制的危機として捉えなければ、「新しい資本主義」への展望は拓かれないのではないか？振幅の大きい「揺らぐ資本主義」に止まるだけだろう。

ウクライナ戦争が長期化する中で、一方で気候問題など資本主義の体制的危機が叫ばれ、すでに国連でも重大な課題となっている。他方では、資本主義の揺らぎが提起され、「新しい資本主義」への変革も論議されている。このように、資本主義が資本主義として、体制的に論じられること自体、資本主義が体制的危機を迎えているからであり、体制的基礎から論じなければならないだろう。その点でマルクス『資本論』の意義は今なお大きいと思われる。

『資本論』は、純粋資本主義の抽象だが、それは「機械制大工業」による工業化社会の確立であり、労働力の商品化も機械制大工業の下での雇用に他ならない。近代社会もまた、機械制大工業の下で確立をみたのであった。しかし資本主義は、前述の通り歴史的には一九世紀末から二〇世紀にかけて、重化学工業化による金融資本へ歴史的に転化した。これは段階論として、資本主義の歴史的発展として位置付けてきた。金融資本の発展は続くが、拙著『ソフトノミクス』でも述べたように、情報化革命によりソフト化・情報化が進んでいる。実体経済と金融経済とが切り離され、金融経済の発展が論じられる。一方では、農業危機など実体経済との繋がりが弱まり、自然的基礎が失われている。他方、生産性向上など、情報化は金融や流通の局面に偏り、産業的基礎が弱まっているのではないか？　資本主義の体制的危機を超える新たな産業的基盤は、むしろ自然的基盤であり、自然そのものへの回帰ではないか？

上記の資本主義の体制的危機についても、単なる低炭素化だけの話ではないだろう。地球温暖化から、気候問題が全般的に問題化し、すでに少子化社会による体制的危機が重なる。気候問題に最近のコロナ危機も繋がり、婚姻率や出生率の低下による人口減少が続いている。工業化社会による近代化により、人口は急速に増加してきた。その人口が低減に転じ、少子化社会が続くとすれば、まさに労働力確保の点から体制的危機と言わざるを得ない。人間は「類的存在」として、超歴史的に男女が恋愛し、結婚し、出産し、育児し、家庭・家族を形成維持して来た。その家庭・家族が、農業など、地域産業を基礎とする生産・消費を実現するコミュニティとしての「社会的労働協同体」であり、それが『資本論』第二巻「資本の流通過程」の課題だったと思う。少子化社会が、労働力の縮小再生産を招いているとすれば、そこにこそ資本主義社会の体制的危機を見なければならないと思う。

このように資本主義社会の体制的危機は、一方では近代社会の工業化の産業的基盤が転換し、ポスト工業化に向っている。他方、脱炭素化などの課題をかかえながら、人口減少による少子化社会に向っている。従って、人間と自然との関係も、工業化による人間の自然の征服による利用から、人間と自然の調和が強調されざるを得ない。東日本大震災を通して、人間と自然の絆が強調されるだけでなく、むしろ人間と自然の「睦会い」の重要性が語られた。人間も自然であり、ともに豊かさを担わねばならない。こうした体制的認識の変化は、最早近代社会を超え、ポスト近代への道を示すものではなかろうか？

## 8　資本主義の体制的危機と基本矛盾について（二〇二二年 四月 四日～一四日）

露・プーチン大統領によって点火されたウクライナ戦争が長期化してしまっている。しかし、資本主義社会の基本矛盾は刻々に深化し、さらに資本主義の長期的・構造的矛盾ともいうべきリスクについて、国連は業種別数値を示している。言わば、戦争が気候変動リスクを棚上げしているのであり、その点でも長期化しているウクライナ戦争を早期に停戦すべきである。早期の停戦による気候変動リスクへの対応が強く期待されている。本末転倒は許されない。

気候変動リスクによる資本主義体制の危機は、低炭素化に象徴されるように、資本主義社会の産業構造、とくに工業化社会に根差している点が次第に明確化して来た。今ここで、その点に十分斬り込むことはできないが、ただ一九九一年のソ連崩壊以降、いわゆる世界史的文脈では米バイデン大統領も強調するように「民主主義VS.専制主義」として捉えられてきた。しかし中国の台頭、とくに二〇一三年に誕生した習近平路線により、米・中大国主義の対立を中心に、「資本主義VS.社会主義」に回帰しつつあるとも言える。何れにせよ、資本主義の体制的危機の深化は否定できないだろう。

宇野理論では、繰り返し述べてきたように『資本論』の純粋資本主義の抽象を前提に、労働力商品化を資本主義の基本矛盾とした。しかし、初期マルクス・エンゲルスのイデオロギー的仮説「唯物史観」段階では、価値形態も労働力の商品化も解明されず、ある意味ではA・スミス的な単純商品世界が想定され、私的所有の基礎に疎外された労働が設定されただけだった。疎外された労働も労働力商品化のそれではなかった。こうした唯物史観のイデオロギー的仮説では、私的所有は労働力商品化とは結び付かない。A・スミス的な単純商品生産者、単純商品所有者の私的所有、つまり前近代的共同体の制約から形式的に自由化された、商品所有者の単なる「自由主義」のイデオロギーに過ぎない。

この単なる「自由主義」こそ、一方では前近代的共同体規制からの自由であり、他方では商品経済的な契約や取引の自由のイデオロギーだった。まさにロビンソンクルーソーの自由な世界に他ならない。このイデオロギーにより、単純商品生産・取引が拡大したが、それが個人の自由な取引として、法的・政治的に「個人主義」のイデオロギーだった点が重要である。自由主義のイデオロギーは、個人主義のイデオロギーと一体化して、従来の共同体的コミュニティを否定し、政治的には「個人的民主主義」の参加のイデオロギーを拡大・強化することになったのではないか？法律学や政治学の専門ではないので、ここで詳しい検討はできないが、単純商品的生産・取引のイデオロギーとして、ここに自由主義とともに、個人主義、そして民主主義のイデオロギーが登場することになるし、これがマルクス『資本論』第一巻の段階に他ならない。

しかし、第一巻を早期に出版したこともあるが、晩期マルクスは一八七〇年代のパリ・コンミュン、共同体研究などと重ねて、『資本論』第二巻「資本の流通過程」を書き加えた。労働力商品も、直接的生産過程だけでなく、その社会的再生産過程が解明されることになる。そうした中で、労働力の社会的再生産にとって、超歴史的・歴史貫通的な家庭・家族などコミュニティの「社会的労働協同体」が提起されざるを得なくなる。労働力商品の特殊性も、スミス的な単純商品生産に対応する私的所有と対になった個人主義的自由ではない。コミュニティの共助・共生の友愛による人間の主体的関係に転換をみることになるが、それによって資本主義社会の体制的危機も乗り越えられるだろう。

資本主義の体制的危機が深化し、気候問題など長期変動リスクが体制の深部にまで及んでしまった。従って、宇野理論が価値形態の解明と共に労働力商品化を体制の基本矛盾としたことは、体制の長期リスクの処理としても正しかったと言えるだろう。すなわち、労働力商品化を前提にして、資本の流通過程から、家庭・家族など「社会的労働協同体」による労働力の社会的再生産のメカニズムとの関りで、とくに上記の気候的長期リスクも解明されると思うからである。

マルクス『資本論』の場合、価値形態と共に労働力商品化が解明され、事実上資本主義経済の基本矛盾とされていた。しかし「所有法則の転変」など、初期マルクスの唯物史観のイデオロギー的仮説が強く残った。そのためだろうが、冒頭価値論とともに第二章「交換過程」など、単純商品所有者の私的所有イデオロギーが強く残されているが、体系的には純粋資本主義の抽象による労働力商品の基本矛盾設定だった。さらに言えば、既述の通り『資本論』第二巻の執筆の遅れによる未完成の事情もあったが、家庭・家族の「社会的労働協同体」の欠落もあるが、体系的には「社会的労働協同体」を含む労働力商品の基本矛盾の設定だったと言えよう。

言うまでもなく流通形態の資本に雇用される労働力商品は、商品経済の取引主体として、労働者が自由な個人として雇用契約を結ぶ。申し訳の家族手当支給は兎も角、家庭や家族の再生産は直接関係なく、労働力を資本に引き渡し、必要労働に見合う消費財を資本から買い戻す。『資本論』第一巻の資本の直接的生産過程の範囲内では、商品経済の自由な個人の取引が前提され、自由主義と個人主義、そして政治的には個人主義にもとづく民主主義が前提されるだけに過ぎない。資本は必要労働を上回る剰余労働を剰余価値として収取できる。剰余価値論に他ならない。しかし、「晩期マルクス」の資本の流通過程論では、すでに指摘したが賃金支払いは、固定資本に対する流動資本ではなく、可変資本の流通A—G—Wとして、労働力商品Aの消費として提起されていた。消費による労働力の再生産であり、その入口に立っていたのである。

いわゆる消費論は兎も角、労働力の再生産としての消費は、例外は別として個人ではなく、家庭・家族の共同体とともに行われる。さらに家庭・家族は、労働力の社会的再生産として、宇野理論の「社会的労働協同体」（注）に属する。労働力の社会的再生産としての消費過程に他ならない。しかも家庭・家族は、人類が「類的存在」として、歴史貫通的・超歴史的に継承され、人類が歴史的に存在する「経済原則」に他ならない。こうした「経済原則」を労働力の商品化が、一方で剰余価値生産と共に、他方では労働力商品の社会的再生産として実現する。それらは「価値の実体：労働生産過程」＝「経済原則」VS「価値の形態：価値形成増殖過程」＝「価値法則」に対比できるだろう。いずれにせよ「価値実体」＝「経済原則」VS「価値形態」＝「経済法則」として体系化される。

（注）宇野弘蔵『経済原論』（岩波全書、一九六四年、九〇頁参照）

深化する体制的危機として、すでに日経紙を中心に、少子化社会が提起されている。婚姻率、出生率の低下による人口の減少だが、人口減は生産年齢人口問題が中心で家庭・家族など「社会的労働協同体」、コミュニティの危機としては、必ずしも十分論じられていない。資本の立場は、個人的労働力の確保であり、「経済法則」からの危機感であろう。しかし、体制的危機としては、「経済原則」との関りでの人口減少であり、農業では水田耕作、農福協同など「社会的労働協同体」の維持、存続の危機に他ならない。特に個人主義にもとづく利己主義、個人の自由放任など、家庭・家族を崩壊に導くと同時に、政治的には民主主義の破綻を招く原因でもあり、さらにそれが体制的危機を深化させているのではないか？

さらに資本の蓄積・再生産としては、景気循環の過程のうちに経済成長が実現される。宇野理論では、労働力人口の不足の局面で、資本の有機的構成高度化の蓄積が科学的研究の成果の技術革新を取り入れるが、とくに最近では例えば皇室の「読書始めの儀」でも、人工知能（ＡＩ）が取り上げられた。人口減少の時代における労働力問題として、ＡＩが注目されるのであろうが、ただ専門外の領域として、ここでは疑問を提起するだけに止めたい。今までの経験としては、ロボットの利用にしても、そう簡単ではなかったと思う。いずれにせよ資本主義の体制的危機の深刻化は免れないし、それだけに「新しい資本主義」への期待が大きい。中国社会主義もまた、同様な課題を提起されたと言えるだろう。長期化するウクライナ戦争の中で、資本主義の体制的危機は何処に行こうとしているのか？

資本主義の基本矛盾と体制的危機の大略については以上として、専門外だが近代的国民国家の位置づけにも触れておきたい。すでに述べた通り、資本主義としては法治国家が支配し、政治過程としては民主主義の支配の下で、近代国民国家が成立し、支配して来たとされている。「自由主義と民主主義」の体制的支配に他ならない。しかし、近代国民国家の役割は、資本主義社会の歴史的発展とともに、大きく変化して来た。『資本論』でも、純粋資本主義の抽象の歴史的前提となる「原始的蓄積」を詳述し、国家が積極的に機能して労働力を創出した点を解明した。日本でも戊辰戦争に続く明治維新で、東北を中心に労働力の商品化が権力的に進められた。この原始的蓄積を通して、労働力の商品化が実現、「自由と民主主義」による近代国家が成立した。ここで初めて「法治国家」の成立ともなった。

法治国家は、イギリス資本主義の確立、純粋資本主義の抽象の前提となる自由主義政策により基礎づけられた。小さい安価な政府であり、レッセフェールの政策だった。ここで自由主義による商品売買の取引、契約も、個人・法人の個人主義の取引であり、その上で法治国家としての民主主義の政治参加が確立した。これも共同体の間に拡大した商品経済のイデオロギーであり、それに基づく政治参加が民主主義に他ならない。このような法治国家のイデオロギーに基づく政治的民主主義も、先進資本主義イギリスなどで部分的に実現したイデオロギーであり、しかも二〇世紀の帝国主義の段階を迎えて、大きく転換を遂げた。自由主義、民主主義の歴史的限界であり、二一世紀を迎えて、歴史的限界は、ますます明白になるとともに、今や資本主義の体制的危機が深化しているのだ。

そこで、こうした自由主義や民主主義のイデオロギーに対しての、初期マルクス・エンゲルスの批判的立場は明白だった。唯物史観のイデオロギーであり、階級闘争の立場だった。しかし「晩期マルクス」は、パリ・コンミュンなど、共同体の「社会的労働協同体」の視座を提起し、W・モリスなどと共にコミュニタリアニズムの立場を明確にしつつ他界してしまった。このように階級闘争を越えた共同体の立場から、資本主義の体制を批判し、近代国民国家の批判を提起した「晩期マルクス」の立場は、エンゲルス・レーニンのプロレタリア独裁の立場を超えるものだった。近代国民国家の権力奪取・利用を越えた、超歴史的、歴史貫通的立場からの、共同体的「社会的労働協同体」による自治の視座に他ならない。それこそ近代国民「国家の死滅」であるが、それを現在どのように政治の場に生かすか、厳しく問われていると思う。

## おわりに

終活三部作としてまとめるつもりで、既刊の『日本におけるコミュニタリアニズムと宇野理論――土着社会主義の水脈を求めて』（社会評論社二〇二〇年）に続けての残りの二冊のうち、二作目を『甦るマルクス――「晩期マルクス」とコミュニタリアニズム』、三作目を『東北・土に生きるコミュニタリアン宮澤賢治』として出す予定であったのが、コロナ禍やら出版不況やらの諸般の事情から出版が遅れたために、本のタイトルを含めて東京のワーカーズ・コレクティブ「アソシエーション・だるま舎」に任せたところ、残りの二冊を一冊にまとめて、『甦るマルクス――「晩期マルクス」とコミュニタリアニズム＋補論 東北・土に生きるコミュニタリアン宮澤賢治』として出すことになった。

本文の原稿は、じつは二年ほど前に提出した。コロナ禍で外出も人と会うこともままならない日々、そしてその後も折にふれて「研究ノート」を書きつづけたわけだが、直近で驚愕したのはウクライナ戦争だった。プーチンの対応はともかく、一時は原子力の使用による第三次世界大戦の危機すら身近に迫った危機でもあった。広島原爆で二人の親友が犠牲になっただけに、資本主義の体制的危機、否、「類的存在」である人類の生存の危機が身近な現実になった。こうした危機を迎えて、本文執筆後に起きたウクライナ戦争をふまえて、この冬から春にかけて書いた研究ノートを補足しておいた。

私はこの秋に九〇歳になる。終活三部作の第三冊目については、アソシエーションだるま舎の平山昇君や仙台・羅須地人協会の半田正樹君、田中史郎君が、「終活三部作」なら宇野先生の『資本論五十年』（法政大学出版局一九七〇年）にならって、大内秀明の『宇野経済学七十年』を書いてくださいと言うわけで、宇野先生に並べられるのもおこがましいが、今回載せた「研究ノート」には入れなかった「K・マルクス、W・モリス、そして宮澤賢治」について、私的な思い出話も含めて自由に書かせてもらうかと思うようになった。コロナ禍で外出も面接もままならない老人ホーム生活ながら、あれこれと思いをめぐらせる機会を得たことを感謝をしたい。すでに鬼籍に入られた宇野先生はじめ諸先輩や友人、そして五年前に先立たれた妻芳子のことがめぐりくる。「終活三部作」の最終稿にむかう。くれぐれも宜しく。

二〇二二年六月末日　大内秀明

◎著者紹介

大内　秀明（おおうちひであき）

1932年東京生まれ。

東京大学経済学部・同大学院、経済学博士。東北大学名誉教授、 仙台・羅須他人協会代表。

著書：『価値論の形成』（東京大学出版会1968)、『恐慌論の形成――ニューエコノミーと景気循環の衰滅』（日本評論社2005)、『賢治とモリスの環境芸術――芸術をもてあの灰色の労働を燃やせ』（編著、時潮社2007)、『ウィリアム・モリスのマルクス主義――アーツ&クラフツ運動を支えた思想』（平凡社2012)、 ウィリアム・モリス／E・B・バックス『社会主義――その成長と帰結』（監修・大内秀明、川端康雄訳　晶文社2014)、『自然　エネルギーのソーシャルデザイン』（鹿島出版会2018年）など。

蘇るマルクス

「晩期マルクス」とコミュニタリアニズム、そして宮澤賢治

2022年9月15日　初版第1刷発行

著　　者――大内秀明

企画・編集――アソシエーションだるま舎

発 行 人――松田健二

発 行 所――株式会社　社会評論社

東京都文京区本郷2-3-10　〒113-0033

tel. 03-3814-3861/fax.03-3818-2808

http//www.shahyo.com/

装　　幀――高橋　晃

組　　版――SOHOダルマ舎

校　　閲――半田正樹・田中史郎

印刷・製本――倉敷印刷株式会社